高职高专"十一五"规划教材

物业经营管理

杨永杰 汤守才 主编

化学工业出版社
·北京·

本书是高职高专物业管理系列教材中的一本。从物业服务企业在经营管理过程中需要注意的方面入手，主要包括物业经营管理的理念，物业服务企业的定位，物业经营管理的实施，物业具体资源的经营，物业服务企业的战略管理，物业租赁管理，物业财务管理及写字楼和商业物业经营管理等内容。

本书在保持经营管理体系完整的前提下结合物业企业的具体情况，突出实践性，内容系统，并配有大量案例。

本书可以作为高等职业院校物业管理专业、社区管理专业、房地产专业及相关专业的专业教材，也可以作为物业经营管理专业的相关岗位培训用书。

图书在版编目（CIP）数据

物业经营管理/杨永杰，汤守才主编．—北京：化学工业出版社，2008.7（2024.2重印）
高职高专"十一五"规划教材
ISBN 978-7-122-03054-2

Ⅰ．物⋯　Ⅱ．①杨⋯②汤⋯　Ⅲ．物业管理-高等学校：技术学院-教材　Ⅳ．F293.33

中国版本图书馆CIP数据核字（2008）第091585号

责任编辑：李彦玲　于　卉　　　　　装帧设计：史利平
责任校对：蒋　宇

出版发行：化学工业出版社（北京市东城区青年湖南街13号　邮政编码100011）
印　　装：北京盛通数码印刷有限公司
787mm×1092mm　1/16　印张11½　字数297千字　2024年2月北京第1版第10次印刷

购书咨询：010-64518888　　　　　　售后服务：010-64518899
网　　址：http://www.cip.com.cn
凡购买本书，如有缺损质量问题，本社销售中心负责调换。

定　　价：39.80元　　　　　　　　　　　　　　　　　　　　　版权所有　违者必究

前 言

1981年，我国第一家物业管理企业在深圳诞生，从此，物业管理伴随着我国城市化与房地产的发展而迅速发展起来，目前物业管理行业已经有3万多家物业管理企业，从业人员超过300万人。2007年伴随着《物权法》的颁布，修订后的《物业管理条例》将物业管理企业更名为物业服务企业，此举为物业服务企业的进一步发展明确了定位和方向。未来的物业服务企业，服务是根本，管理是手段，管理与服务要有机结合，通过对物业的管理，实现对人的服务。只有管理与服务工作两手抓，才能将物业管理工作水平真正提高到一个较高的水平。但是，在物业管理过程中也存在着物业企业与业主纠纷增多，物业行业利润偏低等诸多问题。目前物业行业面临的问题有的是历史遗留问题，有的是制度建设问题，也有部分是属于物业服务企业的经营管理问题。在机遇和挑战面前，要使前进中的物业管理发展得更快、更规范、更有生机，除在管理体制上向社会化、企业化、市场化方面发展外，还必须进一步树立科学、正确的经营思想，不断提高经营管理水平。

近年来物业管理专业的教育，尤其是高职教育有了很大的发展，在教材建设方面也有了很大的进步。然而，在教材中讲述物业管理概论的居多，涉及物业经营管理的教材却很少。本书就是从目前物业服务企业在经营管理过程中需要注意的方面入手，主要包括物业经营管理的理念，物业服务企业的定位，物业经营管理的实施，物业具体资源的经营，物业服务企业的战略管理，物业租赁管理，物业财务管理及写字楼和商业物业经营管理等内容。希望能对提高物业服务企业的经营管理水平起到一定的作用。

本书在保持经营管理体系完整的前提下结合物业企业的具体情况，并考虑高职学生学习的特点及需要进行编写，突出实践性。本书既可以作为高等职业院校物业管理专业学生的专业教材，也可以作为物业服务企业的培训用书。

本书由北京农业职业学院杨永杰和河北能源职业技术学院汤守才主编。杨永杰编写第一章、第四章和第五章；汤守才编写第二章和第八章；山东商业职业技术学院崔发强编写第三章；北京农业职业学院王晓宇编写第六章；河北能源职业技术学院邢俊霞编写第七章。

本书在编写过程中，参考了部分已经公开出版、发表的著作和文章，在此向这些作者表示衷心的感谢。

由于编者水平有限，书中难免有疏漏之处，恳请读者予以指正。

编者

2008年6月

目 录

第一章　物业经营管理概述 ———————————————————— 1

学习目标 1
引导案例 1
第一节　物业经营管理的概念 1
　　一、经营是物业管理发展的必由之路 1
　　二、物业经营管理的概念 2
　　三、物业经营管理的特点 2
　　四、物业经营管理的意义 3
　　五、物业经营管理的问题 3
　　六、物业经营管理的类型 4
第二节　物业经营管理的内容 6
　　一、物业经营管理的主要内容 6
　　二、物业经营管理不同层次之间的关系 7
　　三、物业经营管理中的战略性工作 8
　　四、物业经营管理的常规工作 9
思考题 13

第二章　物业服务企业 ———————————————————— 15

学习目标 15
引导案例 15
第一节　物业服务企业概述 15
　　一、物业服务企业的基本概念、类型和特点 15
　　二、物业服务企业的设立 16
　　三、物业服务企业资质管理 19
第二节　物业服务企业管理的基本内容 20
　　一、企业组织机构设置 20
　　二、企业定员定编 22
　　三、企业劳动定额 23
　　四、物业服务费的测算 26
　　五、物业日常服务 31
第三节　企业人力资源管理 32
　　一、员工的招聘与解聘 32
　　二、人员的培训与管理 33
　　三、员工薪酬管理 34
　　四、员工的考核与奖惩 36
第四节　企业岗位责任制 37

一、企业岗位责任制的重要性 …… 37
二、岗位责任制的制定原则和方法 …… 38
三、物业服务企业主要部门的岗位责任制示例 …… 39
四、岗位责任制的考核与管理 …… 41
思考题 …… 42

第三章 物业经营管理的实施 —— 44

学习目标 …… 44
引导案例 …… 44
第一节 前期物业经营管理的实施 …… 44
一、处理好与房地产开发商之间的关系 …… 44
二、前期物业服务合同 …… 45
第二节 物业经营管理的实施 …… 46
一、物业管理服务的基本内容 …… 46
二、物业管理的经营收入 …… 51
三、物业服务费的构成 …… 52
第三节 合同与风险管理 …… 54
一、物业管理活动中涉及的合同的主要类型 …… 54
二、前期物业服务合同和物业服务合同的内容与区别 …… 55
三、物业服务合同的签订要点 …… 58
四、物业管理工作中经常涉及的商业保险险种 …… 60
思考题 …… 64

第四章 物业资源的经营 —— 67

学习目标 …… 67
引导案例 …… 67
第一节 物业资源经营概述 …… 67
一、物业资源的界定 …… 68
二、物业资源的经营原则 …… 69
第二节 停车场经营 …… 71
一、停车场经营的含义 …… 71
二、停车场经营的基本原则 …… 71
三、停车场经营风险 …… 71
四、摩托车及自行车停放管理 …… 72
五、缓解车位供应紧张矛盾的方法 …… 72
第三节 会所经营 …… 73
一、会所的概念和经营内容 …… 73
二、会所经营的难点 …… 74
三、会所经营的种类和模式 …… 75
第四节 社区广告经营 …… 76
一、社区广告经营的原则 …… 76
二、物业资源中的八类广告经营 …… 77
第五节 其他物业资源的经营 …… 79

  一、社区基地建设 ·· 79
  二、绿化用地的再经营 ·· 80
  三、摆台经营 ·· 81
  四、仓储、信号中转及其他 ·· 81
  五、社区商业经营 ·· 82
 思考题 ·· 87

第五章 物业服务企业战略管理 — 89

 学习目标 ·· 89
 引导案例 ·· 89
 第一节 物业服务企业战略管理概述 ··· 89
  一、企业经营战略的概念及特征 ·· 89
  二、企业经营战略的构成要素 ··· 90
  三、物业服务企业战略管理定义 ·· 91
  四、物业服务企业战略管理过程 ·· 92
 第二节 物业服务企业战略环境 ··· 93
  一、物业服务企业宏观战略环境 ·· 93
  二、物业服务企业微观战略环境 ·· 95
 第三节 物业服务企业总体战略 ··· 96
  一、物业服务企业的多元化战略 ·· 96
  二、物业服务企业品牌战略 ·· 96
  三、物业管理品牌经营战略的实施过程 ··· 97
  四、物业服务企业稳定型战略 ··· 98
  五、物业服务企业紧缩型战略 ··· 99
 思考题 ··· 101

第六章 物业租赁管理 — 102

 学习目标 ·· 102
 引导案例 ·· 102
 第一节 物业租赁概述 ·· 102
  一、物业租赁的特征 ·· 103
  二、物业租赁的类型 ·· 103
  三、物业租赁管理模式 ··· 104
 第二节 物业租赁方案 ·· 105
  一、物业租赁方案的制定 ·· 105
  二、租户选择与租金确定 ·· 107
  三、租赁管理中的市场营销 ··· 110
 第三节 物业租赁合同 ·· 114
  一、物业租赁合同相关法律知识 ·· 114
  二、房屋租赁合同基本条款 ··· 120
 思考题 ··· 125

第七章 物业财务管理 — 127

 学习目标 ·· 127

引导案例 ·· 127
第一节　物业企业财务管理 ·· 127
　一、企业财务管理的基本内容 ··· 127
　二、物业企业财务分析 ··· 128
第二节　物业企业成本管理 ·· 132
　一、物业企业成本的构成 ·· 132
　二、物业企业收取物业管理服务费的方式 ·· 133
　三、物业管理成本预算 ··· 134
　四、物业管理成本控制 ··· 136
第三节　物业管理投资 ·· 138
　一、物业管理投资的原则 ·· 138
　二、物业管理投资决策 ··· 139
　三、物业管理投资形式 ··· 144
思考题 ·· 144

第八章　写字楼和商业物业经营管理 —— 146

学习目标 ·· 146
引导案例 ·· 146
第一节　写字楼物业经营管理 ··· 146
　一、写字楼的分类和写字楼物业管理的特征 ··· 146
　二、写字楼物业管理的目标 ··· 149
　三、写字楼物业管理的工作内容 ··· 150
　四、写字楼租户选择过程中考虑的主要因素 ··· 155
　五、影响写字楼的租金水平的因素 ··· 156
　六、写字楼物业管理工作评价的内容 ··· 157
第二节　商业物业经营管理 ·· 157
　一、商业物业的含义及分类 ··· 157
　二、商业物业经营管理的主要工作内容 ··· 158
　三、商业物业租户的选择 ·· 161
　四、商业物业租金的确定 ·· 164
　五、商业物业租赁方案和租赁策略的制定 ·· 165
思考题 ·· 169

参考文献 —— 173

第一章 物业经营管理概述

【学习目标】
- 掌握物业经营管理的基本概念和内涵
- 掌握物业经营管理活动的对象和目标
- 明确物业经营管理企业的基本特征
- 知晓物业经营管理企业的层次和工作内容

引导案例　　　　市场无情　眼光独到

深圳市金地物业管理有限公司（以下简称金地物业）在1999年底开始向市场挺进。面对几乎被垄断的市场，金地物业经过准确的市场分析，将企业的发展定位为集中力量快速占领中低端市场，扩展市场规模，树立品牌，跻身物业管理品牌方阵。2000年，金地物业按照既定的市场目标开始了艰难的拓展工作。项目集中在物业服务费标准为1～3元/（月·平方米）的区域，其中大部分项目处于2元左右。与此同时，行业内正在热衷讨论是否有选择地接管项目，当行业内人士在评议"四不接"口号的是是非非时，也从侧面关注着金地物业的拓展之路。到2002年底，准确的定位使得金地物业已经成为行业内著名的品牌公司之一，其管理面积在短短的两年内从不足100万平方米发展到1000多万平方米，取得了让市场瞠目结舌的成果。

【评析】　金地物业先是以压价竞争者的身份出现在市场中，将物业管理高端市场的空间逐渐蚕食，并不断拓展中低端市场，提前结束了行业的暴利期，使行业在高涨、浮躁到低潮、理性的过程中逐渐地过渡。金地物业成功的关键在于找准了合适的位子，最终树立了企业品牌。

第一节　物业经营管理的概念

随着房地产投资规模的不断扩大和投资形式的多样化，对物业经营管理的需求与日俱增。物业的业主或投资者希望通过物业经营管理，不仅使其物业在运行使用过程中能够保值，而且实现增值。这就要求物业管理从传统的物业运行管理服务，向策略性的物业资产价值管理方向拓展。

一、经营是物业管理发展的必由之路

物业管理是一种微利性行业，较低的行业风险和较低的行业门槛吸引了大量资金和人才的进入。资本对利润的追逐，加深了物业服务企业之间的竞争，推动了物业管理的市场化进程。物业服务企业长期以来提倡的是管理与服务，而对经营的问题涉及较少。管理和服务是物业服务企业的本业和对社会提供的基本产品，也是物业管理公司存在的市场基础。但是，提供优质的管理和服务应是物业服务企业经营和竞争的一种手段。作为企业，经营应是其基本的行为，只有依法进行经营，并获取合法的利润才能从根本上解决物业服务企业的生存和发展问题，达

到社会效益、环境效益与经济效益并重的良性发展的目标。并且，物业服务企业忽视经营，会造成企业赢利能力的低下，企业自有资金的不足又形成物业服务企业在扩大规模和持续稳定发展的瓶颈，并反过来影响服务质量，会影响投资者和高水平人才的介入，从而限制整个行业的发展。

随着物业管理市场化进程的加快，市场竞争日益激化，以及新的房地产形势的发展，经营越来越被提到物业服务企业发展的日程上来，物业服务企业要得以快速发展，经营将是一条必由之路。

二、物业经营管理的概念

物业经营管理可概括为两个方面：一是将物业管理和物业经营融为一体，在做好物业管理工作的同时，为开发商、业主、客户策划并实施物业经营方案，发挥每一平方米物业的增效潜力；二是将物业管理从一般维护、运行阶段提升到对管辖物业全过程的营销、服务和管理层面，亦即将服务眼光由物业管理委托期内这个局部放大到物业长寿命商品的整体去统一考虑、安排，从而为业主、客户提供更全面、更彻底的服务。

物业经营管理的核心思想为：将营销的概念深刻的溶合于物业管理的工作中通过对管辖物业经营与管理的合力运行，更好地体现物业管理，实现物业保值、增值的重要功能。

物业经营管理又称物业资产管理，是指为了满足业主的目标，综合利用物业管理（Property Management）、设施管理（Facilities Management）、房地产资产管理（Real Estate Assets Management）、房地产组合投资管理（Real Estate Portfolio Management）的技术、手段和模式，以收益性物业为对象，为业主提供的贯穿于物业整个寿命周期的综合性管理服务。物业公司的经营在提高企业经济效益的同时，还促进了物业的市场流通，挖掘了蕴含于物业中的效益，并增强了业主、客户对物业真正价值的理解。

三、物业经营管理的特点

物业经营管理是物业服务的重要组成部分，是收益性物业管理概念的拓展和延伸，是物业营销与物业管理的有机合成，有着广阔的市场发展空间。它除了具备"纯"物业管理外，还包括商业推广、商业策划和商业管理，它的投资和开发可以获得比一般物业投资回报更大的商业利润，但是这种高回报的实现过程非常复杂，存在诸多变数。物业经营管理水平代表一个城市最先进的物业管理水平。物业经营管理具有以下特点。

（1）收益性　投资者或租户付出货币获得物业长久或一定期限的使用价值，从而获得经营场所或出租场地，通过经营实现其最大效益。

（2）复杂性　表现为设备配套复杂、业主或使用人构成复杂、对外关系复杂、环境复杂等。

（3）综合性　既有物业管理的维修维护、安全消防、清扫保洁等基本服务内容，更有物业租售代理、营造商业氛围、商业推广、商业策划等一系列商务运作，而且还需解决配套问题和商务服务、娱乐服务等。

（4）创造性　物业经营本身就是创造价值的场所，要求新、奇、特，给顾客留下强烈感观印象。而且经营方式和营销理念也要随时需创新，紧跟市场发展方向。

（5）品牌性　物业经营要获取最大商业价值，关键在于社会消费群体对本物业场所的知晓程序、美誉度和钟爱程度，而这一切的取得需要依赖物业经营获取收益的各方面达成共识，形成共同的价值观和服务理念，从而营造一种亲情氛围和信任品牌。

另外，物业经营的高档豪华趋势、多功能性、人文休闲文化特色也日趋明显。物业经营管理面临的难点是市场培育难、经济繁荣难、安全防范难、设备运行保障难、商业推广难、处理业主和消费者的利益关系难。

四、物业经营管理的意义

物业管理企业要获得好的经营效果，离不开对市场的正确分析和把握，只有瞄准市场需求，准确把握机会，才能获得成功。

（一）物业经营管理的作用

国外和香港地区特别注重物业管理工作中的经营概念。美国物业管理行业大多数企业可以为客户提供租赁、估价、交易、咨询等项服务。优秀的物业管理可以为业主、租户提供良好的工作、生活环境，而更重要的作用在于使物业的经济效益得到充分的发挥。物业管理企业寓经营管理于服务之中，将体现出卓越的专业水准和竞争实力。物业服务企业加强经营管理。首先可以更好地满足市场需求和客户需要；其次更好地体现了经营、管理一条龙服务，对客户来讲，提高了服务效率；再次，扩大了物业管理企业的盈利空间。物业管理企业面临的重要挑战之一就是专业化管理与管理费不足之间的矛盾。租赁代理、交易咨询、估价等业务的佣金比例明显高于物业管理佣金比例，使物业管理企业综合实力和生存能力得到提高。

（二）加强物业经营管理的必要性

① 租赁市场的繁荣给物业管理企业提供了进行房屋租赁中介服务的市场。由于空置房的增加，房地产商需要将部分物业出租以获取回报，加上购置物业收租赢利的投资理财方式被越来越多的人士所采用，使房屋租赁市场具有很大的潜力，物业管理由于最接近业主——出租方，所以在房屋租赁代理领域有得天独厚的有利条件。加上目前支撑租赁市场的中介组织专业水平低，操作欠规范，给物业管理企业留下了广阔的盈利空间。

② 物业管理的策划，已成为房地产营销的一个重要组成部分。物业管理企业充分发挥自身优势，参与房地产营销策划，通过设计适合房屋档次和规模，与房屋的目标客户的消费能力、生活水准和生活习惯相适应的物业管理方案，将建筑设计、环境配套理念延续到建成后的生活方式、社区环境和文化氛围之中。房地产开发商已充分认识到了这一点。

③ 房地产开发的多样性，房屋功能的多样化趋势，商、住混合型房屋及综合配套小区的大量出现也为物业管理企业的经营提供了大量的机会。

④ 随着人们收入的增长，人们不再满足于一生只买一次房，购买住房的目的也不仅限于解决居所问题。人们把住房当作财产来对待，更加关心房产的保值、增值、租赁和流通等问题，在房屋租赁、转让及价格、信息等方面对物业管理提出了需求。

⑤ 随着人们生活水平的提高，需要多层次的服务，对特约服务的需求也呈迅速上升的趋势，这也为物业管理公司的有偿服务提供了广阔的市场。

⑥ 很多物业缺乏专业管理，更缺乏合理的规划和经营。当前众多的业主单位和业主个人缺乏对物业的管理，更渴望对其物业理想的经营，这种普遍现象呼唤着物业管理企业增强营销意识，提高经营水平。物业管理企业如果以纯粹的物业管理业务去拓展市场，将因为服务的局限性、行业微利的现实和海外兵团的综合优势而承受更大的市场压力。

五、物业经营管理的问题

物业经营管理面临的问题有：一是压力大，物业管理企业承担了一项物业的经营管理权，同时也承担了物业经营的义务，而物业租赁及交易成本的波动，相应地加大了物业管理公司的经营压力；二是风险大，一块物业的经营从项目选择、价格控制到客户确定，每个环节都有风险，仅是租赁风险防范就需要很多只能意会无法言传的市场锻炼；三是组建专业队伍困难，物业经营是一项极为专业的工作，不仅富有实战经验的人才难觅，而且有了人才，形成一个与物业管理配合默契的团队更不容易，一旦经营出现严重偏差和失误，物业公司难以承受。具体来说在经营过程中要注意以下问题。

① 企业在开拓发展的同时要保持头脑的清醒，承接新的物业管理项目之前，应该进行充分的可行性分析和研究，对各种风险因素要进行认真的评估并制定可行的实施方案，使经营走上健康发展的轨道。

② 避免受"多元化"的影响，坚持"靠山吃山"的原则，以物业管理为基础。企业的经营如果脱离物业管理，将面临来自市场和社会的激烈竞争。企业在资金、技术和经验上都处劣势，经营风险大为增加。同时，这种经营不仅不能对物业管理有所帮助，反而由于资源的精力大量占用，使企业丧失管理基础，势必对物业管理产生不利的影响。

③ 经营中坚持以强化内部建设为立足之本，使企业的经营得到稳健发展。在拓展经营项目的同时，调整管理机制和管理方法，培养人才，总结经验。特别是对某些经营项目管理和从业人员仅知道物业管理方面的知识，经验和管理方法远远不够的，需要进行大的调整，甚至需要专业资质的认可。

④ 注意经营和收益的合法性、与业主共同发展。依靠物业本身进行的经营行为，要按照国家和地方法规的要求进行，其中哪些经营权和收益属于业主，哪些属于发展商或企业自己，以及收益的分配等问题，都应引起企业的注意。同时要有高超的处理问题的技巧，合作各方只有共存才能共荣，只有在客户业务不断发展、业绩不断提高中，企业才能赢得更大的实际利益和持续发展的条件。

⑤ 适应和满足顾客多层次、多元化的需求，提供全方位的综合服务，合理配置不同商品服务的结构。对物业功能、潜在价值的全面了解和对市场需求的准确判断。

⑥ 实现利润目标、信誉目标和服务目标的统一。市场经济条件下，利润是企业运行的基本目的和生存最重要基础。企业要通过理顺各方关系和强化内部管理，保证各项收入及时足额地入账，将费用及一些不可预测的损失降至最低限度，通过人的努力改变物业的价值，包括发挥潜在价值和物业升值。企业要在实施管理中锻炼出一支优秀的管理队伍，实现企业服务、信誉及利润的良性循环。

要搞好经营，关键在于认真分析客户需求，把握商机，树立创新意识，同时应合理化配置资金和其他资源，才能取得好的效果。

从1981年3月全国第一家物业管理公司——深圳市物业管理公司的设立，至2007年全国已有各类物业管理公司20000余家，从业人员近200万人。应当说物业管理在我国已有了长足的发展。但是，也应当看到物业管理在我国仍属一个新兴行业，正处于发展阶段，还面临着诸多的矛盾和制约因素。因此，面对我国物业管理的快速发展，如何从我国的国情出发，全面分析影响我国物业管理发展的因素，探索我国物业管理可持续发展的思路，加快采取一些更为切实可行的措施，推进物业管理行业的持续发展，已成为我国物业管理亟待研究和解决的重大课题。

六、物业经营管理的类型

物业服务企业是按照法定程序成立并具有相应资质条件，经营物业管理业务的企业型经济实体，是独立的企业法人，属于服务性企业，它与业主或使用人之间是平等的主体关系，它接受业主的委托，依照有关法律法规的规定或合同的约定对特定区域内的物业实行专业化管理并获得相应报酬。

物业服务企业的发展过程，通常是从物业管理起家，逐渐向上延伸，过渡到物业管理与资产管理并重的复合型企业。也有少量房地产资产管理企业，通过向下延伸，发展成综合的物业经营管理企业。实践中，大量的物业经营管理企业还是以物业服务企业的名义出现，但其管理能力已经大大突破了传统物业管理的范畴。

物业服务企业以公司的形式存在。公司是指依法定程序设立的，由两个以上股东共同出资经营，以营利为目的，具有法人资格的经济组织。可以看出，作为公司，一般应具有以下五个特征：①依照有关法律进行登记注册；②由两个以上股东共同出资经营；③以营利为目的；④具有法人资格；⑤是经济组织。

物业服务企业可以多种经营，它可以接受业主委员会的委托，代为业主管理经营业主共同所有的财产，以其收益补充小区管理经费。如从事开放夜间停车、家电维修与安装、娱乐餐饮等。

物业管理是一种公司化、社会化、专业化、市场经营型服务，是集管理、经营、服务为一体的有偿劳动。

物业经营管理属于服务性行业，同时又是经营性行为，因此，物业服务企业既是服务性单位，又是经营性企业组织。现代物业服务企业完全按照自主经营、自负盈亏、自我约束、自我发展的机制来运作，靠提供经营管理服务获得报酬，取得盈利。

物业服务企业从经营角度可以分为管理型、专业型和综合型三种。

1. 管理型物业服务企业

管理型物业服务企业是具有策略性物业管理能力的企业，它受业主委托对物业经营管理绩效承担综合责任，在物业管理活动中处在总包的位置。管理型物业服务企业的工作重点在于物业管理工作的规划与计划、物业市场营销与租赁管理、预算与成本管理、专业物业管理服务采购与分包商管理、现金流管理、绩效评价和客户关系管理等。管理型物业服务企业的出现，是业主需求变化和物业管理行业发展的结果，有利于提升物业管理工作的管理内涵，提高物业管理体系运行效率，为业主提供更加满足其多元化目标需求的服务。

2. 专业型物业服务企业

专业型物业服务企业是具有物业运行过程中某种专业管理能力的企业，通常以专业分包的形式，也以直接接受业主委托的形式，在成本、绩效或成本加绩效合同的基础上，获得物业管理业务。由于物业管理工作涉及的清洁、安全、电梯等建筑设备设施的维护保养、建筑维护与维修、环境绿化、停车场具有很强的专业性，设立专业型物业服务企业，面向更广泛的物业范畴，在其物业管理的某个环节提供专业管理服务，既能提高管理效率和质量，也能有效控制和降低管理成本，提高物业服务企业的劳动生产率和效益。

3. 综合型物业服务企业

综合型物业服务企业是同时具备物业策略管理和物业运行管理能力的企业。综合型物业服务企业一般在公司总部设置管理层，履行策略性物业管理的职能，同时还设置若干专业化的分公司，履行物业运行过程中专业物业管理的职能。随着网络和通信技术的发展和普及，物业服务企业越来越多地借助现代计算机和网络技术，来提高物业管理的服务水平。同时，信息技术的应用，物业管理思想和企业战略的转变，使越来越多的综合型物业服务企业将物业管理中的日常建设工程、运行管理工程分包给专业物业服务企业，加速了综合型物业管理供应商内策略管理和运行管理职能的分离。

鉴于物业服务企业通常要对多个地点的多个物业同时实施管理，因此从管理的层次上，又可以分为公司管理、现场管理和现场作业三个层次。管理型和综合型物业服务企业，也能为业主提供物业管理顾问、咨询服务。

第二节 物业经营管理的内容

一、物业经营管理的主要内容

物业经营管理的内容与物业类型和业主持有物业的目的密切相关,通常将其分为物业管理或设施管理、房地产资产管理和房地产组合投资管理三个层次。其中,物业管理和设施管理以运行管理为主,房地产资产管理和房地产投资组合管理以策略性管理为主。

(一) 物业管理

物业管理的核心工作是对物业进行日常的维护与维修,并向入住的客户或业主提供服务,以保障其始终处在正常的运行状态。对于居住物业,物业管理就是物业经营管理的全部内容。然而,对于收益性物业或大型非房地产企业拥有的物业,除了物业管理,还要进行相应的资产管理和组合投资管理工作。此时的物业管理除了进行物业的日常管理,还要执行资产管理所确定的战略方针,以满足组合投资管理的目标。

小提示:房屋买了还没住,要交物业管理费吗?

交的理由:肯定要交,非交不可,我们没有入住时,水电费可能很少,但是物业管理公司对整个小区的管理是一种公共性服务,也包括空房的管理。就是说物业管理公司的服务不会因为个别业主没有实际居住而停止服务,所以我们只要办理了入住手续就得从办理入住手续后按合同的约定缴纳管理费。

(二) 设施管理

设施管理是一种新型的房地产服务业务,其主要功能是通过对人和工作的协调,为某一机构(企业或事业单位)创造一个良好的生产、办公环境。设施管理的对象,主要是高新技术企业用房、医院、科研教学设施、大型公共文体设施、政府和企业办公楼等物业,服务对象通常为拥有房地产的非房地产企业或机构。随着社会经济的发展,越来越多的机构开始认识到,房地产作为一种重要的战略资源,其良好的管理对创造一个益于员工健康的高效生产办公环境、降低房地产使用成本、保持房地产价值,配合机构发展战略的实现,均具有十分重要的意义。因此,各类机构对设施管理专业服务的需求日益增加。

(三) 房地产资产管理

房地产资产管理从对物业、设施和租户的管理上升到聘用多个物业服务企业和设施管理公司来同时管理多宗物业。房地产资产管理公司负责管理物业服务企业和设施管理公司,监督它们的行为,指导它们为物业发展制定战略计划,以便使这些物业在所处的房地产市场内实现价值最大化的目标,满足房地产组合投资管理者的要求。

(四) 房地产组合投资管理

房地产组合投资管理的视野更加广阔,包括理解和执行物业业主的投资目标;评价资产管理公司的表现;审批资产管理公司为维护物业资产结构安全、功能先进,保持其市场竞争地位而提出的更新改造计划;以经风险调整后的组合投资回报最大化为目标来管理资产;以及在合适的时机购置和处置物业资产。

房地产投资的利润是通过三种基本途径创造出来的:一是在极好的条件下购买物业(从开发商或原业主手中);二是在持有期间以现金流量的现值最大化为目标来经营物业;三是在合适的时机售出物业。物业经营管理公司代表个人投资者或机构投资者来促使这三个目标的实现,实际上就是以物业业主的角色在工作。

二、物业经营管理不同层次之间的关系

物业管理或设施管理、资产管理和组合投资管理的作用是相互关联的。在小型房地产"投资组合"里，某一种层次的管理可能同时扮演三种角色。图 1-1 显示了在一大宗房地产投资组合中，物业管理或设施管理、资产管理和组合投资管理之间的相互关系。

在这里，物业管理和设施管理定位在现场操作层面的管理，其主要作用是为租户提供及时的服务和保证物业的持续收入和现金流。

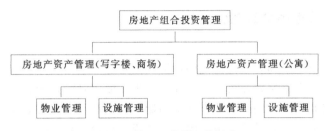

图 1-1 物业经营管理的层次

而资产管理通常不在现场，它们通常负责几处不同的物业。资产管理一般按照物业类型、地理位置或两者结合起来（如北京的写字楼或长江三角洲地区的公寓）的分类原则来管理物业，因此比现场物业管理具有更广阔的视角。资产管理公司作为物业投资者或业主的代表，"管理"物业服务企业。更确切地说，资产管理公司通过监控物业的运行绩效，来聘用、解聘和调配物业服务企业。资产管理通过物业管理的工作来实施自己的战略计划，并在资产持有期间努力满足投资者的投资回报目标。

物业服务企业为了减少物业维护维修的工作量，通常倾向于选择新建成物业或物理状况良好的物业，因此会经常提出一些物业更新改造等资本改良投资计划。房地产资产管理公司就需要考察这些资本开支是否能有效提升物业价值，来决定是否批准物业服务企业提出的更新改造计划。

房地产组合投资管理公司则以投资者的目标和风险回报参数特征为基础，来详细制定和执行一个投资组合战略。组合投资管理公司监督物业购置、资产管理、处置和再投资决策，同时监督现金的管理并向其服务的客户定期汇报。在一宗大型的投资组合中，房地产组合投资管理公司会在物业类型或地域分布上努力地分散投资，以减少投资组合的整体风险。表 1-1 明确了物业管理、资产管理和组合投资管理的主要职责。

表 1-1 物业经营管理三个层次工作的主要职责

管理层次	物业管理	资产管理	组合投资管理
主要职责	保持与租户的联系；收租；控制运营成本；财务报告与记录的保存；物业维护；资本性支出计划；危机管理；安全管理；公共关系	制定物业发展战略计划；持有/出售分析；物业更新改造等主要开支决策；监控物业绩效；管理和评价物业服务企业；协助物业管理的租户关系工作；定期进行资产的投资分析和运营状况分析	制定投资组合目标与投资准则；制定并执行组合投资战略；设计和调整物业资产的资本结构；负责策略资产的配置和衍生工具的应用；监督购置、处置、资产管理和再投资决策；负责投资组合的绩效；客户报告与现金管理

正如房地产资产管理公司要确保物业服务企业所提出的资本性开支是个好的投资那样，房地产组合投资管理公司必须协调不同的资产管理公司，以平衡整个投资组合的现金流需求。组合资产管理公司还需要对何时出售物业进行决策，但资产管理公司和物业服务企业往往不喜欢自己管理下的物业更换业主，因为新业主可能会更换资产管理或物业服务企业。但对组合投资

管理公司来说，其出售物业的决策往往是基于对组合投资绩效评价的结果，而不会偏爱某宗具体的物业。

为了实现投资者所拥有的房地产资产价值最大化的目标，三个层次的物业经营管理必须进行有效的协调，并根据市场需求的变化主动地调整经营策略。随着保险公司、社保基金等机构投资者越来越多地涉足房地产投资，为了更好地服务于这些客户，房地产资产管理服务的领域，更进一步发展到房地产资产所有权结构的管理，即组合投资管理公司与机构投资者共同来决定投资目标和满足这些目标的物业类型组合。

三、物业经营管理中的战略性工作

（一）确定战略

大多数投资者对金融市场有较为深刻的理解，但对那些缺乏实际物业投资经验的投资者来说，需要了解投资股票和直接物业投资的差异。首先需要明确的是频繁改变资产组合是不切实际而且不经济的，因此根据发展战略认真确定初始组合非常重要。有必要通过买卖来维持和提高当前资产组合的质量，但如果能严格精确地定义资产组合的相关属性，就可以有效缩短调整期。众所周知，物业资产是非流动的且一般是不可分的，而且把已经确定用于现有物业的资金投资到其他项目上也存在风险。与此同时，投资者还需要有应对机遇的愿望和能力，因为这些机会总是发生在最不可能发生和最不方便操作的时候。

每宗物业都具有独特的区位和其他法律及物理上的特点，使它和其他项目有所区别，即使它们表面上可能比较相像。因此，市场调研不仅很难操作，而且一旦情况发生改变，调研结果的适应性也不强。因此，人们开发了一些监控工具来帮助资产管理人员及时了解市场行情。目前在英国，已有至少八九种主流的监控工具，尽管这些监控工具有不同的误差和特点，但在市场表现和评估信息的基础上，都可以用来对物业资产的资本增长率、租金变化和收益变动等绩效指标进行监测。

（二）确定标准

资产投资者将还需要结合对市场的跟踪、分析判断，确定不同市场条件下的投资标准。这些投资标准包括现金流、租金波动和基于市场交易的收益变化。

尽管投资者的目标是建立一个"完美"的资产组合，并通过投资者或其顾问确定的投资规模、地点和物业类型来形成，但这更多的是一个目标而不是一种现实。简单地说，要实现和维持理想的投资组合非常困难、昂贵和耗时，风险也较大。

（三）构建信息基础

提出一个建议和制定一个策略的首要前提是有足够的信息可用。因此，必须有一个可靠的足以使资产组合中的各个单元都得到合适评价的数据库。对搜集到的信息，应当进行分类保存。正如上面提到的，可能用到的信息量很大，最好要系统地搜集而不是直到需求产生时才开始进行。在低成本的计算机硬件和功能强大，操作简单的计算机软件问世后，数据搜集、分类、存储和重新获得信息的工作变得比较容易了。

（四）决策分析

决策分析是对各种可能的方案进行分析比较的过程。通常对某一问题的解决方案不止一种，每种方案的结果都具有某种或大或小的不确定性。近年来，制定决策的过程越来越复杂，投资决策主要取决于两个关键因素，预期收益和风险水平。

（五）进行资产组合

资产组合理论的原则是投资者应当把一些合适的持有物进行分散，从而有效地抵消一部分风险。这种理论的假设是投资者是理性的，愿意在可以接受的风险水平上追求最大的收益。如果两个投资项目的潜在收益水平相同，那么必将选择低风险的那个方案。在任何情况下，都将选择收益最大和风险最小的那个组合。这个原则获得了广泛的认可，并且被归纳为一句话："不要把鸡蛋放在同一个篮子里。"

在一定收益水平上具有最小风险的资产组合被认为是有效的，代表这种资产组合的点可以组成一个有效边界曲线。期望收益率是各个组成部分的加权平均数，投资在不同资产上的数量可以被用来作为权重。各个组成部分在一定的收益水平上的风险被组合起来测度资产组合内部的相关系数。

在合适的选择下，整体风险应该尽可能低。换句话说，资产组合的风险将低于各个组成部分的加权平均风险，因为当风险不随时间变化、风险方向也不改变的时候，不同投资方式之间存在补偿。在考虑物业组合中减少风险时，投资者将在可以选择的范围内，寻求相关系数为负的投资，例如，选择不同的部门和不同的地理区域。

对于任何投资来说，实施这种理论都有一定的困难，特别是对在物理形态上存在差异的物业投资。进一步来说，这种投资的很大部分是根据对未来的预测来确定租金水平的，可能对租金水平和未来的空置水平存在错误预期，这都将影响到整体的收益水平。

四、物业经营管理的常规工作

持有股票等证券的成本不过是支付给财务顾问的咨询费用、佣金和买卖时的印花税等费用。相比之下，拥有和管理物业则需要支出各种各样的成本和费用，这些支付不仅数额较大，而且是维持物业正常使用和保证其保值升值不可缺少的组成部分。物业业主希望让最终使用者承担尽可能多的费用，因此业主不仅尽量避免各种不确定性支出，还要节省发生在组织、管理和监管过程中的各种支出。但即使租户或者使用者承担了大部分的成本和费用，业主仍然有必要确保租户履行租约，保证物业收益达到预期的水平。资产管理的主要内容本质上就是对成本和收益的控制，主要包括对物业的物理形态和财务状况的管理。

对物业的权力伴随着必须承担的义务。不像证券投资者，在未来某一时间处置其证券之前，可以暂时不必考虑和关心证券的情况；而对于物业投资者来说，即使是最基本的物业收益也要求必要的管理工作，这种工作还很可能伴随一定的成本支出。

例如，有一宗在已开发物业旁边的一小块土地，它本身可能适合进行某种开发，但可能因为排水系统或者其他某项关键服务无法实现，也可能因为规划管理部门认为它没有达到开发要求的成熟度，这块土地无法进行实际的开发运作。即使这样，谨慎的业主也将会每隔一段时间去看看这块土地，以保证没有什么负面因素作用在土地上。他们或者指定代理人来检查土地的栏护情况，确保临近土地的使用者没有侵占其土地；他们也要防止他人的某些权利或者名义对自己的土地所有权造成的侵害，因为这些行为可能会造成他们今后对土地的开发计划受损或者破产。他们还要对土地进行等级评定和保险。如果土地的面积比较大，特别是上面有建筑物或者其他东西存在时，往往需要特别的监护和合适的管理，这同时也增加了成本和费用。

（一）常规工作内容概述

从日常工作的角度看，具体负责资产管理的物业管理师要使物业处于正常并可以接受的水平上，保持合理的开支水平，尽量减少给使用者带来的不便。

在建筑物的经济寿命周期中，累积起来的维修成本很可能大大超过初始投资水平。虽然常规检查可以减少意外损失发生的概率和造成的损失，但仍需要必要的替代措施随时处理意外事件。技术手册、录像资料、承包商和分包商提供的技术资料都非常重要，它们可以给维护队伍提供比较精确的信息和有效的指导。

在大多数情况下，物业管理师是在物业业主授权的工作范围内工作，但如果租户没有很好地履行义务，影响建筑物的使用，那么他们也必须进行一定的应急处理。在这种情况下，必须留有一定的可支配资金来进行调查、拍照、复印资料、搜集整理电话记录等。

（二）现金流和成本管理

支出的分配、组织和管理是物业管理师工作的一个重要方面，它完成的质量好坏很可能会对物业的净运营收益和资本价值产生影响。因此，有必要回顾一下支出的几个重要方面：日常维修费用、计提维修准备金、设施维护费用、保险费、法律和财务费用、工作成本和地方性税收。

相对于总收入，物业业主或投资者更关心净运营收益。因为总收入还必须支付各种运营费用，这些费用不仅包括正常的工作费用和在时间与数量上不可预测的支出，还包括监督和检查工作的组织成本。

1. 支出的分配

当投资者将物业出租的时候，他们希望让租户在租金之外承担尽可能多的费用。这不仅可以降低各种管理成本，还可以降低各种风险和不确定性带来的意外成本。

但把所有的成本负担都转移给租户既不现实，也不明智。特别是在下列三种情况下，一般不会采用这种方式。

① 对用于出租的住宅，一些法律要求使得物业业主必须对物业进行某种程度的直接投资。

② 由于短期的商业租户会尽量减少对物业的投入，因此业主一般更希望签署一次性包含全部内容的租约，将预期收费纳入租约中。

③ 租户可能对物业的建筑或者某一部分表示不满意，这时为了留住租户，业主不得不降低条件，允许租户承担较低的维修责任，而由他自己负担大部分。

2. 费用和成本

物业业主及其代理人一直企图建立一种由租户支付律师签约费、履行租约的相关费用和印花税等费用的习惯。但实际上，一般都是通过各国的法律和双方的协商，来确定具体由哪一方来支付这些费用或双方分担的比例。

3. 租金

一般来说，按照租约规定进行开支的一方需要说明提供的具体工作或者服务内容，也需要为其分包商的支出行为负责。但是以下四种情况除外。

① 物业有多个租户，每个租户提供一定比例的租金，作为整体物业的开支来源。实践证明具体操作过程中唯一可行的方法，是由业主统一对各种开支进行管理，并从每个租户那里收取相应比例的租金。写字楼基本都采用这种方式。在这种情况下，各个租户在事先都要支付给业主或其物业管理者一定金额的服务费。

② 租户要各自支付保险费，但不必向业主另外支付一笔用来补偿业主为整体物业提供风险庇护的费用，即租户可能会从业主的物业资产组合中获得降低风险等方面的益处，但他们不必为此而专门付费。

③ 有时租户不愿按租约内容履行责任。此时业主有可能停止提供相应的服务，直至采取相应的法律手段强迫租户履行租约。

④ 还有一种情况，就是业主可能会面对一项租户的租金没有覆盖的维修或者更新项目。一旦租约停止，可能全部的租金收入都不够进行这项维修或者更新工作。这就要求业主必须要在目前的租约履行期间保持对物业的动态监管，避免发生这种情况。

4. 服务费

接受租约的租户需要和业主或者合租者一起对公共设施和区域的日常维护和维修负责，例如整修围墙和疏通排水管道等。一般情况下，是由业主出面来进行这些公共部位或者设施的修缮和服务，也可能委托专门的公司来完成这项工作。业主会要求租户按期缴纳相应的费用，然后再汇总进行专项支出。

（1）目的　服务费覆盖的内容本质上应当由业主承担，但实际上是由租户支付的。在一个物业里面，这部分服务费不仅包括供暖、排污、电梯、楼梯等公共服务设施，还包括针对整体物业的保险或者修护。

（2）成本分摊　当业主代表租户进行开支的时候，由于涉及不止一个租户，因此有必要在租户中明确成本分摊的比例。例如在一个购物中心中的某个店铺，其支付的租金将覆盖很多种服务，公共服务项目在其支出中所占的比例和其他租户相比可能会有所不同。这些费用将包括整个物业的监管成本，管理人员的工资及其办公室和储藏空间费用、电话费，以及供暖、照明、装修、保洁、营销和促销活动的成本等。

一般分配公共成本的方式是按照单个租户的承租面积占物业总面积的比例计算。按照承租面积分配成本有时并不那么令人满意，特别是当同一个物业要承担很多种功能，每个租户享受到的服务差别比较大的时候。还有一种方式是以收益为基数，按照一定比例提取公共成本，但这种方法也同样存在一定的问题。因为交费基数的计算是在业主控制之外，而且会随着时间的变化而发生改变。可这类成本支出一般都是连续的、周期性的，更新的项目价格一般都会越来越高，维修成本会不断增加，这种方法无法保证收取的专项费用能始终覆盖公共成本。

这些公共服务的成本如果没能提前收取，业主将不得不替租户垫付大笔资金。因此很多租约都会要求租户能够提前支付这笔款项。这种做法可以保证在大笔款项支出时，能够有充足的资金准备。常用的提取方法是以上一年的实际成本为基础，按照通货膨胀率或者类似的指数进行修正，再按照得到的结果进行专项资金的提取。

（3）其他相关费用　每个租户在计算服务费的时候，还必须考虑到会计和审计等专业服务的成本。这些费用一般是按照租户缴纳的服务费的一定比例计算。

（三）日常维修和维护

日常维修和维护的开支来源，需要租约各方通过沟通来确定具体履行方式。

业主会寻找能够全部承担各种维修成本的租户，这也是目前大多数出租活动处理这个问题的方式。如果物业已经比较陈旧或者破损较严重，租户一般都不愿意接受这样的条款。此时双方就会通过沟通来确定一个让大家都感觉可以接受的解决方式，业主会尽可能地将这些修缮责任托付给租户承担。对于由业主承担维修责任的物业，很多机构投资者会拒绝参与投资。同时，从长远考虑，业主还必须关注租户的承租意图、用途和财务状况。如果租户承担了主要的维修责任，但是却没有履行或者没有很好履行，将给业主带来很多麻烦，这些工作可能会造成业主更沉重的工作负担和财务负担。

（四）未来维修和维护

在计划进行新的房地产项目开发的时候，经常忽视具备物业管理业知识和能力的物业管理师的参与。实际上，物业管理是不同的参与，对于提高物业的完善程度、提高物业设备设施的稳定性和高质量使用非常重要。他们还可以对物业内部的装饰材料和布局提出建议。这些因素都将关系到未来资本金投入和租金水平，以及维护过程的成本，最终影响物业的经济寿命。

开发商的意图将会体现在物业的设计中，因为他们要将物业出售，必须要给市场提供一个具有吸引力的产品，却并不关注物业的折旧问题和长期维护问题。他们的观点与物业长期持有者或使用者的观点可能完全不同。

对于机构投资者投资的工厂、仓库和写字楼物业，如何处理物业出租已经有了约定的习惯，即一般是由租户负责物业未来的维修和维护。现在这类供给已经比较充足，因此潜在租户的选择空间比较大，他们也因此变得比过去更为挑剔，特别是在有了专业人员提供建议的时候，他们对租约的安排会有更多的想法。从第二次世界大战以来，投资者越来越看重提供具有吸引力的、合理的、节能的和尽量低的维护成本的物业。

对于商业物业，区位因素更为重要。对于其他物业有重要影响的维护费用问题在商业物业上体现并不明显。这主要是因为这类项目的主要成本是地价或地租，因此对增加建筑和维护成本并不非常敏感。

设计水平、使用的材料和施工质量都影响到建筑物全寿命周期中的维修成本。理想的物业应该是在设计上比较灵活，在使用上比较专业，使用中不太需要特别维护的物业。当然，这种物业在经济上不可能是最节省的，典型的物业最有可能是合理的设计和建筑标准与可接受的维修成本的组合。

每个建筑都应该有自己的维修修计划。对于一个新建筑物来说，物业业主可以得到由建筑承包商和分包商提供的使用说明，作为对物业日常进行的维修、维护和安装等工作可能出现的各种问题提出的处理建议，还可以为相应的成本提供一个估算的标准。维修计划应该是全面且系统的，从短期和长期两个方面考虑。

（五）设施设备管理

设施设备管理问题是物业管理中的一个新问题，其边界并不确定，不同的物业项目、不同的使用者都有不尽相同的设施设备管理问题。

从广义上讲，设施设备管理是一种"家务性"活动，与使用者或租客的日常活动密切相关。很多公司都认为保持较高的设施管理水平有助于提高物业的运行效率，并有助于提升物业的对外形象。传统的业主不太关注设施方面的条款，但也只是个程序问题——他们也许会安排物业管理师定期擦窗，但又可能不会安排定期清洁地毯。过高水平的设施设备管理有时候对业主来说并不是一件好事，虽然它对某些租户比较有吸引力，但是会提高管理成本，增加提高租金的可能性，从而会丧失一部分租户。有人建议对设施的管理由使用者自己来做，因为只有他们对使用的设施最为了解；但同时也有人认为现代建筑中使用的很多仪器和设备很复杂，特别是关系到物业本身运转的一些设备设施，需要专门人员进行管理，这样才能保持较高的效率，并及时实现技术更新。

（六）物业保险管理

业主希望一旦发生事故造成损失，能够获得补偿。这需要事先与保险公司签订合约，每年缴纳一定的保险费，保险公司会按照合同内容为必要的修缮或者重置提供支持。保险赔偿覆盖的范围一般与租约条款相对应。尽管租约中不会明确总额，但是会明确全部补偿需要的各种参数。如果发生投保额度过低的情况，投保方将承担自行支付全部补偿成本和保险实际补偿金额之间的风险。因此，大多数建议都会要求投保方对物业可能产生的损失进行全额保险。

案例分析　　　　　　　　　　　　**万科物业的市场定位**

万科集团股份有限公司（以下简称万科集团）随着地产开发的高峰逐渐站立潮头，成为房地产市场的弄潮儿。与此同时，其下属的深圳市万科物业管理有限公司（以下简称万科物业）也随着地产公司的发展而不断地成长。从通过ISO 9002国内国外机构双认证到提出人性化管理，万科物业在物业管理中引入了许多新的概念，加上集团良好的口碑信誉和大力的扶持，万科物业很快走红。在1996~1999年的短短4年内，万科物业的管理面积从不到20万平方米扩展到近200万平方米，包括社会接管的项目和万科集团开发的项目；其中万科集团开发的项目有万科城市花园、万科俊园、万科四季花城等。

从市场的表现来看，万科物业的市场定位是紧密围绕发展商的品牌做文章，其接管的社会项目相对来说都属于精品项目，数量有限。对于物业管理公司来说，项目不应仅仅局限在上级地产公司开发的项目中，毕竟这些项目只是物业管理市场的一部分，而社会发展商开发的项目才是物业管理真正的市场。但是，对外发展也存在品牌效益被利用的问题。分析利弊后，万科集团又成立了深圳市万科物业发展有限公司，作为其地产开发项目以外的房地产项目的物业管理运作公司。准确的定位让万科集团获得相应的收益，从市场销售价格分析，万科开发的商品房售价比同质楼盘平均高出10%左右；其品牌溢价中也包含了物业管理因素。

从万科物业的发展历程可知，万科物业既拓宽了市场，也维护了万科的品牌。

请对万科物业的市场定位进行分析。

思 考 题

结合实际情况请讨论物业经营管理与物业服务的联系与区别。

拓展知识 物业服务企业发展之路

对物业管理来说，当前业主的维权沸沸扬扬，质疑、批评和否定的声音不断地出现。这个时期，既是企业展示实力和承担责任的最佳时机，也为物业管理公司选择道路带来了困惑。如此微妙的市场氛围，物业管理公司应该如何面对呢？这就需要企业找到合适的位子。寻找合适位子的方法可以从以下几个方面来考虑：

1. 对市场有信心

物业管理市场包括存量和流量两个概念。市场存量就是人们居住的房屋总建筑面积，包括已经居住的和建成后没有居住的房屋。目前，我国的城市住宅存量约为85亿平方米，预计到2025年，城市人口数量将达到7亿，按人均住房建筑面积30平方米计算，则届时的房屋建筑面积总存量就有210亿平方米；物业管理市场是可以预期的，也是值得期待的。

市场流量则是每年新建房屋面积。无论其建筑类型如何，是否及时进入商品房流通市场，都将是物业管理的市场目标。例如，深圳在2003年的新建商品房总面积近1020万平方米，施工面积为2838万平方米，而销售面积为900万平方米。没有不成熟的市场，只有不成熟的企业。企业应该从市场定位方面进行考虑。物业管理行业虽然还在徘徊，但已经显现朝阳行业的生机。

2. 符合政策导向

政策导向中关键是规范和发展，规范是针对目前运作中不透明、争议大的部分，而发展则是政府希望看见的，也是《物业管理条例》出台的目的。所以说，大的政策面是积极的利好，关键在于物业管理公司是否能够各显神通去开拓市场，将沉淀于计划经济中的物业解放到市场化的物业管理行业中去。

3. 企业需要因地制宜

根据当地所处市场的主要环境进行市场定位和策略选择。例如，正处于发展阶段的北京物业管理市场，投标和接管新建楼盘是目前市场的主流，物业管理公司开拓北京市场时应重点考虑这点。如果当地市场没有一个商品房，全部属于计划分配房，则物业管理市场化和招投标行为的概率相对较小。物业管理市场的形成和蓬勃发展是需要耐心的，开启物业管理市场也需要一个等待的时间。开拓当地的物业管理市场，需要与当地政府部门进行接洽，如对电信、金融以及政府的住宅区和办公大楼进行投石问路，就是符合市场环境的企业拓展策略，而其成功的因素则是获得政府主管部门的支持。

4. 企业需要拓展思路

国资委第71号文件的颁布和2004年8月31日"土地市场大限"的到来，规范了房地产行业，也有可能在短期内缩减物业管理市场的流量。这个时刻，物业管理公司应做到"欲取之，必先予之"，把握有限的时机，深化内部管理，并提供出能够让业主亲身感受的物业服务；这才是物业管理公司合适的发展道路。以深圳为例，2005年年中，可供开发的土地仅剩余200平方公里，并规划在15年内分期开发，这就导致今后的物业管理一手项目市场非常有限，物业管理公司开拓的重点应该是二手物业，那么，业主委员会将成为市场的宠儿，也将是各物业管理公司重点关注的对象。

第二章

物业服务企业

【学习目标】
- 掌握物业服务企业的概念、性质和特点，熟记各级资质条件及承接业务的范围
- 掌握物业服务企业定员编制原则和方法，熟练运用物业服务费的测算方法
- 掌握企业人力资源管理的基本内容
- 理解物业服务企业的分类、设立程序
- 理解企业岗位责任制的制定原则和各部门的岗位责任制的内容

引导案例

某开发商于2005年开发了某地一普通商品房小区，该小区占地面积18万平方米，建筑面积30万平方米。办理入住前，开发商组建了物业管理处，对该小区实施物业管理，收费标准为1.2元/(平方米·月)。业主入住后，由于物业管理部门的服务人员不足，服务意识差，业主怨声载道，投诉不断，最后双方诉诸法庭。

【请分析】
1. 开发商的做法是否违规？应如何组建物业服务企业？
2. 物业服务企业的人员如何配备？
3. 如何测算物业服务的收费水平？

物业管理的运作主体是业主大会业主委员会、物业服务企业、政府主管部门和相关部门。物业管理的健康运作的前提是主体各尽职责，相互间良好协作。业主大会业主委员维护业主权益和发挥决策、监督功能；物业服务企业承担各项具体管理服务工作；政府主管部门从法制、政策上实施管理和指导；相关部门在各自业务范围内行使职权。本章对物业服务企业的性质、设立、内部管理加以介绍。

第一节 物业服务企业概述

一、物业服务企业的基本概念、类型和特点

物业服务企业是依法成立，具有专门资质并具有独立企业法人地位，按照物业服务合同的约定，专业进行房屋及附属的设备设施和相关场地的维修、养护、管理，维护物业管理区域的环境卫生和公共秩序，为业主和使用人提供物业服务的经济实体。物业服务企业应当具有独立的法人资格，自主经营、自负盈亏、独立核算，能独立承担民事法律责任。

(一) 物业服务企业的类型

目前，我国存在着多种类型的物业服务企业，从不同的角度可以作如下分类。

1. 按投资主体分类

(1) 全民所有制物业服务企业 其主要特征是企业的资产属于全民所有，即国家所有。该

种类型所占比例较小。

(2) 集体所有制物业服务企业 其主要特征是企业的资产属于部分劳动者集体所有。该种类型所占比例较小。

(3) 民营物业服务企业 其主要特征是企业的资产属于私人投资者所有。这种类型的企业是物业服务企业的主要形式。

(4) 股份制物业服务企业 其主要特征是企业资产由投资人按股份制企业投资规则进行投资而组建的企业，企业的资产属于投资者所有。该种类型的企业将成为今后物业服务企业的主要形式。

(5) 合资、合作、外商独资物业服务企业 随着我国物业管理市场的成熟，将会有更多的外资进入，按照我国的法律，由外国投资者与国内的企业合资、合作或由外国投资者独立设置物业服务企业。这种类型也将成为我国境内物业服务企业的一个重要的形式。

2. 按资本组合方式分类

(1) 公司制企业 公司是拥有资产，独立存在的经营实体。按股东出资形式，我国物业服务企业主要类型为有限责任公司和股份有限公司。其中有限责任公司是主要形式。

(2) 个人独资企业 指由个人投资所设立的物业服务企业。

(二) 物业服务企业的性质和特点

物业服务企业归属于我国的第三产业，属于服务业的范畴，我国《物权法》和《物业管理条例》明确了物业服务企业具有服务的性质，应以提供业主和使用人满意的服务为主要任务和目标。物业服务企业具有以下特点。

1. 是独立的企业法人

物业服务企业严格按照法定程序建立，拥有一定的资金、设备、人员和经营场所；拥有明确的经营宗旨和符合法规的管理章程；具有相应的物业管理资质；独立核算、自负盈亏，以自己的名义享有民事权利，承担民事责任；所提供的服务是有偿的和具有盈利性的。

2. 属于服务性企业

物业服务企业的主要职能是通过对物业的管理和提供的多种服务，确保物业的正常使用，为业主创造一个舒适、方便、安全的工作和生活的环境。物业服务企业本身并不制造实物产品，主要通过常规性的公共服务、延伸性的专项服务和特约服务、委托性的代办服务和创收性的经营服务等项目，尽可能实现物业的保值增值。

3. 具有一定的公共管理性质的职能

物业服务企业在向业主和物业使用人提供服务的同时，还承担着物业管理区域内公共秩序的维护、市政设施的配合管理、物业的装修管理等职能，其内容带有一定的公共管理性质。

二、物业服务企业的设立

物业服务企业应按国家的法律法规依法设立。

(一) 组建条件

1. 企业名称的确定

物业服务企业应具有区别于其他企业的名称。企业名称一般由企业所在地、具体名称、经营类别、企业性质等部分组成，如深圳长城物业管理有限责任公司。企业名称先由申请人向当地工商行政管理部门和行业主管部门提出申请，经确认后即可作为企业名称。根据国家工商行政管理局制定的《企业名称登记管理规定》第九条规定，企业名称不得含有下列内容和文字：

① 有损于国家、社会公共利益的；

② 可能对公众造成欺骗或者误解的；

③ 外国国家（地区）名称、国际组织名称；
④ 政党名称、党政军机关名称、群众组织名称、社会团体及部队编号；
⑤ 汉语拼音字母（外文名称中使用的除外）、数字；
⑥ 其他法律、行政法规规定禁止的。

根据第十四条的规定，企业设立分支机构的，企业及其分支机构的企业名称应当符合下列规定：

① 在企业名称中使用"总"字的，必须下设三个以上分支机构；
② 不能独立承担民事责任的分支机构，其企业名称应当冠以其所从属企业的名称，缀以"分公司"等字词，并标明该分支机构的行业和所在地行政区划名称或者地名，但其行业与其所从属的企业一致的，可以从略；
③ 能够独立承担民事责任的分支机构，应当使用独立的企业名称，并可以使用其所从属企业的企业名称中的字号；
④ 能够独立承担民事责任的分支机构再设立分支机构的，所设立的分支机构不得在其企业名称中使用总机构的名称。

根据《企业名称登记管理规定》，设立公司应当申请名称预先核准，登记主管机关应当在收到企业提交的预先单独申请企业名称登记注册的全部材料之日起，十日内做出核准或者驳回的决定。

登记主管机关核准预先单独申请登记注册的企业名称后，核发《企业名称登记证书》。

2. 企业住所的确定

根据《民法通则》规定，企业法人应以主要办事机构所在地作为住所，物业服务企业应确定其主要办事机构作为企业的住所。物业服务企业设立条件中的住所用房可以是自有产权或租赁用房，或由业主大会提供使用。在租赁用房作为住所时，必须办理合法的租赁凭证，房屋的租赁期限必须在1年以上。

3. 确定法定代表人

企业法定代表人必须在法律允许的条件下，在企业章程规定的范围内行使职权和履行义务，代表企业法人参加民事活动，对物业服务企业全面负责，接受公司、政府主管部门的监督。法定代表人应由企业董事长担任，不设董事长的由企业总经理担任。法定代表人必须符合以下条件：

① 有完全民事行为能力；
② 有所在地正式户口或临时户口；
③ 具有管理企业的能力和相关专业知识；
④ 具有从事企业的服务经营管理的能力；
⑤ 产生的程序符合国家法律和企业章程的规定；
⑥ 符合其他有关规定的条件。

4. 具有符合规定的注册资本

注册资本是企业从事经营活动、享受债权、承担债务的物质基础。企业应具备国家规定的最低注册资本。按照《物业服务企业资质管理办法》的规定，物业服务企业应具有50万元以上的注册资本。

5. 明确企业章程

企业章程是明确企业宗旨、性质、资本状况、业务范围、经营规模、经营方式、组织机构以及利益分配规则、债权债务处理方式、内部管理制度等内容的规范性文件，在企业设立时必须形成完整的体系，并提交有关部门备案。其内容一般包括：

① 公司的宗旨；
② 名称和住所；
③ 经济性质；
④ 注册资金数额和来源；
⑤ 经营范围和经营方式；
⑥ 公司组织机构和职权；
⑦ 法定代表人产生程序和职权范围；
⑧ 财务管理制度和利润分配方式；
⑨ 其他劳动用工制度；
⑩ 公司章程修改程序；
⑪ 终止程序；
⑫ 其他事项。

有限责任公司的章程应当载明下列事项：
① 公司名称和住所；
② 公司经营范围；
③ 公司注册资本；
④ 股东的姓名或者名称；
⑤ 股东的权利和义务；
⑥ 股东的出资方式和出资额；
⑦ 股东转让出资的条件；
⑧ 公司的机构及其产生办法、职权、议事规则；
⑨ 公司的法定代表人；
⑩ 公司的解散事由与清算办法；
⑪ 股东认为需要规定的其他事项。

股东应当在公司章程上签名、盖章。

股份有限公司的章程应当载明下列事项：
① 公司名称和住所；
② 公司经营范围；
③ 公司设立方式；
④ 公司股份总数、每股金额和注册资本；
⑤ 发起人的姓名或者名称、认购的股份数；
⑥ 股东的权利和义务；
⑦ 董事会的组成、职权、任期和议事规则；
⑧ 公司法定代表人；
⑨ 监事会的组成、职权、任期和议事规则；
⑩ 公司利润分配办法；
⑪ 公司的解散事由与清算办法；
⑫ 公司的通知和公告办法；
⑬ 股东大会认为需要规定的其他事项。

6. 具有符合规定的人员

按《物业服务企业资质管理办法》的规定，物业管理专业人员以及工程、管理、经济等相关专业类的专职管理和技术人员不少于10人。其中，具有中级以上职称的人员不少于5人，工程、财务等业务负责人具有相应专业中级以上职称；且从业人员应具有国家规定的职业资格证书。

（二）物业企业设立程序

企业营业执照的申请方法：申请人按规定提交相关的资料，办理企业注册登记，并领取营业执照。

新设立的物业服务企业应当自领取营业执照之日起 30 日内，持下列文件向工商注册所在地直辖市、设区的市的人民政府房地产主管部门申请资质：

① 营业执照；

② 企业章程；

③ 验资证明；

④ 企业法定代表人的身份证明；

⑤ 物业管理专业人员的职业资格证书和劳动合同，管理和技术人员的职称证书和劳动合同。

新设立的物业服务企业，其资质等级按照最低等级核定，并设一年的暂定期。

三、物业服务企业资质管理

（一）取得资质等级的条件

物业服务企业的资质登记分为一级、二级、三级三个等级。各资质登记物业服务企业的条件如下。

1. 一级资质

① 注册资本人民币 500 万元以上。

② 物业管理专业人员以及工程、管理、经济等相关专业类的专职管理和技术人员不少于 30 人。其中，具有中级以上职称的人员不少于 20 人，工程、财务等业务负责人具有相应专业中级以上职称。

③ 物业管理专业人员按照国家有关规定取得职业资格证书。

④ 管理两种类型以上物业，并且管理各类物业的房屋建筑面积分别占下列相应计算基数的百分比之和不低于 100%。

  a. 多层住宅 200 万平方米；

  b. 高层住宅 100 万平方米；

  c. 独立式住宅（别墅）15 万平方米；

  d. 办公楼、工业厂房及其他物业 50 万平方米。

⑤ 建立并严格执行服务质量、服务收费等企业管理制度和标准，建立企业信用档案系统，有优良的经营管理业绩。

2. 二级资质

① 注册资本人民币 300 万元以上。

② 物业管理专业人员以及工程、管理、经济等相关专业类的专职管理和技术人员不少于 20 人。其中，具有中级以上职称的人员不少于 10 人，工程、财务等业务负责人具有相应专业中级以上职称。

③ 物业管理专业人员按照国家有关规定取得职业资格证书。

④ 管理两种类型以上物业，并且管理各类物业的房屋建筑面积分别占下列相应计算基数的百分比之和不低于 100%：

  a. 多层住宅 100 万平方米；

b. 高层住宅 50 万平方米；

c. 独立式住宅（别墅）8 万平方米；

d. 办公楼、工业厂房及其他物业 20 万平方米。

⑤ 建立并严格执行服务质量、服务收费等企业管理制度和标准，建立企业信用档案系统，有良好的经营管理业绩。

3. 三级资质

① 注册资本人民币 50 万元以上。

② 物业管理专业人员以及工程、管理、经济等相关专业类的专职管理和技术人员不少于 10 人。其中，具有中级以上职称的人员不少于 5 人，工程、财务等业务负责人具有相应专业中级以上职称。

③ 物业管理专业人员按照国家有关规定取得职业资格证书。

④ 有委托的物业管理项目。

⑤ 建立并严格执行服务质量、服务收费等企业管理制度和标准，建立企业信用档案系统。

（二）资质证书的颁发和管理

一级物业服务企业的资质证书由国务院建设主管部门负责颁发和管理。

二级物业服务企业资质证书由省、自治区人民政府建设主管部门负责颁发和管理，直辖市人民政府房地产主管部门负责二级和三级物业服务企业资质证书的颁发和管理，并接受国务院建设主管部门的指导和监督。

设区的市的人民政府房地产主管部门负责三级物业服务企业资质证书的颁发和管理，并接受省、自治区人民政府建设主管部门的指导和监督。

（三）资质等级与项目承接

一级资质物业服务企业可以承接各种物业管理项目。

二级资质物业服务企业可以承接 30 万平方米以下的住宅项目和 8 万平方米以下的非住宅项目的物业管理业务。

三级资质物业服务企业可以承接 20 万平方米以下住宅项目和 5 万平方米以下的非住宅项目的物业管理业务。

（四）资质等级的动态管理

物业服务企业的资质等级实行动态管理制度，申请核定资质等级的物业服务企业，应当提交下列材料：

① 企业资质等级申报表；

② 营业执照；

③ 企业资质证书正、副本；

④ 物业管理专业人员的职业资格证书和劳动合同，管理和技术人员的职称证书和劳动合同，工程、财务负责人的职称证书和劳动合同；

⑤ 物业服务合同复印件；

⑥ 物业管理业绩材料。

第二节 物业服务企业管理的基本内容

一、企业组织机构设置

物业服务企业内部机构的设置，应根据自身实际情况，选择适宜的组织机构形式。在设置组织机构时，应考虑以下要求。

1. 具备精干的科学决策劳动结构

物业服务企业作为独立的经济实体，决策机构经常进行各种决策，决定着企业的用人机制，关系到其他的生存和发展。这就要求设立一个精干、高效、富有战斗力的领导班子。一种是实行经理负责制，要求具有一个水平高、懂经营、素质好的经理，职工参与民主管理；一种是实施董事会制度，决策层和管理层分离，分级负责，权责对等。

2. 建立适应市场风险的机制

物业服务企业的服务要向市场要效益，寓管理、效益于服务之中。机构设置要体现企业风险共担的原则。企业既要承担经营亏损的风险，也要承担破产倒闭的风险，要把个人劳动、部门服务质量、经济效益与企业风险挂钩，要"定岗、定员、定职责"，使从事物业管理服务的人、物及场所达到最佳的组合。

3. 建立集约化的管理体制

物业服务企业的经营者、工程技术人员和全体操作层的服务人员要把企业动力作用的方向集中到不断开拓市场，依靠技术进步改善管理、降低成本、提高服务质量上来，从而实现物业服务企业的有效经营。

一般而言，物业服务企业常用的组织机构形式包括直线制、直线职能制、事业部制和矩阵制等几种形式。

（一）直线制

直线制是最简单的企业组织机构模式，它的特点是：企业的各级管理者亲自执行全部管理职能，按垂直系统直接指挥领导，不设专门的职能机构，这种模式只适用于业务量小的小型物业服务企业的初期管理，不能适应较大规模和复杂的物业管理项目。

① 优点：管理者能够集指挥和职能于一身，命令统一，责权分明，指挥及时。

② 缺点：要求管理者能够通晓各种专业知识，具备多方面的知识和技能。

（二）直线职能制

直线职能制以直线制为基础，在各级主管人员的领导下，按专业分工设置享有的职能部门，实行主管人员统一指挥和职能部门专业指导相结合的组织模式。其特点是各级主管人员直接指挥，职能机构是直线行政主管的参谋。职能机构对直线部门一般不下达指挥命令和工作指示，只是起业务指导和监督作用。这种模式是目前物业服务企业机构设置中普遍采用的形式。

① 优点：加强了专业管理的职能，适应管理综合性强的企业管理企业。

② 缺点：机构人员较多，成本较高；横向协调困难，容易造成扯皮，降低工作效率。

（三）事业部制

事业部制是较为现代的一种组织模式，是管理产品种类复杂、产品差别很大的大型集团公司所采用的一种组织模式。这种模式的主要特点有：一是实行分权管理，将正常制定和行政管理分开；二是每个事业部都是一个利润中心，实行独立核算和自负盈亏。这种模式一般多由规模大、物业种类多、经营业务复杂多样的综合型物业公司借鉴采用。

① 优点：一是强化了决策机制，使公司的最高领导层能专心决策；二是能调动各事业部的积极性，增强了企业的活力；三是促进了企业内部的竞争，有利于提高公司的效率和效益；四是有利于培养复合型人才。

② 缺点：事业部之间的协调困难，机构重叠，人员过多。

（四）矩阵制

矩阵制是在传统的直线职能制垂直系统的基础上，按照业务的内容、任务或项目划分而建立横向协调，纵横交叉，构成矩阵的形式。其特点是在同一组织中既设置纵向的职能部门，又建立横向的管理系统;参加项目管理的成员受双重领导,既受所属职能部门的领导,又受项目组的领导。

① 优点:一是加强了各职能部门的横向联系,充分利用了人力资源;二是有利于调动各方的工作积极性;三是具有较强的机动性和适应性。

② 缺点:一是容易形成多头领导;二是各部门间关系复杂,协调工作量大,容易产生矛盾。

二、企业定员定编

(一) 劳动定员的概念

劳动力作为生产力的基本要素,是任何劳动组织从事经济活动的必要条件。劳动组织从设计、组建时起,就要考虑需要多少人,各种人应具备什么样的条件,如何将这些人合理地组织起来,既能满足服务和工作需要,又要使每个人发挥应有的作用。这就需要进行劳动组织的定员定编工作。

劳动定员是在一定时期内和一定的技术组织条件下,对企业配备各类人员所预先规定的限额,或者说是企业用人的数量与质量的界限。

(二) 劳动定员的原则

搞好劳动定员工作,核心是保持先进合理的定员水平。只有先进的定员水平,才能既保证服务的需要,又节约使用劳动力。先进就要体现高效率、满负荷和充分利用工时的原则;合理就是从实际出发,切实可行,既定员标准通过主观努力能够达到。为了实现劳动定员水平的先进合理,必须遵守以下原则。

1. 定员必须以保证实现企业服务经营目标为依据

定员的科学标准应是保证整个服务过程连续、协调进行所必需的人员数量。因此,定员必须以企业的服务经营目标及保证这一目标实现所需的人员为依据。

2. 定员必须以精简、高效、节约为目标

在保证实现企业服务经营目标的前提下,应强调精简、高效、节约的原则。为此,应做好以下工作:

① 管理服务方案设计要科学合理。

② 提倡兼职,做到一专多能。

③ 工作应有明确的分工和职责划分。

3. 各类人员的比例关系要协调

企业内人员的比例关系包括管理人员、保洁人员、保安人员、维修人员、绿化人员以及其他人员之间的比例。

4. 要做到人尽其才,人事相宜

定员问题,不只是单纯的数量的问题,而且涉及劳动力的质量以及不同劳动者的合理使用。因此,还要考虑人尽其才,人事相宜。要做到这一点,一方面要认真分析、了解劳动者的基本情况,另一方面要进行职务分析。只有这样,才能将劳动者安排到适合发挥其才能的工作岗位,定员才能做到科学合理。

5. 要创造一个贯彻执行定员标准的良好的内外环境

定员的贯彻执行需要一个适宜的内部和外部环境。内部环境包括企业领导人员和广大员工思想认识的统一和相应的规章制度。外部环境包括企业真正成为独立的法人,使企业的经营成果真正与员工的经济利益相联系,同时要建立完善的劳务市场,市劳动者有选择职业的权利,企业有选择劳动者的权利。

(三) 企业定员的基本方法

1. 按劳动定额编制定员

在物业服务企业的员工中，部分人员有较为明确的劳动定额，有明确的工作量，同时需要全年工作，不能中断，对于这部分人员的配置，可以按照劳动定额和工作量来编制定员。以人员的劳动定额和工作量的大小，同时考虑计划出勤率和轮休系数测算该类人员的定员。

$$应出勤人数 = \frac{计划工作量}{人员劳动定额 \times 计划出勤率}$$

$$在册人数 = 应出勤人数 \times 轮休系数$$

注：若每周休息2天，轮休系数＝7/8；若每周休息一天，则轮休系数＝7/6。

这种方法适用于物业公司中的保洁人员、保安人员和绿化人员的配置。

2. 按岗位编制定员

在物业企业中，部分人员需要根据设岗的情况，按岗配置定员。例如：企业的各级管理人员、安保系统中的值班人员和固定岗位的值班人员以及设备管理中的设备维护人员等，都需要按照岗位配置人员。这部分人员中，需要全年连续运行的岗位和部门的人员配置，还应当考虑轮休和轮休系数的问题。

3. 按比例定员

对于物业企业中的辅助性工种的人员，可以采用按比例定员的方式，以基本服务人员作为基数，按照一定的比例配备定员。

$$在册人数 = 基本服务人员在册人数 \times 比例$$

4. 按物业规模定员

对于物业服务企业中的一些操作层的人员，比如工程维修人员，既不能按劳动定额定员，也不能按比例和岗位定员，对于这部分人员，应该按照物业管理区域建筑或管理规模的大小，进行定员。

三、企业劳动定额

我国物业管理行业由于起步较晚，国家没有真正形成统一的劳动定额，参照已有的较成熟的物业公司物业管理处人员的劳动定额如下。

(一) 公共事务人员劳动定额

① 客户服务中心管理员：5万平方米以下设管理员1人；5～10万平方米设2人；10～15万平方米设3人；以后每增加10万平方米，增设1人。

② 楼宇巡察组管理员：15万平方米以下不设楼宇巡察组；15万平方米以上设置楼宇组。巡楼组管理员每增加5万平方米，增设1人。

③ 管理层人员配置：15万平方米以下设置主管1人，不设班（组）长；15万平方米以上，设置主管1人（可由管理处副经理兼），住户服务中心班长1人，巡楼班（组）长1人。

(二) 保安人员劳动定额

1. 保安、消防员

① 固定岗保安员每人当值时可监护面积为3500～5000平方米；

② 全封闭小区每入口需设置3个（三班倒）；

③ 巡逻保安员每组（两人一组）可监护面积为5万平方米左右；

④ 封闭停车场出入口处应设置3人；

⑤ 智能化小区已设置治安、消防监控系统时，可适当减少保安人数，但每个消防、保安监控中心应至少配置屏幕监控保安员3人。

2. 管理层人员配置

① 30万平方米以下保安管理层人员的配置为主管1人、班长3～4人。30万平方米以上可增加组长一级管理层人员，平均按每5万～8万平方米配置组长1人。

② 保安人员综合劳动定额：每2000～2500平方米配置1人。

（三）机电维修人员劳动定额

1. 机电维修人员

① 每个高压配电房值班电工3人；

② 水工每10万平方米配置1人；

③ 中央空调每10万平方配置1人；

④ 电梯工每10部电梯配置1人；

⑤ 维修电工每10万平方米配置3人；

⑥ 综合维修工每10万平方米配置2人。

2. 管理层人员配置标准

① 30万平方米以下，配置主管1人，不设班组长；

② 30万～80万平方米，配置主管1人，运行班（组）长1人，维修班长（组长）1人；

③ 80万平方米以上，可考虑配置主管1人，运行班（组）长1人，机电维修班（组）1人，综合维修班（组）长1人。

3. 综合劳动人数定额

每10万平方米10～12人。

（四）清洁人员劳动定额

1. 保洁人员

① 梯级清扫：14层/(时·人)；

② 地面清扫：300平方米/(时·人)；

③ 拖楼梯：13层/(时·人)；

④ 擦楼梯扶手、通花铁栏、地脚线：12层/(时·人)；

⑤ 洗地毯：360平方米/(时·人)；

⑥ 刮玻璃：4平方米/(时·人)；

⑦ 清洁电梯轿箱：1个/10分钟；

⑧ 清洁8层以下楼房（无电梯）：1梯10栋/(人·天)，9层以上楼房（带电梯）：1梯8栋/(人·天)。

2. 管理层人员配置标准

① 10万平方米以下，配置主管1人，不设班组长；

② 20万～50万平方米，配置主管1人，技术员1人，班（组）长2人；

③ 50万平方米以上，每增加20万平方米增设班（组）长1人。

3. 保洁人员综合劳动定额

每8000～10000平方米，配置1人。

（五）园林绿化部人员劳动定额

1. 绿化人员

（1）绿篱及灌木修剪

① 墙状绿篱：人工20米/时；机剪50米/时；

② 丛生或块状绿篱：人工25平方米/时，机剪50平方米/时；

③ 球形：直径1米球形，4棵/小时，直径大于1米的适当降低平均数。

（2）大树修剪

① 冠径15米以上，需三人配合，1棵/8小时3人，平均0.05棵/(人·时)；

② 冠径 10～15 米，需三人配合，3 棵/8 小时 3 人，平均 0.125 棵/(人·时)；
③ 冠径 5～10 米，需两人配合，12 棵/8 小时 2 人，平均 0.75 棵/(人·时)；
④ 冠径 5 米以下，高 3 米以下，单人操作，平均 2～5 棵/(人·时)。

(3) 剪草
① 特级、一级草坪：360 平方米/(人·时)；
② 二级草坪：280 平方米/(人·时)；
③ 三级草坪：用汽电机剪 180 平方米/时；割灌机剪 60 平方米/时；
④ 四级草坪：用割灌机剪，40 平方米/时。

(4) 施肥
① 粒肥：撒施，550 平方米/时；点施灌木，240 棵/时；点施盆花，900 盆/时；点施小乔木（环施），50 棵/时；
② 液肥：机施两人配合，平均 250 平方米/(人·时)；手喷，室内大盆植物 15 棵/时；室外大棵植物 24 棵/时；手淋，200 棵/(人·时)。

(5) 喷药 机喷，平均 350 平方米/(人·时)；壶喷，室内大植物 15 棵/时；室外中小植物 25 棵/时；小型盆栽壶喷 200 棵/时。

(6) 淋水 自动喷淋平均 8000 平方米/(人·时)，人工淋平均 2000 平方米/(人·时)。

(7) 花苗上盆 时花平均 250 盆/(人·时)，苗木平均 200 盆/(人·时)。

(8) 花木出圃质量修整 时花平均 500 盆/(人·时)，小盆观叶植物 150 盆/(人·时)，大型观叶植物平均 10 盆/(人·时)。

(9) 盆景
① 修剪：小盆平均 10 盆/(人·时)，中盆平均 5 盆/(人·时)，大盆平均 2 盆/(人·时)；
② 换泥转盆：小盆平均 8 盆/(人·时)，中盆平均 2 盆/(人·时)，大盆需两个人以上配合，平均 1 盆/(人·时)。

(10) 插花
① 一般插花：
a. 盆花，小盆 8 分钟，中盆 20 分钟，大盆 35 分钟。
b. 花束，小束 15 分钟，中束 25 分钟，大束 35 分钟。
c. 花篮，小篮 10 分钟，中篮 15 分钟，大篮 25 分钟。
② 创意插花：
a. 盆花，小盆 20 分钟，中盆 40 分钟，大盆 90 分钟。
b. 花束，小束 25 分钟，中束 40 分钟，大束 60 分钟。
c. 花篮，小篮 20 分钟，中篮 40 分钟，大篮 80 分钟。

(11) 机械检修 正常的周期性检修每月 2 天/人，突发性检修按机械故障的修理难度而定。

(12) 残花清理 报废残花的清理平均 400 盆/(人·时)；可重新利用残花的处理平均 300 盆/时。

(13) 杂物清除 人工除杂草密度平均每小时 2～55 平方米/人不等；化学除草坪平均每小时 700 平方米/人。

2. 综合劳动定额

(1) 按绿地面积计 每 6000 平方米绿化室外绿化面积需绿化工 1 人，每 5 亩花木生产地需工人 4 人。

(2) 建筑内绿化管理 按每 20000 平方米建筑用地面积（或每 200 户业主）配 1 名绿化工。

(3) 园林绿化部人员综合劳动定额　每 10 万平方米 3～4 人，花木基地工人每 5 亩配置 4 人。

(4) 管理层人员配置标准　30 万平方米以下，设主管 1 人，园艺师 2 人，不设班（组）长；30 万平方米以上，设主管 1 人，班组长 2 人，园艺师每 10 万平方米配置 1 人；如有花木基地时，可增设花木基地主管 1 人。

（六）管理处员工综合配置

① 多层住宅 5 万平方米以下，每人监护面积 2500～3000 平方米；5 万～10 万平方米，每人监护面积 2800～3500 平方米；10 万～30 万平方米，每人监护面积 3000～4000 平方米。

② 高层住宅、写字楼、工业厂房，5 万平方米以下，每人监护面积 2000～3000 平方米；10 万～30 万平方米，每人监护面积 2800～4000 平方米。

四、物业服务费的测算

物业服务费，是指物业服务企业按照物业服务合同的约定，对房屋及配套的设施设备和相关场地进行维修、养护、管理，维护相关区域内的环境卫生和秩序，向业主所收取的费用。

物业服务收费应当区分不同物业的性质和特点分别实行政府指导价和市场调节价。按照目前国家政策法规的规定，业主与物业服务企业可以采取包干制或者酬金制等形式约定物业服务费用。

（一）物业服务费用酬金制

酬金制是指在预收的物业服务资金中按约定比例或者约定数额提取酬金支付给物业服务企业，其余全部用于物业服务合同约定的支出，结余或者不足均由业主享有或者承担的物业服务计费方式。

物业服务费用酬金应以预收的物业服务资金为计提基数，计提基数和计提比例可以通过物业服务合同约定。在物业管理服务过程中所产生的属于业主的其他收入也可以计提酬金，但应经业主大会同意并在物业服务合同中进行约定。其他收入包括产权属全体业主的停车场收入、成本费用在物业管理项目机构列支的其他经营收入。

酬金制下，物业服务企业提供服务所获得的经济利益仅仅局限于按规定提取的酬金，扣除酬金和物业服务支出后结余的资金为全体业主所有。对业主而言，物业服务费用的收支情况较为透明，避免了物业服务收费与服务水平不符的情况，保护了业主的合法权益；对物业服务企业而言，由于管理酬金按规定的比例或数额提取，具有相对的固定性，可以使企业规避经营风险。在酬金制条件下，物业服务企业应当向全体业主或业主大会公布物业服务资金年度预决算，并每年不少于一次公布物业服务资金的收支状况。

（二）物业服务费用包干制

包干制是指由业主向物业服务企业支付固定物业服务费用，盈余或者亏损均由物业服务企业享有或者承担的物业服务计费方式。

实行包干制的物业服务企业在与业主签订物业服务合同时应当明确服务费用的额度和服务内容、服务质量标准，并且明确在此前提下的盈余或亏损由物业服务企业承担。企业的经济效益与其管理服务、成本控制、经营运作能力有密切的关系。

以包干制方式约定的物业服务费用，对业主而言是固定的，不会因市场短期波动、物业管理项目运作情况而发生变化；对物业服务企业而言，物业项目管理服务的利润不再是固定的，企业可以不断挖掘管理潜力，通过科学的管理运营实现服务质量和经营效益的同步增长，既保障业主的利益又促进了物业企业的发展。

（三）物业服务费用（资金）构成

1. 酬金制物业服务资金的构成

物业服务资金＝物业服务支出＋物业服务企业酬金

2. 包干制物业服务费用的构成

物业服务费用＝物业服务成本＋法定税费＋物业服务企业合理利润

（四）物业服务成本（支出）的构成项目

物业服务成本或者物业服务支出构成一般包括以下部分。

① 管理服务人员的工资、社会保险和按规定提取的福利费等；

② 物业共用部位、共用设施设备的日常运行、维护费用；

③ 物业管理区域清洁卫生费用；

④ 物业管理区域绿化养护费用；

⑤ 物业管理区域秩序维护费用；

⑥ 办公费用；

⑦ 物业服务企业固定资产折旧；

⑧ 物业共用部位、共用设施设备及公众责任保险费用；

⑨ 经业主同意的其他费用。

物业共用部位、共用设施设备的大修、中修和更新、改造费用，应当通过专项维修资金予以列支，不得计入物业服务支出或者物业服务成本。

（五）物业服务费用测算应考虑的因素

① 物业服务费用测算应区分不同物业的性质和特点，并考虑其实行的是政府指导价还是市场调节价。

② 物业服务费用测算应当根据物业服务的项目、内容和要求，科学测算，确定物业服务成本。

③ 物业服务企业为该项目管理投入的固定资产的折旧和物业管理机构用物业服务费购置的固定资产的折旧，应当纳入物业服务费用测算中。

④ 物业管理属微利行业，物业服务费用的测算和运作应收支平衡、略有结余，在确保物业正常运行维护和管理的前提下，获取合理的利润，使物业企业能得以持续发展。

（六）物业服务费用测算要点及方法

1. 确定服务费成本构成的注意事项

一是要求详细，把具体消耗或费用支出分解得越具体才越真实；二是全面，不要漏项；三是测算依据准确，不用或少用估值。

2. 收集原始数据

服务费的测算要做到合理、准确，对原始数据的收集至关重要。如在测算低值易耗品时，要计算出各类材料的详细数量和对市场价格进行详细调查；其他关于工资水平、社会保险、专业公司单项承包、一般设备固定资产折旧率、折旧时间等，均应严格按当地政府和有关部门的规定和实际支出标准等有效依据作为测算基础。

3. 物业服务费用测算的基本方法

物业服务费用测算时，首先应根据物业服务费成本（支出）项目和内容进行分解，然后由各部门或相关人员分别测算各单项费用。各单项费用测算完毕进行加总，即为物业服务成本（支出）总额，加上物业服务企业的管理酬金或法定税费和合理利润后，即得出物业服务费总额。以物业服务费总额除以该物业可收费建筑面积即可得出单位面积的物业服务费标准。

以居住小区为例，物业服务费测算过程如下：

$$V=\sum V_i (i=1,2,3,\cdots,n)$$

式中 V——代表求得的物业服务费标准［元/(月·平方米)］；

V_i——代表各分项收费标准[元/(月·平方米)]。

(1) 管理服务人员的工资、社会保险和按规定提取的福利费 V_1

$$V_1 = \sum F_i/S \quad (i=1,2,3,4)[元/(月·平方米)]$$

该项费用是用于物业服务企业的人员费用，包括基本工资，按规定提取的福利费、加班费和服装费，但是不包括管理、服务人员的奖金。奖金应根据企业经营管理的经济效益，从盈利中提取。

其中：

F_1——基本工资（元/月），各类管理、服务人员的基本工资标准根据企业性质、参考当地平均工资水平确定；

F_2——按规定提取的福利费（元/月），包括福利基金、工会经费、教育经费、社会保险、住房公积金等；

F_3——加班费（元/月）；

F_4——服装费（元/月）；

S——表示可分摊费用的建筑面积之和。

(2) 物业共用部位、共用设施设备的日常运行、维护费用 V_2

$$V_2 = \sum F_i/S \quad (i=1,2,3,4,5)[元/(月·平方米)]$$

其中：

F_1——公共照明系统的电费和维修费。

① 电费：$(W_1 \times T_1 + W_2 \times T_2 + \cdots + W_n \times T_n) \times 30 \times PE$

W_1 表示每日开启时间为 T_1（小时）的照明电器总功率（千瓦·小时），T_1 表示每日开启时间（小时），30 代表每月测算的天数，PE 表示电费单价（元/千瓦）；

② 维修费：这是一个估算的经验值，一般按照当地的工资水平费用和使用的零配件、进货的价格来测算。

F_2——给排水设施的费用，此项费用测算时又可分项为：

① 给水泵的电机功率（可包括生活水泵、消防蓄水池泵），电费 $= W \times 24 \times I \times 30 \times PE$，（元/月），$I$ 代表使用系数 = 平均每天开启小时数/24；

② 消防泵的电机费（包括喷淋泵、消防栓泵），电费 $= W \times 24 \times I \times 30 \times PE$，（元/月）；

③ 排污泵的电机功率（包括集水井排水泵、污水处理排水泵），电费 $= W \times 24 \times I \times 30 \times PE$（元/月）；

④ 维修费（元/月）；

F_3——配供电系统设备维修费、检测费（元/月）；

F_4——建筑、道路维修费（元/月）；

F_5——电梯费用的核算。

① 电费 $= n \times W \times 24 \times I \times 30 \times PE$（元/月），其中 n 为电梯台数；W 为电梯功率；I 为电梯使用系数，由于不同类型物业的电梯使用时间和频率不同，会产生差异，一般可通过统计的方法进行估算。

② 维修费（元/月），可分包给电梯专业的维修公司，也可自行维修（包括人工费、材料费）；

③ 年检费（元/月）

费用项 $F_1 \sim F_5$ 并非固定项目，不同物业项目不一，不能机械套用。以下各项也是如此。

(3) 物业管理区域清洁卫生费用 V_3

$$V_3 = \sum F_i/S \quad (i=1,2,3,4,5,6)[元/(月·平方米)]$$

其中：

F_1——人工费（元/月）；

F_2——清洁机械、工具、材料、服装费，按价值和使用年限折算出每月的值（元/月）；

F_3——消杀费（元/月）；

F_4——化粪池清理费（元/月）；

F_5——垃圾清运费（元/月）；

F_6——水池（箱）清洁费（元/月）。

（4）物业管理区域绿化养护费用 V_4

$$V_4 = \sum F_i/S(i=1,2,3,4,5)[元/(月·平方米)]$$

其中：

F_1——人工费（元/月）；

F_2——绿化工具费（元/月）；

F_3——化肥除草剂等材料费（元/月）；

F_4——绿化用水费（元/月）；

F_5——园林景观再造费（元/月）。

（5）物业管理公共区域秩序维护费用 V_5

$$V_5 = \sum F_i/S(i=1,2,3,4,5)[元/(月·平方米)]$$

其中：

F_1——人工费（元/月）；

F_2——服装费（元/月）；

F_3——维修费（元/月）；

F_4——日常保卫器材费（元/月），包括对讲机、多功能警棍、110报警联网等；

F_5——保安用房及保安人员住房租金（元/月）。

（6）办公费用 V_6

$$V_6 = \sum F_i/S(i=1,2,3,4,5,6,7)[元/(月·平方米)]$$

常用全年的费用预算来折算出每月费用，即全年费用除以12个月。

其中：

F_1——交通、通讯费用（元/月）；

F_2——文具、办公用品等低值易耗品费（元/月）；

F_3——车辆使用费（元/月）；

F_4——节日装饰费（元/月）；

F_5——公共关系费及宣传广告费（元/月）；

F_6——办公水电费（元/月）；

F_7——书报费（元/月）。

（7）物业服务企业固定资产折旧费 V_7

该项费用指物业服务企业拥有各类固定资产按其总额每月分摊提取的折旧费，包括交通工具、通讯设备、办公设备、工程维修设备等。按实际拥有的上述各项固定资产总额除以平均折旧年限，再分摊到每月每平方米建筑面积。值得注意的是，这里的固定资产应主要是直接用于该项目服务的固定资产。

（8）物业共用部位、共用设施设备及公众责任保险费用 V_8

$$V_8 = (投保总金额 \times 保险费率)/保险受惠物业的总面积$$

物业服务企业必须对住宅物业区内水、电、电梯等设施设备投财产保险、相关责任保险

（如电梯责任保险）、公众责任险。保费按保险受惠物业总建筑面积分摊。

（9）经业主同意的其他费用 V_9

该项是指业主大会同意的全体业主均能受惠的必要的服务费用。

（10）不可预见费用 V_{10}

不可预见费用（一般按上述费用总和的3%～10%计）。不可预见费应单独设账，严格控制其支出。

（11）利润或管理酬金 V_{11}

物业管理协议不同，管理酬金的确定方式不同。

① 按照租金收入确定：

管理酬金＝业主租金收入×酬金比率

② 按物业价值的约定使用年限计算，当物业是业主自己使用的情况下可以采用该方法。

管理酬金＝（物业价值／物业约定使用年限）×酬金比率

③ 按定额利润／酬金或行业利润率／酬金率确定。定额酬金或利润是指双方协商在管理企业完成合同规定的服务任务情况下给服务者已固定数额的酬金或利润。不过，现行最通常的利润酬金确定方式是以上述1～10项的支出之和为基数乘以行业利润率／酬金率付给管理企业利润／酬金，即管理利润／酬金＝服务费×行业利润率／酬金率。

物业管理行业利润率／酬金率一般在8%～15%，具体的比率可由双方根据物业服务的标准等因素协商确定。

（12）法定税费 V_{12}

按现行税法，物业服务企业属服务业，上缴的税金包括：

营业额缴纳营业税，税率为5%；城市建设维护税，按营业税的7%计征；教育费附加，按营业税税额的3%计征。合计总营业额的5.5%。

不过依照《物业服务收费管理办法》，实行酬金制计费方式的物业服务费用不含税金。

案例分析

某物业管理项目基本资料如下。

（一）建筑物

1. 写字楼

建筑面积：10135平方米，四层，630kVA配电房1个，电梯1台，公用洗手间6个，入住单位约20个。

要求：24小时保安，公共区域的保洁。

2. 公寓（招待所、酒店公寓和公寓）

（1）公寓　主要对内部单位，用途是员工宿舍。每栋4层，1650平方米，40个房间；共3栋楼，合计4950平方米，120个房间。每个房间配有空调、电视、电热水器、家具。设前台一个，值班房一间、公用开水器1台、洗衣机1台。

要求：24小时前台值班、住宿登记管理和服务，24小时保安，公共区域的保洁，所有设施设备的管理维护。

（2）招待所　共1栋，4层，约6000平方米，66个房间。每个房间配有空调、电视机、家具。太阳能集中供热水。设前台一个，值班房一间、公用开水器1台、洗衣机1台。

要求：24小时前台值班、住宿登记管理和服务，24小时保安，公共区域的保洁，随时根据需要进行房间保洁和其他服务，所有设施设备的管理维护。

（3）酒店公寓1～3楼　主要对内部单位，用途是员工宿舍。共1栋，约11300平方米，

191个房间，分A/B/C座；设前台2个，值班房2间、公共洗手间6个、公用开水器2台、洗衣机2台。太阳能集中供热水。

要求：24小时前台值班、住宿登记管理和服务，24小时保安，公共区域的保洁，所有设施设备的管理维护。

3. 其他

配电房5个和水泵房1个约200平方米。

要求：24小时值班巡查，作好检修运行记录。

(二) 道路和出入口

主干道路为科技大道，约3.2公里，其他辅助道路约2.9公里。主出入口两个，次出入口1个。

要求：出入口24小时固定岗，整个道路分两个区域进行24小时巡逻；白天道路保洁；对道路较小的破损进行维护。

(三) 绿化

草坪约10万平方米，乔木约2600株，绿篱灌木约1万平方米，绿化水管约7000米。

要求：淋水、修剪、施肥、除杂草、防病害、补种。

(四) 公共区域

要求：分两个区域进行24小时巡逻；白天进行保洁。

(五) 公用和共用设施设备

配电房、水泵房、水塔、电梯、路灯、候车亭、停车场、运动场地和设施、交通安全设施、休闲设施、宣传栏、排水管道和设施、电力管线和设施、通讯管线和设施、供水管道和设施、排污管道和设施、其他。

测算表见附件。

五、物业日常服务

服务是物业公司的出发点与归宿。物业管理涉及的领域很广泛，其基本内容按服务的性质、提供的方式可分为：常规性公共服务、针对性专项服务、委托性的特约服务三大类。

(一) **常规性公共服务**

常规性公共服务是指为全体业主和租户提供经常性服务，是所有住户都可以享受到的，贯穿于物业管理的始终。

物业管理项目的公共服务主要有包括：

① 房屋的修缮、养护与管理；
② 房屋设备、设施的维修、养护与管理；
③ 公共区域环境卫生管理；
④ 公共区域的绿化养护管理；
⑤ 物业区域内公共秩序维护管理；
⑥ 消防管理；
⑦ 车辆道路管理；
⑧ 公众代办性质的服务。

(二) **针对性的专项服务**

针对性的专项服务是指物业公司为改善和提高住用人的工作、生活条件，而面向广大住用人，为满足其中一些住户、群众和单位的一定需要所提供的各项服务工作。

专项服务是物业服务企业开展多种经营的主渠道。

(三) 委托性的特约服务

委托性的特约服务是指为满足物业产权人、使用人的个别需求，受其委托而提供的服务。该类服务通常指在物业管理委托合同中未要求，物业服务企业在专项服务中也未设立，而物业产权人、使用人又提出该方面的需求。此时，物业公司应在可能的情况下尽量满足其需求、提供特约服务。

第三节 企业人力资源管理

人力资源管理，是指应用科学方法，对企业的人力进行合理的培训、组织和调配，使人力、物力经常保持在最佳的比例，同时对人的思想、心里和行为进行恰当的引导、控制和协调，充分发挥人的主观能动性，使人尽其才、事得其人、人事相宜，以有效实现组织的目标。

一、员工的招聘与解聘

（一）员工的招聘

1. 招聘计划的制定

物业服务企业的招聘应根据企业的发展战略、管理项目的类型、物业面积的大小、业主构成情况等特点制定招聘计划，其内容包括：

① 计划招聘人员总数和人员结构；
② 各类人员的招聘条件；
③ 人员招聘信息分别的时间、地点、方式和范围；
④ 招聘的渠道；
⑤ 招聘方法。

2. 招聘的组织实施

（1）公布招聘信息 物业服务企业可以通过一定渠道或选择一定的方式，公布有关招聘信息，包括招聘的时间、职位、人员的数量和相关资格要求。

（2）设计应聘申请表 招聘信息发布后，求职者通常会寄来个人简历。为了保证应聘人员提供信息的规范性，企业在招聘活动开始前要组织人员设计应聘申请表。

3. 对应聘者进行初审

初审是对应聘者是否符合职位基本要求的一种资格审查，目的是筛选出那些背景和潜质都与职务所需条件相当的候选人。

在初审过程中，要注意以下问题：

① 准确判断应聘者的态度；
② 特别关注与职业相关的问题；
③ 注明可疑之处。

4. 确定选拔方法

物业服务企业应根据应聘岗位的特征，参加招聘人员的能力及素质以及应聘者的数量和层次确定选拔方法，一般包括以下几种。

（1）面试 是面试者通过与应聘者只是交谈，达到客观了解应聘者业务知识水平、外貌风度、工作经验、求职动机、表达能力、反应能力、个人修养、逻辑思维能力等情况，并对是否聘用作出判断与决策的过程。

（2）心理测验 是通过一系列科学方法来测量被测者的智力和个性的过程。包括智力测验、个性测验和特殊能力测验。

（3）知识测验 目的是了解应聘者是否掌握应聘岗位所必须具备的基础知识和专业知识。

一般采用笔试的方式进行。

（4）劳动技能测验　在招聘操作层员工时，可根据应聘岗位的需要，对应聘者进行领导技能方面的测验。

5. 人员的录用

人员录用是招聘的最后一个环节，主要涉及人员选择后的一系列有关录用事宜，包括通知录用人员、签订劳动合同、安排员工的初始工作、试用、正式录用等。

（二）员工的解聘

员工的解聘即企业与员工解除劳动合同。员工的解聘包括员工辞职、辞退和资遣三种情况。

1. 员工辞职

辞职是指员工要求离开现任职位，与企业解除劳动合同，退出企业工作的人事调整活动。对辞职的管理应注意：

① 员工不符合辞职条件的，人力资源管理部门不能同意其辞职。

② 员工辞职时，人力资源管理部门和有关部门应督促其办理好工作的交接和个人财务的清理。

③ 企业在员工入职时应明确告知，员工提出辞职应当提前通知企业的时间和申请的形式。

2. 员工的辞退

员工的辞退就是终止劳动合同。辞退员工必须慎重考虑，恰当处理。一般而言，对无重大过失者，不要使用辞退的手段。但若出现下列情况，应对当事人予以辞退：

① 在试用期间被证明不符合录用条件的；

② 严重违反劳动纪律或用人单位规章制度的；

③ 严重失职，营私舞弊，对用人单位利益造成巨大损失的；

④ 被依法追究刑事责任的；

⑤ 法律法规规定的其他情况的。

3. 员工的资遣

资遣是企业因故提出与员工终止劳动合同的一项重要的人事调整活动。资遣不是由于员工的过失造成的，而是企业根据自己经营的需要，主动与员工解除劳动合同。企业在资遣员工时，应当按照规定向员工支付一定的经济补偿。

二、人员的培训与管理

（一）培训体系的建立

物业服务企业的培训体系包括一级培训体系和二级培训体系。

1. 一级培训体系

企业培训由公司统一领导、计划和组织实施。只在公司一级设立专职培训机构，项目机构不设培训机构。

2. 二级培训体系

项目机构可以设置相应机构并配备相应人员，在公司统一规划、领导下，按照分类管理。

如果项目机构的数量较多且分布较散，所管理物业类型机构复杂，员工整体素质高，培训资源比较充裕，宜建立二级培训体系；反之宜建立一级培训体系。

（二）培训的分类和内容

1. 入职培训

入职培训一般包括职前培训和试用培训两个环节。

入职培训的内容包括公司发展史、公司概况和规章制度、公司组织构架、公司企业文化、职业礼节礼貌、物业管理基础知识、安全常识等。

试用培训的内容为岗位工作职责及工作要求。

2．操作层员工的知识和能力培训

物业服务企业操作层员工包括保安员、保洁员、维修人员、绿化人员、设备管理员。针对不同岗位操作层员工的培训内容是不同的。

3．管理层员工的知识和能力培训

物业服务企业管理层员工包括中高级管理人员、项目管理负责人和一般管理层员工。对不同层次人员的培训内容也具有不同的特点。

4．专题培训

专题培训是为达到某一专门目的或解决某一专门问题而对员工进行的培训，这类培训主要包括以下几方面的内容：

① 更新观念的培训；

② 专项管理培训；

③ 专项技术培训。

5．晋升培训

晋升培训是为了使晋升者具备晋升职位所需要的知识和能力而开展的针对性培训。

（三）年度培训计划的制定

年度培训计划主要是根据企业经营战略和经营目标，企业人力资源规划、员工绩效考核结果和本企业实际情况来制定。

年度培训计划的主要内容包括：培训目标、对象、类型、课程、师资、内容、场地、时间、实践操作和培训经费等。

（四）培训的组织与实施

1．培训员工的管理

① 严格管理，严格要求，强化奖惩；

② 采取灵活多样的培训方式和考核方式；

③ 为培训创造良好的学习环境；

④ 培养员工主动参与培训的意识，增强培训效果。

2．培训方法的运用

物业服务企业的培训方法很多，常用的培训方法有：

① 课堂教学法；

② 现场教学法；

③ 师徒式培训法。

3．培训效果的评估

培训效果评估的主要目的是研究和分析员工在经过培训后其行为是否发生了变化，素质是否得到了提高，工作效率是否得到了改善，企业目标的实现是否得到了促进。培训效果的评估主要包含以下内容：

① 评估被培训者对培训知识的掌握程度；

② 评估被培训者工作行为的改进程度；

③ 评估企业的经营绩效是否得到了改善。

三、员工薪酬管理

（一）员工薪酬管理的主要内容

员工薪酬管理，是企业管理者对员工薪酬的支付标准、发放水平、要素结构绩效确定、分配和调整的过程。

1. 确定薪酬管理目标

企业薪酬管理的目标主要有三个：

① 吸引高素质人才，稳定现有员工队伍；

② 使员工安心本职工作，并保持较高的工作业绩和工作动力；

③ 努力实现组织目标和员工个人发展目标的协调。

2. 选择薪酬政策

所谓薪酬政策，就是企业管理者对企业薪酬管理的目标、任务、途径和手段进行选择和组合，是企业在员工薪酬上采取的策略。企业的薪酬政策受到多种宏观环境因素和企业微观因素的影响和制约。

薪酬政策是企业管理者审时度势的结果，决策正确，企业薪酬机制就会充分发挥作用，运行就会通畅、高效；反之，决策失误，管理就会受到不利的影响。

3. 制定薪酬计划

企业在制定薪酬就会时，应通盘考虑，同时要把握以下两个方面的问题：

① 企业要根据自身发展的需要选择薪酬制度和薪酬标准；

② 根据市场的变化，适时调整薪酬政策与薪酬标准。

4. 调整薪酬结构

对薪酬结构的确定和调整要把握两个原则：

① 最大激励原则；

② 公平原则。

5. 实施和修正薪酬体系

在制定和实施薪酬体系的过程中，应及时进行上下沟通，加强薪酬政策的宣传和培训，及时对不合理的内容进行改进，保证薪酬体系作用的发挥。

（二）设计薪酬体系

物业服务企业制定薪酬体系的指导思想是吸引和留住需要的人才，最大程度地发挥员工的内在潜能。因此企业必须结合市场、企业目标和企业的特点，设计科学、有效的薪酬体系。

1. 薪酬体系设计的步骤

（1）职位分析　结合企业的经营目标，在业务分析和人员分析的基础上，明确各职务和岗位的关系，编写职位说明书，确定各岗位薪酬基础。

（2）职位评价　对各职位的重要性和可比性进行评价，为薪酬体系的公平性奠定基础。

（3）薪酬调查　通过对人力资源市场工工资水平和相关企业的薪酬水平的调查，使本企业薪酬体系具有一定的竞争力，达到吸引外来人才和留住企业现有员工的目标。

（4）薪酬定位　在分析同行业的薪酬数据的基础上，根据本企业的实际情况选用不同的薪酬水平。

（5）薪酬结构设计　根据职位等级、个人的技能和资历、个人业绩等情况，设计薪酬的构成内容和比例。

（6）薪酬体系的实施和修正　薪酬体系确立后，企业应当做好充分的解释说明工作，严格贯彻落实薪酬制度，并及时根据市场和企业具体情况的变化，按照规定的程序进行调整。

2. 薪酬体系设计应注意的问题

① 薪酬的制定和调整，必须充分考虑社会生活成本、物价指数、企业的经济效益、员工的绩效等因素。

② 根据实际情况确定合理的工资构成，注意固定部分和浮动部分的比例。

③ 有机引入风险机制，使薪酬体系更具有激励的功能。
④ 注意物质报酬和精神报酬的结合，充分运用精神激励的作用强化物质激励的作用。
⑤ 遵守国家的政策和法律法规。

四、员工的考核与奖惩

（一）员工考核的原则

1. 一致性原则

在一段连续时间内，考核的内容和标准不能有过大的变化，至少应保持在一个工作年度内具有一致性，以保证政策上的连续性。

2. 客观性原则

员工考核应以明确规定的考评标准和确认的事实、可靠的材料为依据，要客观真实地反映员工的工作绩效。

3. 公正性原则

考核自始至终应以公正为原则，绝不允许考核者徇私舞弊。

4. 公平性原则

对企业的高、中、低层员工均应绩效考核。不同级别员工考核的要求和重点不同，对于同类岗位的员工采用系统的考核标准。考核方案要有可操作性、客观性和公平性。

5. 差别性原则

考核的等级之间应有明显的界限，对于不同的考核结果，在加薪、晋升、任职等方面应体现出差别，使考核具有激励性。

6. 公开性与保密性相结合的原则

企业员工考核标准、程序和考核责任都应有明确的制度规定，这些规定应当向全体员工公开，使员工对考核具有信任感。但是员工个人的考核结果应只对考核负责人、被考核人、人事负责人和企业领导公开，考核结果应该存档。

（二）员工考核的方法

员工考核的方法有很多，以下是一些常用的方法：序列比较法、配对比较法、等级评估法、目标考核法、关键事件法、强制选择法、情境模拟法、小组评价法、评语法。

（三）员工考核的内容

根据考核的目的，员工考核可以是员工工作的全面考核，也可以是局部考核。如果是全面考核，则应对员工工作的每一个重要方面都进行考核，而不是只作笼统评价。

对员工的全面考核，一般从"德"、"能"、"勤"、"绩"四个方面进行。对于员工的绩效考核，一般可以包括以下内容：

① 重要任务　本考核期内完成的重要工作。
② 岗位工作　岗位职责中描述的工作内容。
③ 工作态度　本职工作内的协作精神、积极态度等。

每次考核的目的不同，考核内容的侧重点也应有所不同。如果是作为晋升、解雇和调整岗位的依据，则应着重考核员工的工作能力和能力的发挥及工作表现情况；如果是作为确定工资、奖励的依据，则应重点考核员工的工作结果；如果是作为员工潜能开发和教育培训的依据，则应重点考核员工的工作能力和能力适应程度。

（四）员工的奖励

1. 员工奖励的形式

一般说来，对员工的奖励可以分为物质奖励和精神奖励两种，物质奖励包括奖金、加薪、奖品、升迁、带薪休假等形式；精神奖励包括表扬、提供培训等形式。

2. 员工奖励应注意的问题

① 要把物质奖励和精神奖励有机结合起来，使二者相辅相成。
② 员工作出了成绩，符合奖励条件后，管理者应立即予以奖励。
③ 对不同的员工要采取不同的奖励方式。
④ 奖励程度要与员工的贡献相符。
⑤ 奖励的方式可以适当变化。

（五）员工的惩罚

1. 惩罚的形式

一般说来，对员工的惩罚的形式包括：批评、扣发奖金、给予罚款、降低工资水平、降低职务、免除职务、岗位调整、给予辞退以及其他惩罚。

2. 员工惩罚应注意的问题

（1）惩罚要合理　使受罚者罚而无怨，口服心服，避免产生对立的情绪，降低惩罚的效果。

（2）惩罚要适当　科学把握惩罚的时机、力度，惩罚程度宜轻不宜重，起到教育、警示的作用，使受罚人感到即可；惩罚过重会降低惩罚的效果。

（3）惩罚要一致　要严格按照企业的规章制度执行，做到制度面前人人平等，这样才能做到以罚服人。

（4）惩罚要灵活　惩罚的形式、时机、场合要灵活，避免员工产生严重的挫折心理。

第四节　企业岗位责任制

企业要想高效率的运转，就必须有良好的制度设计作为基础，通过有效的制度约束，以减少企业在运行中的内耗，节约监督管理的成本。岗位责任制是保证企业良好运转的一项基础制度设计，它是按照现代化大生产分工协作的原则，以提高企业经济效益为目的，把企业的各项工作按照内容、性质和特点层层细分到各个岗位上，并且确定各个岗位的职责、权限、利益，形成权责利对等、岗位利益与员工利益紧密相关的管理体制。在市场经济条件下，建设和实施岗位责任制对企业日常生产经营具有重要的意义。

一、企业岗位责任制的重要性

岗位责任制是指企业在定编、定员的前提下，根据精简、高效、统一的原则，对企业内每个部门和每个岗位在管理过程中所应承担的工作内容、数量和质量以及完成工作的程序、标准和时限，应有的权力和应负的责任等进行明确规定的一种工作制度。

岗位责任制是企业效能建设的基本制度，是落实企业计划，实现企业目标，依法自觉履行职责，提高工作效益的根本措施，是对企业各部门及其工作人员年度绩效考评的主要依据。具体来讲，企业岗位责任制的作用可以归纳如下。

（一）岗位责任制可以提高企业经营活动的连续性与效率性

物业服务企业部门、各项服务之间，具有非常强连续性和比例关系，任何一个环节的差错、延误都会对物业企业服务活动的连续性造成重大影响。因此，必须对企业各个环节分权分责，以加强各个环节的衔接关系，而岗位责任制保证了企业分工协作的效率，它把各个岗位、部门、人员都纳入了责任制管理体系，使各部门之间、各班组之间形成紧密的责任约束关系，使企业最终形成高效的专业化服务，从而提高企业各种要素的劳动率。

(二) 岗位责任制可以强化员工的责任意识

岗位责任制把各级管理者的职责权限和利益从制度上加以明确，迫使他们在做决策时必须考虑决策失败所造成的损失与自己应承担的责任，减少了企业决策者在缺乏科学论证的情况下，盲目地做出经营决策，同样，也减少了企业职工工作中失职和偷懒行为的发生次数，节约了企业监督管理成本。因此，岗位责任制实现企业管理由"无责任"管理向"责任型"管理的转变，加强了员工工作的谨慎性和责任心。

(三) 岗位责任制可以产生良好的激励效果，能有效地调动员工的劳动积极性

岗位责任制能较好的把员工的利益、责任和企业的经营状况有效的结合起来，个人利益随企业的经营业绩水涨船高，克服了企业分配中的平均主义弊端，激励员工创造更高的业绩，真正体现了经济利益原则，使广大职工的积极性得到充分发挥；另外，由于责任和义务明确，使企业全体员工在各自的工作岗位上感到压力和动力，促使其主动关心企业经营安全和经营状况。

二、岗位责任制的制定原则和方法

(一) 岗位责任制的制定原则

1. 权责利相结合原则

实施岗位责任制首先要做的就是明确各岗位职责权限和经济利益，责是各岗位人员在从事服务活动中应承担和履行的义务，权是进行服务活动时所应具有的决策、指挥、调度权，利是明确各岗位的物质利益，并使之与企业的经营成果联系，这三者中责是核心，权是保障，利是动力，要以责定权，以权定利。责权利要对应，防止有责无权或权力太小、有权无责或权力过大两种偏差。

2. 协商一致原则

岗位责任制的制定切忌闭门造车，由管理人员自行主张制定，而应该广泛征询各级员工的意见。因为有活力的制度是应该得到大多数员工认同，若员工完全是被动接受者，那么即使制度定的再完备也不会产生良好的效果。

3. 他律与自律相结合原则

岗位责任制是企业管理的一项硬性制度约束，倾向于把管理过程和企业组织设计为一台精确、完美无缺的机器，它只讲规律、科学、理性，而不考虑个性，但是企业组织是由人组成的，人不是机器，不可能像机器一样准确、稳定、节律有制，人是有感情，有情绪，有追求，有本能的，因此，在实施岗位责任制的过程中必须注意他律与自律的关系，将岗位责任制的作用控制在必要的限度内，不能过分夸大他的作用，它的实施应与员工的自我管理充分结合，才能达到目的。

4. 稳定性与灵活性相结合原则

岗位责任制一旦制定就要保持相对稳定性，避免主观意愿，不能朝令夕改，否则就会使员工失去对制度的信任和敬畏，造成制度的效率损失。目前，市场竞争日益激烈，企业服务内容和标准势必要根据市场需求状况进行调整，因而岗位设置和岗位责任制的制定还应对变化了的市场状况保持一定的弹性，做到事变岗变、岗变责变、责变薪变。只有这样制度才能产生良好的激励效果，才能增强企业对市场经济的应变能力和竞争能力。

5. 可操作性原则

岗位责任制的目的是为使每个部门、每个工作人员有明确的权限和责任，分工协作，各司其职，建立合理的、有效率的生产和工作秩序。岗位责任制要求在明确划分职、权、责、利的同时，制定切实可行的考核制度和考核标准，能及时或定期对部门或员工的服务活动进行考

核，同时，在考核的基础上，建立必要的惩罚制度，赏功罚过，有升有降，对成绩显著者可给予精神和物质鼓励，并以此作为提职提级的主要依据。

（二）企业岗位责任制的制定

1. 企业岗位责任制的文本构成

完整的企业岗位责任制应包括下列 7 项内容。

（1）职位名称　对岗位在企业中的名称加以确定，以区别其他岗位。该名称应具有唯一性。

（2）职位内容　职位内容主要对该职位的工作性质、工作数量和工作质量等内容加以界定，应尽可能采用数量的标准以便进行考核。

（3）技术复杂难易程度　对该岗位的技术、劳动的难易程度加以界定，作为制定劳动定额的依据。

（4）工作权限　界定该岗位的工作职权，明确权利的大小。

（5）工作责任　界定该岗位的责任范围和重要程度。

（6）任职资格　该岗位人员应具备的素质和能力，作为对人员选聘和工作考核的依据。

（7）服务报酬　明确该岗位的经济利益的大小。

以上七项内容中，职位内容、工作权限和工作责任三部分是必须具备的内容，其他内容可根据情况进行取舍。

2. 企业岗位责任制制定的程序

企业岗位责任制的制定，应按自下而上，再由上而下的程序进行。

① 明确制定岗位责任制的目的、原则和意义，组织全体员工广泛学习，领会精神。

② 各基层单位讨论、草拟本部门和相关岗位的岗位责任制的基本内容，上报上级部门。

③ 上级主管领导根据该岗位的实际情况，对上报的基层意见进行审核，进行修改、完善。

④ 上级将修订后的岗位责任制下发，正式实施。

三、物业服务企业主要部门的岗位责任制示例

1. 物业企业经理岗位责任制

① 全面负责对所管辖的物业实施一体化综合管理，贯彻执行 ISO 9000 质量管理体系及 ISO 14000 环境管理体系，完成与公司签订的年度管理目标和经济指标。

② 制定管理处年度、月度工作计划并组织实施，业务上接受总公司和上级部门的指导和监督。

③ 负责检查、监督各项制度的执行情况。

④ 合理调配人员，协调各岗位的分工协作，责任到人，同时关心员工生活，确保管理处员工有良好的精神面貌和积极的工作态度。

⑤ 负责所管辖的物业的装修审批，协调违章和投诉的处理工作，落实安全、防火工作。

⑥ 协调本部门与供水、供电、工商等和物业管理有关的部门的关系，便于开展各项工作。

⑦ 认真完成管理处其他工作职责内容和公司安排或委托的其他工作任务。

2. 经理助理岗位责任制

① 协调经理完成本管理处的各项工作。

② 认真完成所分管的各项工作。

③ 当经理不在时，代理经理进行工作。

④ 有权向经理提出对下属人员进行奖惩的建议。

⑤ 遵照劳动部门人事有关规定，在公司编制计划，按程序办理管理处招、调员工的事务

工作，对避免的私招滥雇行为进行处理。

⑥ 有权处理顾客对其分管工作范围内的投诉。

⑦ 有权处理分管工作范围内的突发事件。

⑧ 有权自行安排下属工作人员的各项工作。

3. 综合部经理岗位责任制

① 以身作则，调动员工积极性，保质、保量地完成各项工作。

② 检查和监督大厦红线范围内的道路、绿化及公共区域地面的清洁。

③ 热情接待业户，及时处理顾客对服务的投诉，并做好记录。

④ 定期对本部门员工进行培训和考核工作，不断提高员工的业务水平和服务质量。

⑤ 协调本部门与各部门的关系，合理调配人力和物力资源。

⑥ 负责清洁用品采购计划的编制和进货物品的验证工作，并控制其合理的使用，协助仓库管理员合理贮存和使用管理。

⑦ 负责业户的租金及物业管理费用的催收工作。

⑧ 上级领导交办的其他临时任务。

4. 物业管理员岗位责任制

① 负责业户接待工作，做到仪表端庄、态度和蔼、热情大方、反应敏捷、处事稳健。

② 负责为业户办理入伙、入住、装修手续。

③ 按接待来访规定，做好来访登记，对电话预约的来访要及时通知有关领导或部门，对突然来访者，要报告有关领导或部门后，再约时间接待。

④ 负责接待及处理业户咨询、投诉工作，并定期进行回访工作。

⑤ 完成办公室临时交办的工作。

5. 工程部经理岗位责任制

① 在经理助理的直接领导下，负责机电安装维修工程的全面管理工作。

② 负责项目设施、设备的运行、保养、维修，安全检查工作的安排与落实。

③ 履行管理处签订的设备管理合同，完成下达的各项管理指标和经济指标。

④ 贯彻执行公司制定的《机电设备管理工作手册》，确保机电安装维修工程管理的设施、设备处于安全、良好的运行状态。

⑤ 执行政府部门的有关行业法规，加强安全管理和安全教育，建立各级安全制度，防止发生安全事故。

⑥ 对设施、设备的运行、维修和保养的正常运行每月必须进行一次全面检查，每月不少于一次夜间查岗。

⑦ 负责员工的政治思想教育和专业技能培训，不断提高员工的综合能力和素质。

⑧ 负责组织对公司接管的机电设施、设备的验收及其配套设施的完善工作。

⑨ 负责组织技术文件和设备档案的接管、建立和管理工作。

⑩ 负责业户对机电工作的投诉处理，负责本部门不合格服务的处理，纠正和预防措施的实施、跟踪、检查。

⑪ 定期向经理汇报工作，完成上级交办的临时任务。

6. 安保部经理岗位责任制

① 接受经理助理的工作安排，认真完成各项工作。

② 对治安、车辆管理员日常工作进行检查、监督、考核和安排管理处的临时工作任务。

③ 制定每月工作计划，并检查安全管理部每周、每月工作执行情况，做好检查、考核记录。

④ 检查、监督项目治安、消防工作并巡视记录。
⑤ 负责处理治安工作中遇到的疑难问题，不能解决的及时向管理处经理助理或经理汇报。
⑥ 定时、不定时（晚上零点之后的检查，一周不少于1次）对各岗位值勤人员的工作进行巡查、督导。
⑦ 对因下属玩忽职守、屡次不遵守治安工作手册规定，导致业户投诉或造成较大损失的，负领导责任。
⑧ 做好安全管理员的培训、考核工作。
⑨ 热情接待业户，及时处理顾客对治安的投诉，并做好记录。
⑩ 熟练掌握消防器材的使用，发生火警，应立即采取应急措施。

7. 财务部经理岗位责任制
① 根据国家财务制度和财经法规，结合公司实际情况，制定适用的财务管理办法。
② 按照国家统一的会计制度设置和使用会计科目，除会计制度允许变动的以外，不得任意增减或者合并会计科目。
③ 围绕公司的经营发展规划和工作计划，负责编制公司财务计划和费用预算，有效地筹划和运用公司资金。
④ 做好公司各项资金的收取与支出管理。
⑤ 定期汇总管理处的经济运作情况，提出合理化建议，为公司发展决策提供参考依据。
⑥ 做好财务统计和会计账目、报表及年总终结算工作，并妥善保管会计凭证、账簿、报表和其他档案资料。
⑦ 定期检查财务计划、费用预算执行情况，监督各部门的财务活动，分析存在问题，查明原因，及时解决。
⑧ 统一归口管理公司各种票据和账目，杜绝管理处资金流失。
⑨ 负责财务人员的业务培训和考核监督工作。
⑩ 保守公司管理处机密，维护公司利益。
⑪ 负责向公司领导及政府部门做出财务报表。

四、岗位责任制的考核与管理

企业岗位责任制的考核与管理，是能否有效持久地贯彻岗位责任制的重要关键，因此对企业岗位责任制的考核应成为一种制度，将对每个部门和每个员工的考核结果，作为部门奖惩和员工奖励、晋升的依据。

（一）成立考核工作小组

由企业的主要负责人和各部门的负责人组成考核小组，负责岗位责任制完成情况的考核工作。

（二）确定考核范围和内容

确定考核的人员、岗位的范围，确定考核的内容。一般来讲以三大类指标为重点，即：重点工作指标；服务工作指标；共性指标。

重点工作指标，主要是上级规定本部门需完成的年度工作任务，分解到各班组。

服务工作指标，主要包括服务态度、服务形象、业绩、服务评议等内容。

共性指标，主要包括政治思想、精神文明、信息管理等内容。

（三）确定考核办法

确定考核的标准、依据和方法，考核可分为定期考核和专项考核两种类型。定期考核可以每年或每半年一次；专项考核可根据考核目的的需要，不定期进行。考核的方法应以公开考核为主。在考核过程中，应充分体现公开、公平、公正的原则，尽可能使用量化指标，有效避免人为主管因素对考核结果的影响。

（四）考核结果运用

考核结果要上报给上层管理者，并同本人见面。考核结果可以作为了解员工或部门，进行员工激励、晋升、奖惩的依据。

案例分析

案例一：某小区的建筑面积近60000平方米，拥有住房400多套，分布在4幢大楼内，其中一幢为连体房，两个门牌号各有一部电梯，为11层12站，其余三幢分别为22层23站二部，28层29站四部，共8台电梯。某电梯公司在免费保养期结束后，提出若由他们继续提供维修保养，每年维保费为29万元人民币，折合管理费开支0.413元/(平方米·月)，且维修人员接到报修后2小时到现场。可该小区业户委员会对类似设备免保期结束后新增加的管理费开支均不同意适当调高收费标准，要求物业管理费必须控制在原标准1.2元/(平方米·月) 内，且电梯出现故障必须在30分钟内到达现场排除故障。如此情况该怎么办呢？

案例二：某小区业主委员会曾于2003年9月与某物业服务企业签订了《物业管理服务合同》，合同有效期为3年。但在其后的服务过程中，双方就小区物业管理具体事项时常发生争议，关系不太融洽。

2004年3月建设部125号令《物业服务企业资质管理办法》出台后，有业主扬言：待5月1日办法生效后，即刻以物业服务企业不具备相应的物业管理资质为由解聘该物业公司……

【请分析】 业主是否能以该物业服务企业不具备相应的资质为由，解聘该物业公司。

案例三：某开发商开发完成一个商住小区，并聘请其所属的物业公司对物业进行前期物业管理，并签订了前期物业服务合同，期限3年。第二年，该小区依法成立了业主委员会。因为不满现任物业公司服务质量，经业主大会通过，业主委员会下文通知其终止服务，并另行选聘了物业公司，同时要求进行物业和相关资料的移交。物业公司不予理睬。业主委员会遂诉至法院，要求法院判令物业公司离开小区并交接物业及相关材料。

【请分析】 业主委员会要求法院的判决是否合理？

思 考 题

1. 物业服务企业具有何种性质和特点？
2. 设立物业服务企业应符合哪些条件？
3. 物业服务企业资质管理的主要内容有哪些？
4. 物业服务企业常用的组织机构模式及特点？
5. 如何配置企业人员？
6. 分析企业人力资源管理的核心是什么？
7. 如何进行物业服务费测算？

拓展知识

管理，就是通过计划、组织、领导和控制，协调以人为中心的组织资源与职能活动，以有效实现目标的社会活动。管理是社会共同劳动的产物，在社会化大生产条件下得到强化和发展，广泛应用于社会的一切领域，已成为现代社会极为重要的社会机能。

管理职能是管理者实施管理的功能或程序，即管理者在实施管理过程中所体现出的具体作用及实施程序或过程。管理者的管理职能具体包括：①管理者的基本职责。②履行这些职责的程序或过程。

管理职能包括计划、组织、领导和控制四种主要职能。

① 计划。计划职能是管理者为实现组织目标对工作所进行的筹划活动。计划职能一般包括调查、预测、制定目标、选择活动方式等一系列工作。

② 组织。组织职能是管理者为实现组织目标而建立与协调组织结构的工作过程。组织职能一般包括设计与建立组织结构、合理分配职权与职责、选拔与配置人员、推进组织的协调与变革等。

③ 领导。领导是管理者指挥、激励下级，以有效实现组织目标的行为。领导职能一般包括选择正确的领导方式、运用权威实施指挥、激励下属调动其积极性、进行有效沟通等。

④ 控制。控制是管理者为保证实际工作与目标一致而进行的活动。控制职能一般包括制定标准、衡量工作绩效、纠正出现的偏差等。

管理系统是由相互联系、相互作用的若干要素和子系统，按照管理的整体功能和目标结合而成的有机的整体。管理系统由管理目标、管理主体、管理对象、管理媒介和管理环境组成。

物业服务，是指物业服务企业按照物业服务合同的约定，对房屋及配套的设施设备和相关场地进行维修、养护、管理，维护物业管理区域内的环境卫生和秩序的活动。

物业服务定价成本，是指价格主管部门核定的物业服务社会平均成本。

物业服务定价成本监审工作由政府价格主管部门负责组织实施，房地产主管部门应当配合价格主管部门开展工作。

物业服务定价成本监审应当遵循以下原则：

（1）合法性原则　计入定价成本的费用应当符合有关法律、行政法规和国家统一的会计制度的规定。

（2）相关性原则　计入定价成本的费用应当为与物业服务直接相关或者间接相关的费用。

（3）对应性原则　计入定价成本的费用应当与物业服务内容及服务标准相对应。

（4）合理性原则　影响物业服务定价成本各项费用的主要技术、经济指标应当符合行业标准或者社会公允水平。

物业服务定价成本由人员费用、物业共用部位共用设施设备日常运行和维护费用、绿化养护费用、清洁卫生费用、秩序维护费用、物业共用部位共用设施设备及公众责任保险费用、办公费用、管理费分摊、固定资产折旧以及经业主同意的其他费用组成。

第三章 物业经营管理的实施

【学习目标】
- 认识物业管理早期介入的程序
- 掌握物业经营管理的实施
- 掌握合同和风险管理
- 认识客户关系管理

引导案例　　　　　　　物业公司不是"第二警力"

2006年5月,陈某与某物业公司签订了入住协议书。某日,陈某晚上下班后将自己的摩托车未加防盗装置就停放在了小区内,等第二天上班时,陈某发现自己的摩托车已不在停放点了,便立即报了警,但至今未破案。今年10月,陈某起诉至法院,请求法院判令物业公司赔偿摩托车的损失。

【分析】　陈某在入住后,与物业公司签订了入住协议书,该合同是物业公司对陈某提供物业管理服务的承诺和陈某愿意接受服务和物业管理的明确表示。双方并未就陈某的财产由物业公司保管签订过保管合同或有其他约定,物业公司无保管陈某摩托车的义务。尽管物业公司对小区的安全负有日常管理的义务,但其所承担的小区安全防范的义务只是协助义务。

第一节　前期物业经营管理的实施

建设部2003年9月1日施行的《前期物业管理招标投标管理暂行办法》中规定:前期物业管理,是指在业主、业主大会选聘物业服务企业之前,由建设单位选聘物业服务企业实施的物业管理。在此规定中,将前期物业管理的终点界定在业主委员会与其选聘的物业服务企业签订物业服务合同开始生效之时,因此,我们将前期物业管理分为三个阶段:物业规划设计阶段的早期介入、物业竣工验收和接管验收、物业入伙和装修管理。

物业管理的早期介入,是指物业服务企业在接管物业之前,就参与物业的规划和建设的全过程,从业主和使用人及物业管理的角度,提出合理化建议,使建成的物业能最大限度地满足业主和使用人,以及物业管理的需要。

从早期介入的概念,我们可以看出,物业管理的早期介入目的是完善物业的使用和管理功能,所以,物业服务企业开展早期介入工作的目标是:①使物业规划设计更科学,改善房地产开发商单方面规划设计而极易导致的不科学状况。②了解物业状况,以便及早制订科学的物业管理方案。

一、处理好与房地产开发商之间的关系

由于在早期介入阶段,物业服务企业既非开发商又非投资人,而是物业接管验收后的委托管理者,因此,在这一阶段,一定要处理好与建设单位(即开发商)、工程总承包方(即施工

单位)、工程质量监理公司之间的关系。

(一) 与建设单位的关系

在业主委员会成立之前，物业服务企业与建设单位之间是受托与委托的关系。在早期介入中，物业服务企业首先应取得建设单位的正式委托并由其征得工程总承包方的同意后方可进场。进场后，物业服务企业有责任和义务，将工程进展情况、施工中存在的问题及时反馈给建设单位，并从日后物业管理以及对业主和使用人负责的角度，对工程设计、施工、设施设备的配置、环境布局与功能等各方面存在的遗漏、隐患及不够完善的地方作出提示和建议。

(二) 与施工单位的关系

按照国家对建筑施工的有关规定：凡实行施工总承包的工程项目，由总承包单位负责管理；分包单位向总承包单位负责，服从总承包单位对施工现场的生产与消防安全管理。

在未向建设单位办理最终的正式移交手续之前，物业服务企业的早期介入，必须获得施工单位的同意、支持与配合。物业服务企业要注意加强与施工单位的沟通、协调，物业服务企业的工程技术人员应定期列席由工程总承包单位主持召开的工程协调会，及时掌握施工单位或设备安装单位的工程进度、工程计划落实情况、相互交叉作业的配合情况、施工中出现的问题及建议等，以便形成决策的参考意见，同时，对于施工作业过程中出现的违章作业、不安全因素、事故隐患、不文明施工现象等要及时向工程总承包单位通报，以引起重视并加以解决。

(三) 与工程质量监理单位的关系

在物业的施工建设阶段，工程质量监理单位负责对工程施工的全部工艺流程及其质量进行监督和管理。物业服务企业的工程技术人员应与工程质量监理单位充分配合，将施工过程中存在的质量问题和隐患及时向他们通报，协助工程质量监理单位把好施工选材、隐蔽工程管道穿线、设备测检调试、防水层施工及通水、闭水试验、打压试验等关键项目的质量关，对于将影响到日后物业管理工作的项目，如控制开关、阀门、天花检查口、管道清扫口的位置等，要特别向工程质量监理单位说明，以取得他们的技术支持。

二、前期物业服务合同

(一) 前期物业服务合同的概念

前期物业服务合同，是指物业建设单位与物业服务企业就前期物业管理阶段双方的权利义务所达成的协议，是物业服务企业被授权开展物业管理服务的依据。《物业管理条例》第二十一条规定："在业主、业主大会选聘物业服务企业之前，建设单位选聘物业服务企业的，应当签订书面的前期物业服务合同。"前期物业服务合同的当事人不仅涉及到建设单位与物业服务企业，也涉及到业主。

在实践中，物业的销售及业主入住是持续的过程。这个阶段要求2/3以上投票权的业主投票形成业主大会决定是不现实的，而这个阶段的物业管理服务又是必需的。因此，为了避免在业主大会选聘物业服务企业之前出现物业管理的真空，明确前期物业管理服务的责任主体，规范前期物业管理活动，《物业管理条例》明确地规定前期物业管理服务由建设单位选聘物业服务企业。

(二) 前期物业服务合同的主要内容

合同的内容就是合同的条款，是合同对当事人权利义务的具体规定。前期物业服务合同的内容就是通过合同条款反映建设单位与物业服务企业之间的权利义务关系，包含以下几个主要部分。

1. 合同的当事人

物业服务合同的当事人就是建设单位与物业服务企业，其中建设单位以及物业服务企业一般都是法人组织。

2. 物业基本情况

物业基本情况包括物业名称、物业类型、坐落位置、建筑面积等方面的内容。

3. 服务内容与质量

服务内容主要包括：物业共用部位及共用设施设备的运行、维修、养护和管理；物业共用部位和相关场地环境管理；车辆停放管理；公共秩序维护、安全防范的协助管理；物业装饰装修管理服务；物业档案管理及双方约定的其他管理服务内容等。

4. 服务费用

服务费用包括：物业服务费用的收取标准、收费约定的方式（包干制或酬金制）；物业服务费用开支项目；物业服务费用的缴纳；酬金制条件下，酬金计提方式、服务资金收支情况的公布及其争议的处理等。

5. 物业的经营与管理

物业的经营与管理包括：停车场和会所的收费标准、管理方式、收入分配办法；物业其他共用部位共用设施设备经营管理经营与管理。

6. 承接查验和使用维护

承接查验和使用维护的主要内容包括，执行过程中双方责任义务的约定。

7. 专项维修资金

专项维修资金的主要内容包括这部分资金的缴存、使用、续筹和管理。

8. 违约责任

这部分内容主要包括违约责任的约定和处理、免责条款的约定等。

9. 事项

其他事项主要包括合同履行期限、合同生效条件、合同争议处理、物业管理用房、物业管理相关资料归属以及双方认为需要约定的其他事项等。

（三）期物业服务合同应注意的事项

1. 的承接验收

物业共用部位、共用设施设备的承接验收是前期物业服务活动的重要环节，前期物业服务合同应当对物业共用部位、共用设施设备的承接验收内容、标准、责任等作出明确的约定。而对业主自有物业专有部分的承接验收则属于业主与发展商之间的问题，无需在合同中约定。

2. 服务的费用

前期物业服务合同涉及的费用种类多，情况复杂，支付主体及责任容易混淆，易造成矛盾，必须在合同中予以列明。例如，应当由建设单位支付的费用不能转嫁给业主；对于由业主支付的费用部分，则应当注意是否符合国家法律法规的要求，并应当在物业销售前予以明示或约定。

3. 物业服务合同的解除或终止

前期物业服务合同的履行受业主入住状况及房屋工程质量等各种因素的影响，合同的期限具有不确定性，当此类因素致使前期物业服务合同无法全面履行时，物业服务企业可以通过提前解除合同或要求补偿的方式规避风险。因此，有必要在前期物业服务合同中对解除合同的条件作出明确约定。

第二节　物业经营管理的实施

一、物业管理服务的基本内容

物业管理服务涉及的工作内容比较复杂、繁琐，通常情况下，我们将物业管理服务按服务的性质和提供服务的方式，分成下列三大类。

（一）公共服务

它是物业服务企业针对物业和全体业主提供的各项具体管理与服务，是基本的公共性服务。该项服务的内容在物业服务合同中明确规定，不需要再约定，该项服务的费用通常也会在服务合同中载明。该基本服务的内容包括：房屋建筑主体及附属设施设备的管理；环境卫生和绿化的管理与服务；公共秩序、消防、交通等事项的管理与服务；物业装修管理；物业档案资料的管理；社区精神文明建设与管理。

（二）专项服务

这类服务是为了满足一些业主和使用人的一定需要而提供的。这类服务可以事先设定服务项目，公布服务内容、质量、收费标准，当业主或使用人有需要时，可以自行选择。这类服务的费用不包括在公共服务费用中，独立收取。这类服务的内容可以有洗衣、补衣等衣着方面的服务，房屋清洁、房屋看管等居住方面的服务，代送食品、制作快餐等饮食方面的服务，组织旅游、出租车辆等出行方面的服务，组建各类俱乐部、提供健身服务等娱乐方面的服务，代购日用百货、医药等购物方面的服务，还有诸如绿化工程服务、代雇保姆、代送报纸杂志等其他方面的服务。

（三）特约服务

这类服务是为了满足个别业主或使用人的要求而设立的单独服务项目，不包含在专项服务中，在物业服务合同中也未设立。这类服务的内容、收费标准等具体事项由供需双方特别约定，只要物业服务企业有业务能力，就可以为业主或使用人的特殊需要提供服务。

除上述三大类服务外，物业服务企业为增加收入，扩大公司的业务范围，也可以进行综合经营服务，如物业的市场营销、物业的租赁经营管理、房地产咨询、房地产估价、房屋拆迁、房屋工程监理等。综合经营服务的开展对于物业服务企业是否有必要，主要取决于物业服务企业的技术力量、人员素质等因素，并无硬性规定。一般情况下，完整的物业管理服务主要体现在：公共服务是物业管理的根本，专项服务和特约服务是物业管理的扩展。

案例分析　　　　　　**北京市贯彻《物业管理条例》的若干意见**

《物业管理条例》（国务院令379号，以下简称《条例》）已于2003年9月1日起正式施行。为贯彻实施《条例》，我市正在起草制定本市物业管理办法。由于该办法出台尚需一定的时间，我市原有物业管理的有关规定与《条例》有很大差异，为做好这一期间内物业管理工作，妥善解决当前业主要求解决的问题，制定本意见。

一、基本原则

根据《条例》及北京市人民政府第四次城市管理工作会议关于居住区物业管理纳入社区建设精神，就业主大会、物业管理区域划分、前期物业管理、物业管理服务、专项维修资金、物业管理企业与供水、供电、供气、供热等专业服务单位的关系等问题明确意见，其他未涉及问题，按照《条例》及本市现行有关规定执行。

二、关于业主大会和业主委员会

（一）业主大会成立按以下规定进行组织和筹备

1.《条例》施行前已组建的物业管理委员会，应当按照《条例》要求，在物业所在地街道办事处、乡镇人民政府（以下统称街道办事处）和区县国土房管局指导下，与社区居委会共同组织召开业主大会会议，选举业主委员会；或经业主大会同意，将原物业管理委员会变更为"业主委员会"，制定《业主大会议事规则》或将《物业管理委员会章程》修订为《业主大会议事规则》，制定《业主公约》。召开业主大会会议前，原物业管理委员会不得履行《条例》规定的业主大会的职责。

2. 新建和已建成的商品房（包括经济适用房）入住率超过50％的或入住率不足50％但首户入住已满两年的物业管理区域；公有住房出售率超过50％的物业管理区域，应当尽快组织召开首次业主大会会议，成立业主大会，选举产生业主委员会。分期建设住宅物业的相对独立区域，也可参照本意见成立业主大会。

住宅物业首次业主大会会议由物业所在地的街道办事处负责组织业主代表、建设单位（或公有住房出售单位，以下同）、社区居委会组成业主大会会议筹备组。筹备组中的业主代表由筹备组组成单位按照业主自荐、推荐的形式在充分听取业主意见基础上确定。非住宅物业筹备组由业主代表、建设单位组成。

筹备组按照有关规定履行职责。筹备组应在30日内组织完成召开首次业主大会会议工作，并选举产生业主委员会。区、县国土房管局对筹备组召开业主大会会议工作进行指导、监督。

3. 物业管理区域只有一个业主的，或者业主人数较少且经全体业主一致同意，决定不成立业主大会的，由业主共同履行业主大会、业主委员会职责。业主代表应将全体业主一致同意不成立业主大会的书面决定报送街道办事处和区、县国土房管局备案。

（二）业主大会会议的召开应执行以下规定并完成相应工作

1. 首次业主大会会议应当选举产生业主委员会，制定并通过《业主大会议事规则》和《业主公约》。

2. 投票权的确定。业主在首次业主大会会议上的投票权，按照拥有的物业建筑面积计算，每一平方米计为投票权计算基数，不足一平方米的部分不予计算。住宅物业管理区域内的人防、停车库等地下空间不计算投票权。此后召开业主大会会议，业主投票权的计算方式按首次业主大会会议制定的《业主大会议事规则》执行。

业主因故不能参加业主大会会议的，可以书面委托代理人参加。但一个代理人不得接受同一物业管理区域内两个或两个以上业主的委托。

3. 业主委员会委员条件。业主委员会委员应当是物业管理区域内具有完全民事行为能力的业主，遵守国家有关法律、法规，遵守《业主公约》和《业主大会议事规则》，模范履行业主义务，热心公益事业，责任心强，公正廉洁，具有社会公信力和一定组织能力；业主委员会委员不得在本物业管理区域从事物业管理服务或相关利益的经营活动。

4. 业主委员会人数及任期。业主委员会委员人数一般为5至9人的单数；首次业主委员会会议应推选主任委员1人，作为业主委员会会议的召集人。业主委员会任期一般为2至3年。

5. 业主大会会议决议选聘新的物业管理企业的，应当通过招投标方式进行。业主大会会议可以授权业主委员会依法组织实施招标活动，也可以委托招标代理机构办理招标事宜。招投标活动应当按照《北京市物业管理招标投标办法》（京国土房管物〔2003〕848号）和《关于业主大会招标有关问题的意见》（京国土房管物〔2004〕216号）的规定进行。

（三）业主委员会备案及印章的刻制

1. 业主委员会备案。业主委员会自组建、换届、改选等产生之日起30日内，经物业所在地的街道办事处审核后，报物业所在地的区、县国土房管局备案。

2. 刻制印章。业主委员会凭区县国土房管局的备案证明到有关部门申请刻制印章；原物业管理委员会改为业主委员会后，应申请变更印章。

（四）业主大会、业主委员会与街道办事处、社区居委会关系业主大会、业主委员会应当按照物业管理纳入社区建设的有关规定，主动接受街道办事处和区、县国土房管局的指导、监督。

在物业管理区域内，业主大会、业主委员会应当积极配合社区居委会依法履行自治管理职责，支持社区居委会开展工作，并接受其指导和监督。

住宅物业的业主大会、业主委员会召开会议时，应当有所在地的社区居委会参加。业主大会、业主委员会作出决定前，应当听取社区居委会的建议。

三、关于物业管理区域的划分

物业所在地区、县国土房管局会同街道办事处负责协调物业管理区域划分工作。划分住宅物业管理区域应当考虑建筑规模、自然形成、设施设备共用程度及社区建设等因素。新建住宅物业一般以建设立项、规划批准的范围确定，设施设备相关、共用的物业可以划为一个区域。已建成住宅物业管理区域范围一般应与社区居委会管辖范围相适应，自然分割且相对宜于统一管理的物业可以划为一个区域；非住宅区域划分主要考虑建设立项、规划等因素；住宅与非住宅结构相连的区域，应本着有利于物业管理的原则划定。

物业管理区域已经划分且无争议的，不再重新划分。

一个物业管理区域成立一个业主大会，由一个物业管理企业负责实施管理。

四、关于前期物业管理

前期物业管理是指业主大会成立前，由建设单位选聘的物业管理企业负责实施的管理服务。前期物业管理应遵照以下规定。

（一）关于前期物业管理招投标

自2003年12月1日起，凡申领《商品房预售许可证》的住宅及同一物业管理区域内非住宅的建设单位以及现售住宅的建设单位，应当按照招投标的方式选聘具有相应资质的物业管理企业。

同一物业管理区域由一个物业管理企业负责管理，分期开发建设的，前期建成部分已确定物业管理企业的，后期建设部分可不再进行招投标。

投标人少于3个或者住宅规划总建筑面积小于2万平方米或仅为单栋住宅的，经物业所在地区、县国土房管局批准，可以采用协议方式选聘具有相应资质的物业管理企业。

（二）关于前期物业管理方案

1. 建设单位在销售物业前，应当制定前期物业管理方案。物业管理方案主要包括《前期物业服务合同》、《业主临时公约》和物业管理招投标备案材料。

建设单位应当与选聘的前期物业管理企业签订书面的《前期物业服务合同》。合同中应当约定物业管理服务范围和内容、服务标准、服务费用标准及收取方式、双方权利义务、合同期限、变更或解除合同条件、合同解除和终止时的管理权移交、违约责任等。

《业主临时公约》应当对有关物业的使用、维护、管理，业主的共同利益，业主应当履行的义务，违反公约应当承担的责任等事项依法作出约定。

2. 销售物业时，建设单位应将《前期物业服务合同》中的物业管理服务内容、服务标准、费用标准及收取方式等主要内容作为房屋买卖合同的内容，并向买受人明示《业主临时公约》。物业买受人在签订房屋买卖合同时，应书面承诺遵守《业主临时公约》。

2003年9月1日至《关于发布〈业主临时公约〉和〈前期服务合同〉示范文本的通知》颁布之日前，已经核准物业管理公约的新建项目，没有制定《业主临时公约》的，建设单位应当向买受人明示物业管理公约，买受人应当签署遵守物业管理公约的承诺书；已按《条例》规定制定《业主临时公约》的，建设单位在销售物业时应向买受人明示《业主临时公约》，物业买受人应书面承诺遵守《业主临时公约》。

五、关于物业管理服务

（一）物业管理企业应当依照《条例》与业主签订书面的物业服务合同，明确物业服务范围和内容、服务标准、服务费用标准及收取方式、双方权利义务、合同期限、变更或解除合同条件、合同解除和终止时的管理权移交、违约责任等。凡实行物业管理的住宅物业，物业服务必须符合《北京市住宅物业管理服务标准》要求；同时，物业管理企业必须建立突发公共事件的处理机制、处理预案和具体处理措施。

物业管理企业应当严格按照规定或合同约定的收费标准和收费方式向业主收取物业服务费用，遵循合理、公开以及费用与服务水平相适应原则，按照法律、法规的规定和物业服务合同的约定向业主提供物业服务。业主大会依法或合同约定要求调整收费标准、改善服务质量的，物业管理企业应及时配合做好相应工作，自觉接受业主监督。物业管理企业可以根据业主的委托提供物业服务合同约定以外的服务项目，服务收费由双方约定。

（二）物业管理招投标应当遵循公开、公平、公正和诚实信用原则。开发建设单位、业主大会授权的业主委员会或产权人依照规定原则和程序组织的物业管理招投标，具有相应资质和能力的物业管理企业可积极投标，但不得弄虚作假，以串通投标或骗取中标等方式妨碍公平竞争，损害招标人和其他投标人的合法权益。物业管理企业中标后，应当依法与招标人签订合同，并妥善处理与原物业管理企业之间的交接工作。

（三）新建物业承接时，物业管理企业应当按照《条例》第二十九条规定接收、查验建设单位提供的物业管理所需相关资料，同时对物业共用部位、共用设施设备进行质量和使用功能的查验。

承接双方应当做好查验记录。查验中发现的材料不齐备、共用部位、共用设施设备质量和使用功能问题，物业管理企业应当书面告知建设单位，建设单位应当予以整改。对边建设、边入住的物业，应当查验水、电供应是否正常，是否具备通气条件，交通道路是否通畅，与施工场地是否有明显分界隔离设施。

业主大会成立后，依法选聘的新物业管理企业与原物业管理企业交接的，应在原服务合同解除后进行。新物业管理企业对共用部位、共用设施设备进行查验，原物业管理企业应一并移交物业管理所需相关资料、全体业主所有的物业管理用房等资产以及预收的物业服务费用、代管的物业押金等收支账目和资金。物业管理企业不得强占或强行接管，防止出现管理真空或造成管理混乱。

（四）严格企业资质审批和等级管理制度。未取得资质证书的企业，不得从事物业管理；要通过资质年检和资质动态管理，加强对物业管理企业的管理，管理水平低、经营不规范、社会形象差的企业要予以整顿、清理。建立企业信用评价体系，对居民反映或投诉较多的企业，要予以公告，并作为企业资质年检的重要内容。物业管理行业协会应充分发挥作用，加强行业自律和行业监管，促进物业管理企业不断提高服务水平。

六、关于专项维修资金

住宅物业或者与单幢住宅楼结构相连的非住宅物业的业主，仍按照《关于归集住宅共用部位共用设施设备维修基金的通知》（京房地字［1999］1088号）规定的比例交纳共用部位共用设施设备专项维修资金；住宅小区内的非住宅物业应按《条例》规定交纳专项维修资金。

七、关于物业管理企业与专业服务单位的关系

物业管理企业与供水、供电、供气、供热、通信、有线电视等单位在费用收取与相关管线和设施设备维修、养护责任划分问题，在我市物业管理办法出台前，物业管理企业与专业服务单位可以按照《条例》进行协商处理。

双方未达成一致意见的，对上述专业服务的费用收取、管线和设施设备的维修、养护责任划分等暂时维持现状，以保证居民的正常生活。

八、加强领导，促进物业管理健康发展

物业管理与居民生活息息相关，涉及千家万户的利益。《条例》的颁布，对于规范物业管理活动，维护业主和物业管理企业合法权益，改善和提高群众的工作生活环境，都具有十分重要的意义。

二〇〇四年三月三十日

二、物业管理的经营收入

物业管理营业收入主要包括主营业务收入和其他业务收入（如多种经营收入），其中，主营业务收入又包括物业服务费收入和物业经营收入（如房产销售与出租收入）等。

（一）物业服务费收入

物业管理费是指在物业管理范围内，物业服务企业为业主或用户提供标准服务和委托服务所收取的有偿服务费。

物业服务企业在根据业主或用户的需要向其提供服务时，可收取相应的有偿服务费，而形成物业服务费收入。但是，物业服务收费数额的大小并不能由物业服务企业随意确定，而是应当根据物业服务企业向业主或用户所提供服务项目的不同性质，分别实行政府定价、政府指导价和协议定价来确定，主要包括如下方面。

1. 公共服务费

其费用构成为：管理费，服务人员的工资和按规定提取的福利费，楼内公用设施维修及保养费、绿化管理费、清洁卫生费、保安费、办公费、物业服务企业固定资产折旧费、法定税费。物业管理服务的利润不超过15%，房屋所有人应支付前述各项费用。

2. 高层住宅电梯和水泵运行费

高层商品住宅的电梯和水泵运行费用，由电梯驾驶人员经费开支、实际耗用的电费构成。具体收费由业主管理委员会和物业服务企业商定的服务方式、时间，按实结算，单独列账，并按各房屋所有人的建筑面积比例合理分摊。公有住宅出售后，高层住宅电梯、水泵运行费的收取办法和标准由市房管局规定。

3. 专项服务收费

专项服务是为某些业主（或用户）群体提供的特定服务。该项服务可使部分人受益，如高层电梯维修管理、检修楼宇的公用设施。专项服务的收费，原则上以成本价格收取，按各业主的建筑面积分摊。

4. 委托服务收费

为满足业主（或用户）特别需要而提供的个别服务，只为那些愿意接受或主动要求的人提供，一般与业主（或用户）的日常生活关系密切，如代管车辆、代管房屋、代购商品、代接送子女入托、土木工程维修装饰、清洁委托等。特约项目的收费，凡物价部门已有规定的，按规定执行；暂未规定的，由委托人与物业服务企业协商议定。

（二）物业经营收入

物业服务企业通过经营业主管委会或物业产权人、使用人提供的房屋建筑物和共用设施取得经营收入，如开展房产的销售或租赁、经营停车场等。这些经营业务都可收取相当可观的佣金，而形成相应房产销售与出租等经营收入。例如，物业服务企业为房地产开发公司销售房产，一般按售房收入的2%～4%收取佣金；或视销售价格的高低，确定不同的提成比例。如果在售房合同中特别约定，那么佣金也可由房地产开发公司和购房业主各付2%。如果物业管理是委托管理形式，则物业服务企业代业主出租房产，双方可签订协议，由业主支付年租金收

入的 3%～5% 的佣金。佣金的计付主要有以下两种方式。

1. 业主实行物业出租方式

佣金标准按业主年租金收入的 3%～5% 计取，业主每年支付一次或分多次支付，具体由双方协商确定。

2. 业主实行物业出售方式

佣金标准按业主售房收入和物业约定使用年限计取。年佣金＝(售房收入÷物业约定使用年限)×5%

(三) 多种经营收入

由于物业管理在我国还是一个启动时间不长的行业，人们收入水平又普遍较低，目前各物业服务企业所收取的费用是微利的，有些公司甚至是赔本经营，所以，物业服务企业要生存和发展就必须增加积累，扩大经营规模，因而要靠多种经营取得收入。多种经营收入是当前物业服务企业发展不可忽视的重要资金来源。物业服务企业开展多种经营活动的范围非常广泛，但是，物业服务企业要搞好多种经营，则要把自身优势与有利机会结合起来。物业服务企业自身优势，主要体现在围绕物业管理来开拓多种经营领域，比如，物业服务企业开办建材公司、装修装饰材料公司、卫生洁具公司，以及利用小区建设的配套设施开办商业服务、餐饮服务、信用社、储蓄所、电影院、卡拉OK厅、健身房、幼儿园、职业介绍所、婚姻介绍所等。对大型的物业服务企业来说，其多种经营可以涉足物业开发经营，形成物业开发经营、管理与服务一条龙；对有条件的物业服务企业来说，则可以在其他领域进行多种经营，当然，所要付出的代价可能要更大。

总之，要按"一业为主、多元经营"的方针，发展多种经营业务，即从市场需求出发，以发展与物业管理相关的多种经营业务为主，诸如超市、百货、副食品等商业，洗熨、沐浴、餐饮、幼托、娱乐、旅游、邮电、搬家等服务业，银行、信用社等金融业，房产中介、咨询、建筑装潢等房地产业，这样，就发挥了物业服务企业的优势，既能满足物业业主和用户的多种需要，又能增加物业服务企业的资金来源，弥补物业管理经费的不足。因此，物业服务企业应想方设法开展多种经营活动。

三、物业服务费的构成

由于各地经济发展水平不同，所以物业管理费的数额大小也不尽相同。对物业管理费的核算，是物业服务企业财务管理部门的一项非常重要的工作。物业管理费一般由以下一些项目构成。

(一) 物业服务费的构成

物业服务费主要包括以下内容：

① 公共物业及配套设施的维护保养费用，包括外墙、楼梯、步行廊、升降梯（扶梯）、中央空调系统、消防系统、保安系统、电视音响系统、电话系统、配电器系统、给排水系统及其他机械、设备、机器装置及设施等。

② 聘用管理人员的薪金，包括工资、津贴、福利、保险、服装费用等。

③ 公用水电的支出，如公共照明、喷泉、草地淋水等。

④ 购买或租赁必需的机械及器材的支出。

⑤ 物业财产保险（火险、灾害险等）及各种责任保险的支出。

⑥ 垃圾清理、水池清洗及消毒灭虫的费用。

⑦ 清洁公共地方及幕墙、墙面的费用。

⑧ 公共区域植花、种草及其养护费用。

⑨ 更新储备金，即物业配套设施的更新费用。
⑩ 聘请律师、会计师等专业人士的费用。
⑪ 节日装饰的费用。
⑫ 管理者酬金。
⑬ 行政办公支出，包括文具、办公用品等杂项以及公共关系费用。
⑭ 公共电视接收系统及维护费用。
⑮ 其他为管理而发生的合理支出。

（二）物业服务费的收费标准

物业服务企业为业主或用户提供的不同服务项目，其收费标准是有所不同的，有些服务项目，其收费标准是物业服务企业与业主或用户面议洽谈而定；有些服务项目，其收费标准要按政府有关部门的规定执行。在具体收取物业管理费时，有些项目是一次性收费；有些项目则是定期收取；有些项目的收取方式较为灵活。

物业服务企业物业服务费收入的高低直接与其收取标准及业务量大小有关。一般地讲，物业服务费收取标准越高，则物业服务企业的收入就越高。但是，物业服务费收取标准一方面要受国家有关政策法规的制约，不能乱收费；另一方面，物业服务费收取标准还要受到用户收入水平高低的限制，也要服从优质优价的原则，因此，物业服务费收取标准的确定要遵从一些原则。

第一，不违反国家和地方政府的有关规定。

第二，与用户的收入水平相适应。要根据用户的收入水平高低来确定，收费标准过高，用户承受不了，也不容易取得用户的支持，反之，收费标准过低，则物业服务企业赔本服务，这又违背市场规则。

第三，优质优价，兼顾各方利益。所提供的服务档次越高，则收费标准越高，特约服务一般比公共服务的收费标准要高，对商业部门的收费比对机关、事业单位的收费一般要高。

第四，微利原则。物业管理服务部分的收入扣除支出略有剩余，否则服务项目越多，工作量越大，赔本就越多。

第五，公平原则。对共用公共设施不同用户的收费标准应该显示其公平性，比如，对商业大厦内的不同用户收取的公用设施（如电梯、楼梯等）管理费应该有所区别，如在大厦底层，所用电梯及楼梯的机会几乎没有，因此，大厦底层用户所交纳的管理费用应该较少。

物业服务企业测算出物业管理费的数额后，并不能把这一数额作为收费标准，而应对不同服务项目，分别采用政府定价、政府指导价和协议定价等三种不同的形式定价。不同的物业服务水平制定不同的收费标准，实行公平竞争，按质论价，这样，可以促使物业服务企业不断提高物业管理水平。收费标准的确定，可采取以下几种途径。

① 政府部门审定。物业管理中的重要收费项目和标准，由房地产主管部门会同物价管理部门审定，通过颁发法规或文件予以公布实施。如售房单位和购房人交纳住宅维修基金、物业管理费、建设施工单位提交保修费等重要项目，由房地产主管部门提出标准，经物价管理部门核定后执行。

② 会同业主商定。物业管理是由业主委托的契约行为，因而有的收费标准不必由政府部门包揽，而可由物业服务企业将预算提交业主管理委员会讨论、审核，经表决通过之后，就是一个合理的收费标准。此时，物业服务企业应及时拟一份物业管理费标准审议会议的决议，一同印发给每位业主（用户），并且从通过之日起按这一标准执行物业服务企业在每次新的费用标准通过之后，只要将每一费用项目的标准一次性向业主公布。

③ 委托双方议定。对于专项和特约服务的收费，诸如维修家电、接送孩子、代送牛奶，

清扫保洁等项目,可由委托人与物业服务企业双方议定,根据提供服务的要求,按不同的管理水平,确定不同的收费标准,由用户与物业服务企业单位自行商定。

第三节 合同与风险管理

合同又称契约,是指平等主体的自然人、法人、其他组织之间设立、变更、终止民事权利义务关系的协议。人们根据合同所明确的权利义务关系,就称为合同关系。随着市场经济体制的逐步建立与完善,整个社会的经济活动,包括生产、销售、分配与消费活动,都需要按照合同来进行,合同在整个社会中发挥着越来越重要的作用。《中华人民共和国合同法》规定任何合同的订立应遵循平等、自愿、公平、诚实信用和合法的原则。

就物业管理活动来看,物业管理中的各种合同是开展物业管理工作的基础。物业经营管理活动中物业服务企业提供的一切服务都可以在物业服务合同中体现出来,物业服务企业与众多的业主、非业主使用人发生物业管理的法律关系,最根本的依据就是物业服务合同。物业服务企业与其他专营企业之间发生的有关物业管理专项服务的法律关系,最根本的依据在于彼此之间签订的各项合同。收益性物业管理中业主与承租人之间的租赁关系,则要依靠两者之间的租赁合同。

一、物业管理活动中涉及的合同的主要类型

物业管理活动中存在着大量的主体,根据合同的作用以及合同主体的不同,可以将合同归为以下几种类型。

(1) 物业建设单位在开发过程中所订立的合同 物业建设单位在开发建设过程中必然要订立许多合同,其中涉及物业管理的合同自然成为物业服务合同的组成部分,如土地使用合同、设计规划合同、建设施工合同、售房合同、水电供应合同、设备采购及安装合同。

(2) 前期物业服务合同与物业服务合同 前期物业服务合同是指在业主、业主大会选聘物业服务企业之前,物业建设单位与物业服务企业签订的约束物业管理前期活动行为规范的合同;物业服务合同则是指业主委员会与业主大会选聘的物业服务企业签订的约束物业管理服务行为规范的合同。

(3) 业主所签订的与物业管理活动有关的合同 这包括收益性物业的租赁合同、业主签订的业主公约、业主与装修施工单位签订的装修合同、业主与物业服务企业签订的装修合同管理、业主与物业服务企业签订的保管合同、业主与保险公司签订的保险合同等。

(4) 物业服务企业与专营公司订立的有关物业管理活动的专项服务合同 物业管理活动必然要涉及到许多专营的业务,如垃圾清运、环境卫生承包、治安保卫管理承包、绿化管理或工程承包、电梯保养维修承包、专项维修工程承包等。物业服务企业从专业化的角度出发,将这些专营业务通过签订合同承包给各专营公司,因此就形成了与物业管理活动有关的一系列专营合同。

对以管理服务为主的物业服务企业来说,业主只将物业日常的管理服务委托给物业服务企业,而未委托其代理物业使用权的经营,即物业服务企业不负责对物业的出租经营,物业服务企业对物业只有管理权。因此,物业服务合同是这类企业物业管理活动中最主要的合同。

对于经营性的物业,如写字楼、综合楼、商厦等,以及租赁为主的高档居住物业,如高级公寓、别墅等,物业管理进行的是出租经营与管理服务并重的物业管理。这种类型的物业管理,业主不仅将物业日常的管理服务委托给物业服务企业,还委托其代理物业使用权的经营。业主在保持物业所有权的同时,通过签订租赁或承包协议的方式,将物业出租或承包给物业服

务企业，由其负责该物业的出租经营与管理服务；业主通过定期收取租金或上缴承包金的方式收回投资，并获取利润。此时，物业服务企业不仅拥有物业的管理权，而且也拥有物业使用权的经营权。其物业管理工作就是出租经营和管理服务并重，从某种意义上讲，出租经营占有更重要的地位。对于这类企业来说，租赁合同管理是物业合同管理中的重要部分。

二、前期物业服务合同和物业服务合同的内容与区别

1. 前期物业服务合同

前期物业服务合同具有的特征如下。

(1) 前期物业服务合同由建设单位和物业服务企业签订　由于在前期物业管理阶段，业主大会尚未成立，还不能形成统一意志来选聘物业服务企业，只能由建设单位选聘物业服务企业；而且，此时建设单位拥有物业，是物业的第一业主。建设单位在选取聘物业服务企业时，应充分考虑和维护未来业主的合法权益，代表未来的广大业主认真考察比较各物业服务企业，并对其有所要求与约束。

(2) 前期物业服务合同具有过渡性　前期物业服务合同的期限，存在于业主、业主大会选聘物业服务企业之前的过渡时间内。物业的销售、入住是陆续的过程，业主召开首次业主大会时间的不确定性决定了业主大会选聘物业服务企业时间的不确定性，因此，前期物业服务的期限通常也是不确定的。但是，一旦业主大会成立并选聘了物业服务企业，前期物业管理服务即告结束，前期物业服务合同也相应终止。《物业管理条例》第26条规定：前期物业服务合同可以约定期限；但是，期限未满、业主委员会与物业服务企业签订的物业服务合同生效的，前期物业服务合同终止。

(3) 前期物业服务合同是要式合同　由于前期物业服务合同涉及广大业主的利益，《物业管理条例》要求前期物业服务合同以书面方式签订。为了保护当事人的合法权益，国家和地方有关部门编写《前期物业服务合同》示范文本作为参考。

2. 物业服务合同

当业主入住达到一定比例时，就应按规定及时召开业主大会，选举、组建业主委员会。业主委员会的设立，标志着前期物业管理的结束，物业管理进入正常的日常运作阶段，即由业主委员会代表全体业主实施业主自治管理。

业主委员会成立后，对原物业服务企业实施的前期物业管理要进行全面、认真、详细的评议，听取广大业主的意见，决定是续聘还是另行选聘其他的物业服务企业，并与确定的物业服务企业（原有的或另行选聘的）签订物业服务合同。其签订日期一般应在业主委员会成立三个月内，最迟不应迟于六个月。

物业服务合同的甲方是业主委员会（代表所有业主），乙方是物业服务企业。甲方是委托方，乙方是受托方。合同的委托管理期限由双方协议商定。物业服务合同签订后，前期物业服务合同同时终止。

每次委托期满前，业主委员会应根据广大业主的意见和物业服务企业的业绩，决定是续聘还是另行选聘其他的物业服务企业，并与之签订新的物业管理委托合同。为了规范物业服务合同，国家建设部、工商行政管理局和地方有关部门颁布有物业服务合同示范文本。

上述两个合同的共同点在于它们的客体是一致的，委托事项都是物业管理服务活动。但因物业在开发建设、销售和消费使用这三个不同阶段产权在不用产权人之间的转移，导致合同的主体有所变化，进而两个合同的签订时间、期限要求与方式等都有所差异（表3-1），但两个合同是相互衔接，互为补充的。从物业管理规范化运作的角度讲，两个合同缺一不可。

表 3-1 两个物业服务合同的差异

项　　目	前期物业服务合同	物业服务合同
合同主体	甲方:新建住宅的开发商 乙方:甲方选聘的物业服务企业	甲方:业主委员会(代表所有业主) 乙方:物业服务企业
签订时间	甲方出售住宅前	一般应在业主委员会成立后三个月内,最迟不应迟于六个月
合同有效期限	合同有效期限自签订之日起,到业主委员会成立后与其选聘的物业服务企业	合同有效期限由双方协议商定签订物业服务合同时止

在实践中,物业服务企业承接一个物业管理项目后,往往将根据管理区域的规模、服务项目的多少和自身服务能力的情况,将保安、绿化、保洁等服务委托给其他专业服务公司承担。物业服务企业作为委托人与接受委托的专项服务企业之间签订委托服务合同,但是专项服务企业与业主之间并不存在合同关系。因此,这些专项服务的委托合同虽然与物业管理活动相关,但都不能称之为物业服务合同。《物业管理条例》第四十条规定:物业服务企业可以将管理区域内专项服务委托给专项服务企业,但不得将全部物业管理一并委托给他人;第六十二条规定:物业服务企业将一个物业管理区域内的全部物业管理一并委托给他人的,由县级以上地方人民政府房地产行政主管部门责令限期改正,处委托合同价款30%以上50%以下的罚款;情节严重的,由颁发资质证书的部门吊销资质证书。委托所得收益,用于物业管理区域内物业共用部位、共用设施设备的维修、养护,剩余部分按照业主大会的决定使用;给业主造成损失的,依法承担赔偿责任。

(1) 物业服务合同的特征　　物业服务企业接受委托从事物业管理服务,应当与委托人签订物业服务合同。物业服务合同属于我国合同分类中的委托合同。委托合同是受托人以委托人的名义和费用为委托人处理委托事务,委托人支付约定报酬的协议。物业服务合同既可以发生在法人之间,也可以发生在自然人与法人之间。

物业服务合同具有如下的委托合同的法律特征。

① 物业服务合同的订立以当事人相互信任为前提,任何一方通过利诱、欺诈、蒙骗等手段签订的合同,一经查实,可依法起诉,直至解除合同关系。

② 物业服务合同是有偿的。委托合同的目的在于由受托人用委托人的名义和费用处理管理委托人事务。因此,业主不但要支付物业服务企业在处理委托事务中的必要费用,还应支付物业服务企业一定的酬金。

③ 物业服务合同既是诺成性合同又是双务合同。物业服务合同自双方达成协议时成立,故为诺成性合同;委托人和受托人双方都负有义务,故为双务合同。

④ 物业服务合同是劳务合同。劳务合同的特点是:合同的标的是一定的符合要求的劳务,而不是物质成果或物化成果;合同约定的劳务通过提供劳务的人的特定行为表现出来。

(2) 物业服务合同的主要内容

① 物业基本情况。要描述物业类型、位置、面积等情况,界定物业管理区域。

② 委托服务事项。即物业服务企业为业主提供的服务的具体内容。主要包括:

a. 房屋建筑共用部位的维修、养护和管理,包括楼盖、屋顶、外墙面、承重墙体结构、楼梯间、走廊通道、门厅等。

b. 共用设施、设备的维修、养护、运行和管理,包括共用的上下水管道、落水管、污水管、垃圾道、共用照明、天线、中央空调、高压水泵房、楼内消防设施设备、电梯等。

c. 市政共用设施和附属建筑物、构筑物的维修、养护和管理，包括道路、室外上下水管道、沟渠、池、井、停车场等。

d. 公用绿地、花木、建筑小品等的养护与管理。

e. 附属配套建筑和设施的维修、养护和管理，包括商业网点、文化体育娱乐场所等。

f. 公共环境卫生，包括公共楼道、通道、电梯间、走廊、小区内道路、公共场地的清洁卫生、垃圾的收集、清运等。

g. 交通与车辆停放秩序的管理，包括停车场管理和车辆进出管理。通常情况下，物业区域内的业主和物业使用人在本物业区域的公共场地停放车辆，停放人应与乙方签订专项合同。

h. 维护公共秩序、小区安全，包括安全监控、巡视、门岗执勤等。

i. 物业装饰装修管理服务，包括房屋装修的安全、垃圾处理等管理工作。

j. 专项维修基金的代管服务。

k. 物业档案资料的管理。包括与物业相关的工程图纸、住用户档案与竣工验收资料。

l. 其他委托事项。

③ 双方的权利义务。合同双方在物业管理活动中的权利义务约定的越明晰，合同的履行就越简单，发生纠纷的概率也要小很多。

④ 物业服务要求和标准。服务质量是对物业服务企业提供的服务在质量上的具体要求。目前国家正在推行物业管理服务标准，当事人可以参照服务标准来约定服务质量，根据服务质量来约定相应的服务费用。

⑤ 物业服务费用和维修费用。服务费用是业主为获取物业服务企业提供的服务而支付的费用，包括管理、房屋设备运行、保安、日常维修以及提供物业服务的其他公共性服务收费。支付物业服务费用是业主的主要义务。当事人应当在合同中明确约定物业服务费用的收费项目、收费标准。物业服务费的收取方式，有包干制和酬金制两种形式。

物业交付业主前，物业服务费由建设单位承担；物业交付业主后，由业主承担。

⑥ 专项维修基金的管理和使用。目前，专项维修基金主要是针对住宅物业而言的。专项维修基金对于保证物业共用部位和共用设施设备的维修养护，对于物业的保值增值，具有非常重要的意义。对于一个物业管理区域而言，专项维修基金总量是一个不小的金额。从产权上讲，专项维修基金属于物业管理区域内的业主所有，在实践上，专项维修基金大都由物业服务企业代管。为了发挥维修基金的作用，需要当事人在国家规定的基础上，对专项维修基金的管理和使用规则、程序等作出具体约定。

⑦ 物业管理用房。必要的物业管理用房是物业服务企业开展物业服务活动的前提条件。当事人需按照《物业管理条例》的规定，在合同中对物业管理用房的配置、用途、产权等相关问题予以细化。

⑧ 物业经营管理。对于经营性物业，以及居住物业中的经营性房屋或设施，如商业铺面、停车场等，合同双方要明确委托服务的绩效考核标准、收费标准等。

⑨ 委托服务期限。物业服务合同属于在较长期限内履行的合同，当事人需要对合同的期限进行约定。物业服务合同的期限条款应当尽量明确、具体，或者明确规定计算期限的方法。

⑩ 违约责任。违约责任是指物业服务合同当事人一方或者双方不履行合同，依照法律的规定或者当事人的约定应当承担的法律责任。违约责任是促使当事人履行合同义务，使守约人免受或少受损失的法律措施，也是保证物业服务合同履行的主要条款，对当事人的利益关系重大，应当予以明确。

合同法及其他相关法律法规对违约责任的规定比较详细，但是法律的规定比较原则，难以面面俱到；物业服务合同具有其特殊性，为了保证合同当事人的特殊需要，当事人应当按照法律规定的原则和自身的情况，对违约责任作出具体的约定。例如，约定违约损害的计算方法、赔偿范围等。

此外，物业服务合同一般还应载明双方当事人的基本情况、物业管理区域的范围、合同终止和解除的约定、解决合同争议的方法以及当事人约定的其他事项等内容。

前期物业服务合同的主要内容与物业服务合同的主要内容类似，包括物业基本情况描述与物业服务范围界定、服务内容与质量、服务费用及其计费方式、物业经营与管理、物业的承接验收、物业使用与维护、专项维修资金、违约责任和其他事项。

三、物业服务合同的签订要点

物业服务合同在签订时应以政府颁布的示范文本为基础，双方在平等自愿的前提下，遵循公平、诚实信用与合法的原则，经充分的协商讨论达成一致意见后方可签订。

物业管理工作自身的特点决定了物业服务合同签订时，除了遵循签订一般合同时的注意事项外，还要注意以下四个要点。

（一）"宜细不宜粗"的原则

为确保合同双方的权益，明确各自的责任、权利、义务，减少日后的纠纷，业主和物业服务企业在对合同进行谈判洽商时，要遵循"宜细不宜粗"的原则，即对合同的具体条款要进行细致的充分协商，取得一致，不仅要从宏观上把握，更要从微观上给予明确。一般物业服务合同中对委托的管理服务应包括五个层次的约定。

1. 委托项目

委托哪些管理服务项目应逐项写清。如"房屋建筑共用部位的维修、养护和管理"；"共用设施设备的维修、养护、运行和管理"；"环境卫生"等。物业管理委托最主要的是公共性服务项目，应逐项给予明确；同时哪些项目允许物业服务企业分包，对分包的原则要求和限制条件，也应给予明确。

2. 各委托项目的具体内容

各委托项目所包含的具体内容，应表述清楚，越详细越好。如房屋建筑公用部位的维修、养护和管理，项目内容包括：楼盖、屋顶、外墙面、承重结构……；环境卫生包括哪些部分，楼梯、楼道、场地、庭院哪些委托，哪些不委托。

不同性质的业主和不同类型的物业在某些委托项目的具体内容上是有很大差异的。这些差异和区别除在招标书中明确提出外，还应在合同谈判时给予准确界定。如部队和一些政府机关在"保安服务"这一委托项目的具体内容上与普通住宅区和写字楼就是有较大区别的。

3. 服务质量与标准

各委托项目具体内容的管理服务质量标准，在定性的基础上能量化的尽可能给予量化。这种量化标准有两个层次，一是工作量的量化，二是质量检查评定标准的量化。如垃圾清运要一天一次，还是二天一次，这是对工作量的量化；而环境卫生的清洁标准则属于质量检查评定的标准。要注意在明确质量标准时要少用或不用带有模糊概念的词语，例如"整洁"，因为是否整洁不易作出准确判断。

目前，不少物业服务合同在签订时对质量标准阐述不准确。对此，中国物业管理协会印发了《普通住宅小区物业管理服务等级标准（试行）》（中物协［2004］1号），各地行政管理部门也颁布了各地物业管理服务的等级标准，这些可作为合同谈判签订时的参考和依据。

4. 管理和服务费用

各委托项目在上述的管理服务内容与质量标准下应收取的相应合理的成本或支出费用。物业管理服务是分档次的，不同档次收取的费用是有较大差异的。在明确了委托项目、具体内容和质量标准后，费用的确定往往是双方争论和讨价还价的焦点。在确定合理的费用时，要经过详细的内容测算和横向比较。无论是采用包干制取费，还是酬金制付费，双方都应经过一定的测算和对比。各地物价局颁布的指导价应视作一个参考依据，各物业区域的规模大小与构成均不同，对最终取费标准还应详细讨论确定。

5. 对物业服务企业的奖惩约定条款

物业管理委托的甲乙双方应争取双赢的结果。在物业服务合同谈判中，应对物业企业的工作有相应的奖惩条款。目前，各法规对物业服务企业的违法、违规、违约行为，对由于其工作不负责或失误给业主造成损失或损害的情况均有一些惩罚性条款，但缺少对物业服务企业的奖励性条款。一些地方政府原则上同意，物业管理荣获全国或省、市优秀（示范）小区的，物业服务费上浮10％~25％，但真正执行的并不多，执行起来也较难。考虑到政府不宜对比作出规定，因而在合同谈判时，业主可以设立一些奖励条款，以激励物业服务企业及其员工更好地做好物业管理服务。如，业主可设立业主奖励基金，对有突出事迹或表现的员工给予一定奖励；在酬金制的情况下，如物业服务企业在做好管理服务的前提下，其物业服务支出有较大的节约，可适当提高酬金等。

上述五个层次是物业服务合同不可少的必备的内容。为防止合同过长，可采用附件的形式。在《前期物业服务合同（示范文本）》中，包括《物业构成细目》、《物业管理服务质量目标》《物业共用部位明细》、《物业共用设施设备明细》四个附件。此外，双方还可就具体问题增加附件。

正因为物业服务合同的谈判要遵循"宜细不宜粗"的原则，所以经过招投标确定了中标单位后，要有相对较长的（与一般招投标相比）合同谈判时间。《前期物业管理招投标管理暂行办法》第三十八条规定：招标人和中标人应当自中标通知书发出之日起30日内，按照招标文件和中标人的投标文件订立书面合同。

（二）不应有无偿无限期的承诺

除委托方对物业服务企业可无偿提供管理用房外，在物业服务合同中，不应有无偿无期限的承诺。如对住用人无偿提供班车服务等。这是因为：

① 物业管理从本质上讲是市场经济条件下的有偿服务，无偿提供服务是福利制的产物。尤其在我国体制转轨时期，广大消费者对计划经济时期的行政福利制管房体制是欣赏的。无偿的承诺不利于全社会全面、正确地理解、认识和实践社会化、专业化、市场化的物业管理。

② 无偿提供服务导致住用人之间享受到的服务不一致。物业管理除了公共服务面向全体住用人，其他的专项服务、特约服务等都是面向部分或少数有此需要的住用人的，一般不可能所有的住用人都需要，都受益，如果无偿提供这部分专项、特约服务对那些不需要或未享受到该项管理服务的人来说就是不公平的。

③ 无偿提供管理服务在实践上也是有害的，行不通的。无偿提供的管理服务仍是有成本，需要支付费用的，无论开发商还是物业服务企业不可能也不应该长期承担这笔费用。否则，最终导致的结果一是降低管理服务标准，二是将该成本费用转移或变相转移分担给全体业主。

④ 物业管理的委托是有期限的，无期限的承诺从理论上讲是不通的，在实践上也是难以做到的。无偿无期限的承诺通常出现在开发企业在售房时为促销而作出的某些承诺，或物业服务企业为增加中标机会作出的承诺。这种承诺一旦作出，日后又无法全面履行，就给物业管理的正常运作带来困难，极易成为双方发生纠纷的重要原因。

在物业管理的具体实施中，有时开始开发商或物业服务企业会自行出资做一些公益性活动，如新年联欢会、"六一"儿童节活动等；或在某方面采取一优惠措施，如对老人、儿童、困难家庭的一些取费项目给予优惠。这都是无可厚非的，这样做有利于物业管理的运作，是应该提倡的。但是，除经业主大会同意，这些内容不应在合同中明确是无偿提供，这些活动的费用也不应从物业服务费中支出，只能由开发商、物业服务企业自行支付。

（三）实事求是留有余地

物业服务合同双方一旦签订，物业服务企业就要认真、严格地履行，凡做不到位的地方物业服务企业都应承担相应的责任。因此，在合同谈判中，既要实事求是，更要留有余地。下面几点应引起开发商，尤其是物业服务企业的注意。

1. 物业服务企业要量力而行

在投标和承诺物业管理服务标准时，物业服务企业要量力而行，不同的物、业有不同的档次，这是客观条件；不同的物业服务企业又有各自不同的情况，这时主观条件。在实施物业管理时，客观条件的约束和主观条件的限制是搞好物业管理服务工作的基础性条件，管理服务的结果只能建立在这个基础之上。要注意，对经过努力才有可能达到的一些标准，要留有余地，更不能说过头话。反之，则很容易成为产生问题的根源。

2. 对分期建设项目、分期建成使用时物业管理的承诺

物业的开发建造是一个过程，有时又分期实施。在物业服务合同，尤其前期物业服务合同签订时要充分考虑这点。例如，24小时热水供应，当最初个别业主入住时，一般无法提供，在合同中就要说明并给出该项服务提供的条件与时机以及未提供该项服务时物业管理服务费的适当减免；又如，当一个住宅区规划分期建造时，在首期不应把小区全部建成后才能够提供的服务项目内容列入合同。物业只有在具备入住条件后才能交付给业主入住，这个入住条件并不等于物业全部建成后提供的生活、工作条件。这其中的差别在前期物业服务合同和前期物业管理服务协议签订时尤其应注意。

（四）明确界定违约责任与处理方式

在物业管理的实践过程中，不可避免地会产生各种各样的问题、矛盾与纠纷。这些问题、矛盾与纠纷既可能发生在物业服务企业与业主之间，也可能发生在业主相互之间；既有违法的问题，但更多的则属于违规、违约以及是非道德和认识水平的范畴。显然，对于不同性质、不同层面的问题、矛盾与纠纷要通过不同的途径，采取不同的处理方式来解决。

由于物业管理活动具有生产与消费同时产生同时结束的特点，问题出现后不易取证，责任的界定往往成为双方争议的焦点，导致解决这些问题比解决一般合同履行中产生的问题要更为复杂。因此，物业服务合同在签订时双方要对此有更为详尽的约定。首先，要明确当各类问题出现后，如何区分责任以及承担相应责任的前提条件；其次，要明确解决问题的方式和途径，有时要事先约定解决的期限及费用的处理等条款。较之一般合同，物业服务合同对违约责任的界定及争议的解决方式更应引起重视。

四、物业管理工作中经常涉及的商业保险险种

保险的种类很多，但物业管理工作中经常涉及的商业保险主要有以下三类：财产保险、雇主责任保险和公众责任保险。

（一）财产保险

财产保险的含义有广义和狭义两种：广义的财产保险，包括财产保险、农业保险、责任保险、信用保险等以财产或利益为保险标的的各种保险。从狭义来说，单指财产保险。其包括的主要险种为火灾保险、企业财产保险、家庭财产保险、涉外财产保险等。物业管理中涉及的财产保险主要是物业的火险。

1. 火灾保险

火灾保险是财产保险的一种，它是对因火灾及保险单中列明的各种自然灾害和意外事故所

引起的财产损失给予经济保障的保险。传统的火灾保险仅承保三种危险,即火灾、闪电、爆炸,其余保险如地震、洪水、空中飞行物坠落等均视为火灾保险的附加险。而我国现行的企业财产保险、家庭财产保险、涉外财产保险实际上是由火灾保险及其附加险组成的财产综合险。

(1) 火灾保险的承保范围　火灾保险对因火灾、闪电、爆炸所造成的保险标的物的损失负赔偿责任。除非经保险人同意并缔结特别合约,对下列财产的损失,火灾保险合同不予承保:①寄托或寄售的货物;②金银珠宝、古玩、古画、艺术珍品、电脑资料等;③票据、现金、邮票等有价证券以及图册、文件、枪支弹药、爆炸物品等。

(2) 火灾保险的除外责任　火灾保险的除外责任包括:①保险标的自身变化、自身发热或烘焙所致的损失;②由于地震、飓风、洪水、冰雹等自然灾害以及战争、暴乱、罢工等战争或政治风险;③直接或间接由于核反应、核子辐射和放射性污染;④投保人的故意行为或重大过失。

(3) 火灾保险的保险金额的赔偿计算　固定财产的保险金额可以按照账面原值或原值加成数确定,也可以按重置重建价值确定。固定资产的保险价值是指出险时的重置价值。保险标的发生保险责任范围内的损失,按以下方式计算赔偿金额:

① 全部损失。保险金额等于或高于保险价值时,其赔偿金额以不超过保险价值为限;保险金额低于保险价值时,按保险金额赔偿。

② 部分损失。按账面原值投保的财产保险金额等于或高于保险价值时,其赔偿金额按实际损失计算,保险金额低于保险价值时,其赔偿金额按保险金额与保险价值比例计算;如果是按账面原值加成数,或按重建重置价值投保的财产,则按实际损失计算赔偿金额。

③ 如果保险单所载财产不是一项时,应分项计算,其中每项固定财产的赔偿额分别不得超过其投保时确定的保险金额。

(4) 火灾保险的费率　火灾保险费率的计算方法有分类法和表定法两种。

① 分类费率:即将性质相同的危险进行归类,给每类以确定的费率。没有特殊明显的因素存在,通常不作调整。我国按建筑物占有性质分为工业险、仓储险和普通险三类,其中又分为六级工业险,五级仓储险及五级普通险。

② 表定费率:即在以上分类费率的基础上,按各种危险因素的大小进行调整而形成的费率。表定费率调整所考虑的因素有:用途(指建筑物使用的目的)、位置(指建筑物因周围环境被延烧的可能性)、构造(主要指建筑物的材料,也考虑建筑物的大小及形式)、防护(指消防设备及消防人员的配备)。

2. 物业火险的投保范围

物业火险投保范围有两种:一种是建筑结构火险,另一种是建筑内物件火险。也可以说成是不动产火灾保险和动产火灾保险。对于这两种情况,物业管理人应作不同的考虑。

(1) 建筑结构火险　建筑结构火险通常包括建筑物的外墙、地基、梁柱、室内固定间隔、公共设施和设备等。考虑购买建筑结构火险时,物业管理人要作决策:是选择购买整座建筑的结构火险,还是只有购买公共部位的结构火险。具体决策标准是:管理公约已有明确规定,则遵守管理公约的规定;如果管理公约没有规定,管理企业就可以根据实际的财政状况进行综合考虑。因为整座大楼的结构公共部位的火险,在投保范围上有很大程度的不同,因而其保险费也有相差别。值得注意的是,如果物业服务企业决定只购买公共部位的火险,则时通知该座建筑内的所有业主,让他们知道这个决定。因为他们有权知道大情况,而为他们各自的物业作出投保与否的决策。

(2) 物业内物品的火险　由于物业内物品在遭受火灾时所受到损失的程度和机率都较高。除非物业服务企业负责管理的建筑为单一业主所拥有,并清楚地知道物品的数量和价值,否则很难掌握各单位内所存放的物品的数量并作出估价来投保。

3. 物业综合险

对物业除了保火险外，通常对其他的风险，如地震、飓风、洪水、自系统漏水、空中运行物体坠落、水箱满溢或水管爆裂所引起的损失也进行保险。一般来说对这些风险的保险结合火险一起购买一个物业（财产）的综合险。

（二）雇主责任保险

雇主责任保险，又称劳工保险。这个险种是为了配合改革开放、引进外资、保障三资企业、外国驻华机构所雇佣人员的经济利益而举办的一种责任保险。

1. 责任范围

凡投保人所雇佣的员工（包括短期工、临时工、季节工）在保险有效期内，在受雇佣过程中，从事于保险单所载明的、与投保人业务有关的工作时，遭受意外而至受伤、死亡或者与业务有关的职业性疾病所致伤残或死亡，投保人根据雇佣合同，需付医药费及经济赔偿责任，包括应支付的诉讼费用。

2. 除外责任

除外责任的范围包括：①战争，类似战争行为、叛乱、罢工、暴动、由核子辐射所致的被雇人员伤残、死亡或疾病；②被雇人员由于疾病、传染病、分娩、流产以及因这些疾病而实行内外科手术治疗所致的伤残或死亡；③由于被雇人员自伤、自杀、犯罪行为、酗酒及无证驾驶各种机动车辆所致的伤残或死亡；④投保人的故意行为或重大过失；⑤投保人对其承包商雇佣的员工的责任。

3. 赔偿额度

（1）死亡　最高赔偿额度按保单规定办理。

（2）伤残　①永久丧失全部工作能力，按保单规定的最高赔偿额度给付。②永久丧失部分工作能力，根据受伤的部位和程度，参照《雇主责任赔偿金额表》的比率乘以最高赔偿额度给付。③暂时丧失工作能力5天以上者，经医生证明，按该雇员的工资给付。

说明：①保险人对上述各项总的赔偿金额，最高不超过保单规定的赔偿限额。②雇员的月工资是按事故发生这日或经医生发现疾病之日该雇员的前12个月的平均工资。不足12个月的按实际月数平均。

4. 保险费的计算

雇主责任保险采用预收保险费制。在订立保险单时，根据投保人的估计，在保单有效期内各雇员工资（包括奖金、津贴等）总额，乘以不同雇员的适用费率来计算，并在保单到期一个月内，凭投保人提供的各雇员实际工资总额的证明，对保险费进行调整，预付保险费多退少补。

5. 雇主责任保险的扩展责任

（1）附加医药费保险　这是保险人应投保人的要求扩展承保投保人的雇员在保险期限内因患病所需的医疗费用，包括医疗、药品、手术、住院费用。除另有约定外，一般只限于在中国境内的医院或诊疗所治疗，并凭其出具的单证赔付。医疗费的最高赔偿金额，不论一次或多次赔偿，每人累计以不超过保单所确定的附加医疗费的保险金额为限。

（2）附加第三者责任险　雇主责任保险可扩大承保对雇员在保单有效期内，从事保单所载明的与投保人业务有关工作时，由于意外或疏忽，造成第三者人身伤亡或财产损失，以及所引起的对第三者的抚恤、医疗和赔偿费用，依法应由被保险人赔付的金额，保险人负责赔偿。

除了以上附加保险以外，在人才短缺的情况下，物业服务企业为了争取和保留优秀的员工，还可为员工购买职工养老保险，以解决职工的后顾之忧，更好地为企业服务。

(三) 公众责任保险

公众责任保险，主要承保各种团体及个人在固定场所从事生产、经营等活动以至日常生活中由于意外事故而造成他人人身伤害或财产损失，依法应由投保人所承担的各种经济赔偿责任。它是一种无形财产保险，它承保的是投保人的损害赔偿责任，没有实际标的。

1. 保险责任

公众责任保险承保的是被保险人在保险期限内，在保险地点发生的，由被保险人的侵权行为造成的依法应由被保险人承担的对第三者的民事赔偿责任。保险人承担的公众责任保险赔偿责任包括被保险人应付给受害方的赔偿金和有关费用。这里要注意的几点是：①保险人在任何情况下均不承担任何刑事责任；②被保险人依法应承担对第三者人身伤害的经济赔偿仅指身体上的伤残、疾病、死亡，不包括受害人的精神伤害；③公共责任保险直接保险的对象是被保险人，受害人无权直接向保险人索赔；④有关费用指的是被保险人因侵权行为而应付给受害人的法律诉讼费用及经保险人事先同意的被保险人自己支付的费用。

2. 除外责任

公共责任保险的除外责任，可以分为三个方面：①绝对除外责任：除了一般所共有的除外责任，如被保险人的故意行为、战争及政治动乱、人力不可抗拒的自然原因外，有其特定的内容。如任何与被保险人一起居住的亲属引起的损害事故并不构成公众责任险的赔偿对象；由于振动、移动或减弱支撑引起的任何土地、财产或房屋的损坏责任。②公众责任不能保、但其他保险可承保的除外责任：如为被保险人服务的雇员受到的伤害，被保险人所有或以其名义使用的各种机动车辆、飞机、船舶等引起的损害事故等。③可以附加承保的除外责任：如公众场所被保险人占有或以其名义使用的电梯、起重机或其他升降机导致的损害事故，一般公众责任险不予承保，但可在基本保险单上扩展加保。

3. 保险费率及保险费的计算

(1) 保险费率　没有固定的保险费率，而是视每一被保险人的风险情况逐笔议定费率。

(2) 保险费　是按赔偿限额选择适用的费率计算。一般分三种：①有累计赔偿限额的：保险费＝累计赔偿限额×适用费率。②无累计赔偿限额的：保险费＝每次事故赔偿限额×适用费率。③其他，按经营场所面积计算：保险费＝场地占有面积×单位面积保险费。

4. 赔偿限额与免赔额

(1) 赔偿限额是公众责任保险人承担经济赔偿责任的最高限额　由于公众责任险承保了人身伤害和财产损失两种情况，因此赔偿限额的计算有几种不同的方法：①规定每次事故的混合限额，无分项限额、无累计限额。②规定每次事故的人身事故和财产损失的分项限额，再规定保险期内累计赔偿限额。③规定每次事故赔偿限额，不分项，再规定整个保险期内累计赔偿限额。

(2) 免赔额是保险人的免责限度　公众责任保险对他人财产损失一般规定了每次事故的免赔额。即无论受害人财产损失程度如何，保险人不负责赔偿免赔额以内的赔偿，而是由被保险人自己承担。

(3) 法律费用的承担　如果被保险人承担的对第三者的赔偿金超过了赔偿限额，则法律费用按以下公式分摊：(保险人应摊费用＝全部法律费用)×赔偿限额÷被保险人应付赔偿额。

案例分析　　　　　　　　　**物业管理费要明示**

2007年4月，某物业公司正式进驻某高档小区，行使前期物业管理权。根据商品房预售合同附件约定，物业公司每月应收取每平方米4.5元的物业管理费，当业主入住该小区后，就发生有的业主以隔壁相近楼盘每平方米只收2.4元为由，拒付物业费并投诉到物价管理部门。

物价管理部门接到投诉后，经过调查作出了处罚通知书，某物业公司不服，提出行政复议。

【分析】 根据物业管理条例的相关规定，新建商品房物业管理费的收取标准应由建设单位与购房人协商确定，并应在预售合同的附件中予以明示，物价管理部门只是登记备案而已。

【点评】 当前，有关因物业管理收费标准问题而发生的纠纷成为老生常谈的话题。这当中既有物价管理等政府部门如何转换角色的问题，又有物业公司如何规范收费服务以及业主如何适应市场规律，遵守市场游戏规则的问题。总的来说，物业管理作为市场化的产物则应完全由市场来决定价格。

思 考 题

如何更好地处理与房地产开发商之间的关系？

拓展知识　　物业管理前期介入的重要性

从表面上看，物业服务企业是对物业的使用管理，因此，物业服务企业只要在物业交付使用时介入即可。然而，随着物业管理的深入发展，物业服务企业总是在物业建成之后介入的状况已经不适应物业管理发展的需要，因为物业开发建设是一次性的"买卖"，而物业管理则是长期伴随业主的事情。

很多人把物业管理看成是房地产开发的附属，并不把物业管理行业看成是一个卓有建树的独立行业。但是，由于在一些房地产开发建设过程中留有缺憾，如常见的车位拥挤，住房使用功能不全，空调位置未考虑，脱排水管道未顾及，以及水、电、煤、通风、交通等配套方面存在的问题，给房产使用人和物业服务企业带来了诸多影响。能否让物业服务企业提前介入物业建设，在物业开发项目未竣工前，直至规划设计阶段即开始介入，从物业管理的角度及早发现和解决问题，避免出现业主入住后的管理和使用难题，一时成为了许多业界人士关注的焦点。

现代建筑设计复杂，技术含量高，安装、施工难度大，各种新材料的投入使用，专业性要求越来越强。为了保证物业正常使用和功能的发挥，需要物业服务企业的前期介入。目前已经有一些富有远见的房地产开发商开始尝试让物业服务企业在项目规划设计阶段开始提前介入，悉心听取来自物业服务企业的意见建议，完善物业建设，完美楼盘品质，得到了市场良好的回报，也理顺了后期管理的诸多问题，为正式投入使用后的物业管理奠定了良好的基础。

一、物业服务企业从项目设计开始提前介入，参与物业建设项目的优化设计，对物业实施超前管理，为完善物业建设提出建设性意见，可以避免物业建成后使用和管理上出现问题。

物业的设计人员不是专业的物业管理者，在项目规划设计阶段，规划设计人员往往只从设计技术角度考虑问题，其在制定设计方案时，不可能将后期的物业管理经营中可能出现的问题考虑那么周全，或者很少从业主长期使用和后续物业管理正常运行的角度考虑问题，造成物业建成后管理上的漏洞和功能布局上的缺陷。

同时，由于设计阶段与物业的建成存在较长间隔，建筑、设施的技术进步和业主需求的不断提高都有可能使设计方案落伍。而物业服务企业作为物业的管理经营维护者，对物业可能出现的问题有比较清楚的了解，其前期介入，可以从业主和管理者的角度参与规划设计方案的讨论，完善设计细节，提出一些合理的建议，使物业的功能设计更有利于日后的使用和管理，可以有效避免因设计的缺陷或不足而给业主使用和物业管理带来的麻烦。如：某年投入使用的某大厦，其绝大部分设计工作是1996年内完成的，若全部按照设计图纸建设，则与后期使用和经营管理要求就有一定距离。作为前期介入该大厦的物业管理公司，积极组织物业管理专业人员对大厦各类设备如电梯、电气、空调、洁具、电脑布线、停车场管理系统进行了深入细致的调研,参与设备、材料的选型及供给商的考察选用,到有关生产厂家进行了实地考察。在此基础上,从完善大厦设计细节、更好地搞好本大厦经营的角度提出了一系列建议,并提出了需补充和完善的项目。这些项目经同开发商和业主方沟通后,最终都做出了更加合理的方案并付诸实施,取得了很好的效果。

二、物业服务企业积极参与工程监理工作,从物业管理的角度对工程施工、设备安装的质量进行全面监控,及时发现和解决问题,可以避免物业建成后给使用和管理服务带来的缺憾造成不可扭转的局面。

建设部已有明文规定,我国的施工建设要与国际接轨,设立建设监理制,这样,一批专业工程监理公司便应运而生。尽管如此,由于物业服务企业在物业的管理和使用方面拥有第一手资料,并作为潜在业主的楼宇验收接管代理,在物业的建设过程中参与监理,可以加强房屋建造质量管理。这样,在施工单位自我质量管理,开发单位检查管理的基础上,又增加了用户单位的监督管理,不仅强化了房屋建造中的生产技术的监控,而且还落实、保证了质量监督的组织措施,从而确保房屋建造质量。

在工程施工这个要害时期,开发商的主要精力更多放在工程进度、资金筹措和促销推广上,尽管从开发商的本意来说,总是希望能保证工程质量,使所建物业达到优良乃至优质工程目标,但是由于人力、技术、精力等方面的原因忽视对工程质量的全面监控。物业管理公司选派相应的管理人员介入施工质量管理,对土建结构、管线情况、设备安装、用材性能一清二楚,提前熟悉物业中各种设备的操作和线路的来龙去脉。有利于物业的工程质量,为以后的物业管理带来极大的方便,也为降低后期管理的操作成本,增加经济效益。

很多物业质量不尽如人意,如厕浴间漏等,严重影响了业主的生活质量,造成大量投诉,业主在找开发商解决不了问题的时候,往往迁怒于物业服务企业,拒绝缴纳物业管理费,使物业管理公司成了"替罪羊"。基于长期性考虑的物业服务企业提前介入后,却在一定程度上很好地解决了这个问题,有效避免了物业建成后给使用和管理维护服务带来的不便。

三、物业服务企业提前熟悉所安装的设备设施,做好财务预算,可以确保物业管理单位能够在物业建成后一开始投入使用即能为业主提供良好的物业管理服务。

在接管验收阶段,开发商往往只注重物业整体的交付使用,而很少考虑到物业管理公司接管后细微全面的需要,给物业建成后的使用维护带来诸多不便,也对物业管理单位顺利、及时地为业主提供良好的管理服务带来影响。有物业服务企业提前介入后,发展商可以得到物业服务企业的紧密配合,使其专心开发建设。物业服务企业可以根据物业管理的技术规范要求,对接管的物业从使用功能上严格把关,促使开发商引起高度重视并要求承建单位限期解决,确保各项设备设施在投入使用前就能正常运行。

由于早期介入物业开发,物业服务企业对该物业的整体情况相当熟悉,这对物业的管理、养护、维修带来许多便利。一是方便了物业管理中维修保养计划的安排;二是方便了物业管理中的检修,并可以缩短检修时间;三是能够或比较轻易保证维修质量等。所有这一切,提高了物业管理工作效率和工作质量,为物业管理公司向住户提供良好的服务打下了基础。

早期介入可以做好财务预算和业主公约、物业使用守则的制定。通过初期设计建造全过程的现场跟踪管理,能有事实根据较精确地进行财务预算分析,较好地控制日后的管理成本,根据物业的层次或档次来确定各类服务标准,保证服务费用的有效使用,达到最佳效果。

此外,物业服务企业早期介入有利于安全防范和人才培训。安全工作在物业管理中占有重要地位,也是业主购房意向的重要因素,关系到物业管理公司的声誉。物业管理人员的早期介入,使得保卫和防火工作在物业交付使用时做到没有漏洞,安全系统设施完好无损,需要时及时投入使用，把小区安全纳入城市这个大系统中去。人才是各行各业管理水平，技术水平和企业生存发展的重要保证。物业管理也是一样，那些物业建成时才进入的物业管理队伍，往往仓促上阵，难免在初期的管理中导致很多不应有的失误，也给业主留下了不好的印象，而物业的早期介入可以提前造就一批高素质的管理人才，在物业交付使用时及时提供与之适应的优质服务。

实践证实，让物业服务企业提前介入物业开发建设，对完善物业功能、确保物业建设质量、确保物业在建成后漫长的使用期间顺利的维护保养等方面，有无可替代的重要作用。假如能把物业管理的前期介入纳入法规，这将对我国今后的整体物业建设质量和物业管理质量乃至人民生活质量将产生极大的促进作用。

［来源：中国城市房地产网］

第四章 物业资源的经营

【学习目标】
- 掌握物业经营资源的基本概念和内涵
- 掌握物业小区停车场资源的经营管理
- 掌握物业小区广告资源的经营管理
- 掌握物业小区会所资源的经营管理
- 掌握物业小区绿地、仓储、商业等资源的经营管理

> **引导案例**　　　　　　　　**顺利实施电梯广告经营**
>
> 　　2005某物业管理公司在所服务的小区内开展电梯广告业务,遭到了业主的反对。因为业主十分敏感地发现电梯中突然出现了广告,从心理上产生了抵触。
> 　　2007年,该企业又承接一个新的物业项目,从接管验收时起即在电梯轿厢中安装广告位,业主入住后感觉这是物业整体的一个部分,因而反对者较少。电梯广告业务在这个新小区内得以顺利开展。
> 　　**【评析】**　上述案例中的物业管理公司虽然得以实施电梯广告经营,但必须清楚,这仍然是在占用业主的资源,若有业主提出反对意见,还要予以纠正。

　　物业服务企业在经营的过程中,基于资本增值的本质属性,在做好物业管理常规经营以及物业服务企业资源经营的基础上,还要想方设法挖掘其他资源的潜力,使企业利益最大化,其中就包括对物业资源的经营。

　　在实际操作中,有些企业没有充分认识到物业资源的属性,导致在经营的过程中侵犯了业主的权益,引发了很多矛盾,进而影响了物业管理的正常发展。也有些企业局限于本职工作,没能使物业资源的作用合理发挥,严重浪费了资源。

　　所以,对物业资源进行研究和探索,不仅对物业管理行业大有裨益,对企业拓宽经营范围也有着至关重要的作用。

第一节　物业资源经营概述

　　物业服务企业在进行物业资源经营之前,必须充分了解物业资源的属性,以及经营物业资源的基本原则,避免使经营走入误区。

　　物业资源有两重含义:一是在物业的所有构成内容中,除应充分发挥它的原有设计功能以外,还可能通过经营及其他方式产生新的价值;二是物业及其配套设施设备可在流通过程中产生价值。前者如电梯广告,后者如物业销售和租赁。

　　理论上,物业的所有构成都能够产生设计作用以外的价值,都是物业资源的范畴以内。但有些物业资源受限于时代、环境、现实条件、业主状况等多种因素的制约,不能实现全部价

值，可暂时排除在资源之外。

一、物业资源的界定

对物业资源的界定比较复杂，现实中存在很多种变化。我们可以按以下方法进行总结和归纳。

（一）按所有权划分

1. 单一产权物业

例如政府机关办公场所（所有权国有）、自建自用办公楼及住宅、街道（国有）等，这些单一产权的物业资源均由单一类型业主所享有。

2. 共有产权物业

一个物业有两个或两个以上所有权人，即为共有产权物业。如多个业主共同居住的小区或多层楼宇等。

共有产权物业包括业主专用部分和业主共用部分。

（1）业主专用部分　用物业管理的简单理解就是，业主大门以里的部分均属业主专用部分；但是，承重墙、水管（电、气、暖、线等）的总管设备等又属共有。这里面的区分比较复杂。业主因对专用部分享有完全的处置权，所以将其归于业主资源类别中在下章论述。

（2）共用部分　业主专有部分之外的所有物业内容均为共用物业。共用物业又可细分为单独物业共用和所有物业共用。例如，一个小区内有10栋楼房，每一栋楼房的电梯、天井仅属该楼业主所共有；而小区里的道路、绿地、围墙等则为10栋楼房里的所有业主所共有。

（3）共用部分的权属划分也有以下几种情况：

① 属发展商所有。例如小区停车场、会所等公共设施，如果发展商没有将这些公用设施的建造成本摊入业主的购房支出中，且未在合同中明确该设施的归属，则这些公用设施的所有权属于发展商。但这方面的权益归属在现实中存在着争议。

② 属物业服务企业所有。例如发展商将停车场的部分使用权和收益权转让给物业服务企业，以弥补物业服务企业的亏损。这部分权益归属如同上款一样存在着现实争议和矛盾。

③ 属政府所有。如人防工程等，但这部分的使用权和收益权的归属也存在着理论和实践的种种矛盾和问题。

④ 属业主共有。除去上面各方所有的部分外，均属业主所共有。如物业管理用房等。在业主所共有的部分中，因业主群体的复杂性，业主意志表达往往不一致，致使现实中也存在着这样那样的问题。

从所有权的划分确定物业资源由以上划分可以看出，物业服务企业所能够开发利用的物业资源主要指共有产权物业中的共用物业部分。

如单一产权物业的所有人外聘物业服务企业进行管理，则物业服务企业也可以在征得产权人同意的情况下，进行有条件的经营。

（二）从物业属性上划分

分为公共设施、公共部位、公共场所和公共空间。

在公共部分内容的划分上，国家及地方分别制定了不同的规章制度说明如下：

① 公共设施《住宅共用部位共用设施设备维修基金管理办法》中规定，共用设施设备是指住宅小区或单幢住宅内，建设费用已分摊入住户销售价格的共用上下水管道、落水管、水箱、加压水泵、电梯、天线、供电线路、照明、锅炉、暖气线路、煤气线路、消防设施、绿地、道路、路灯、沟渠、池、井、非经营性车场车库、公益性文化设施和共用设施设备使用的房屋等。

除规定之外，公共设施还包括网络线路、邮政信箱、垃圾通道、避雷装置、排烟管道、围栏（墙）、非经营性摩托车与自行车棚、道闸、小区安全监控系统等多种系统的配套设施设备、标示牌、宣传栏等。随着建筑业、材料业和科技的发展，还会有更多的设施设备会列入其中。

② 公共部位建设部在《住宅共用部位共用设施设备维修基金管理办法》中规定，共用部位是指住宅主体承重结构部位（包括基础、内外承重墙体、柱、梁、楼板、屋顶等）、屋外墙面、门厅、楼梯间、走廊通道等。

除规定之外，公共部位还包括水泵间、电表间、电梯间、候梯厅、电梯机房、电话分线间、传达室（门岗警卫室）、内天井、墙面粉饰等。这个范围随着时代的发展也会增加内涵。

③ 公共场地包括草坪绿地、广场、配套商业网点、物业管理办公用房、物业周边的部分土地面积等。

④ 公共空间物业所占用的实际空间以及附属空间。例如在绿地上空放置气球，就是利用了附属公共空间。

需要说明的是，上述划分并不是非常精确，四者之间常有重叠。

对物业的资源进行上述分类，是为了理清思路，以便于对物业资源有一个宏观而又全面的印象和了解。但并不是所有物业资源都能够开发利用。综合当前的物业管理经验，在取得相关权益人的授权情况下，物业服务企业可以进行各种方式和形式的实践；有些看似不能经营的物业资源，经过精心策划也可以实施；有些别人经营非常成功的做法，原搬照抄却遭到了失败。所以，关于什么物业资源可以经营，什么资源不能经营，这里没有一个固定的标准，完全看各自企业的灵活处理。

二、物业资源的经营原则

因为物业资源权属的复杂性，在进行经营过程中必须严格遵循一些基本原则，以使经营活动始终保持在健康的发展轨道上。

（一）所有权人授权原则

在物业资源的开发经营过程中，必须取得相关权益人的授权。如果未经同意即进行经营，就是侵犯了所有权人的利益，就面临着可能违法被究的处境。

① 单一产权的物业资源经营这种经营比较简单，只需要接受一个业主的委托或授权即可。

② 共有产权物业的共有部分经营因共有产权物业属业主集体所有，则对其经营时必须取得业主大会的同意。当前情况下，业主集体的意志表达是通过业主委员会，所以，物业服务企业须在征得业主大会同意并与业主委员会签署相关协议的前提下才可以对物业共用资源进行经营。

【案例分析】　　　　某物业管理公司擅做广告被判罚

某物业管理公司未征得业主的同意，私自在楼顶建设广告位，并对外出租获利。该广告牌常因刮风而发出声响，影响了顶楼业主的生活。后顶楼业主与该物业管理公司交涉，希望拆除该广告位，遭到了拒绝，该业主一怒之下将该物业管理公司诉上法庭。

法院经审理后认为，楼顶属全体业主共有的物业，该物业管理公司在未得到业主同意的情况下私自经营获利属违法行为。判令物业管理公司立即拆除广告牌，并将已经经营产生的收益全部归业主所有，由业主大会决定该收入的处分；同时，判决该物业管理公司对顶楼业主予以一定的赔偿。

（二）坚持主业发展原则

物业服务企业经营的根本在于接受业主的委托提供管理和服务，这是企业存在和发展的基础。如果企业因为经营物业资源而忽略了对业主的服务和对物业的管理，就走上了一条歧路。企业只有在做好本职工作的前提下才可以进行其他方面的经营开发。

> **案例分析**   **物业管理公司被业主赶走了**

为某小区提供服务的一家物业管理公司，起初的管理与服务非常到位。一年半以后，该企业在停车场的经营上与业主产生了冲突，因为该企业擅自提高了收费标准，并将一部分车位出售（受发展商委托），致使一些业主无法停车。

后来，该公司又因小区会所严重亏损（会所经营也是受发展商委托），将之转包给一家酒店进行经营，使一些非小区人员也到会所进行消费，使业主大为不满。最让业主不能容忍的是，该物业管理公司把部分用于景观的架空层空间砌砖围墙成为房屋，然后出租获利，致使小区内人员混杂存在着各种隐患。最后，业主们召开大会，决定重新聘请新的物业管理公司。

（三）规避风险原则

任何经营都有风险，物业资源经营也同样不可避免。

> **案例分析**   **停车场丢车赔偿近 24 万元**

香港居民贾某居住在深圳某物业管理公司管理的深圳市××花园。1996年的一个下午，贾某将一辆丰田司力架跑车开进花园停车场停放，进场时向管理人员领取了"车场出入证"，此后两日该车一直停放在该停车场。第三天凌晨4点多，有人驾驶贾某的跑车准备驶出停车场，停车场的值班员向司机要"车场出入证"，司机说没有，同时在值班员放下挡车器之前加速冲出停车场，值班员在追不到的情况下向派出所报案。经审理，一审法院判决如下：原告贾某向被告物业管理公司××花园停车场补交车辆保管费人民币19.50元；被告物业管理公司向原告赔偿丢车损失共计人民币236644.80元。

> **案例分析**   **游泳池儿童溺水赔偿 35 万元**

北京某小区物业管理公司负责经营小区游泳池，为了增加收入，游泳池对外开放，允许非业主进入，每人次收费10元。泳池生意因此很是红火，一个夏季收入10万元左右。但就在夏天快要结束的时候，不幸的事情发生了，一位外地来京务工人员的小孩在游泳池中溺水身亡。因物业管理公司与业主所签合同即将到期，公司不希望因这件事而影响合同续签，就与孩子的家人私下达成协议，由物业管理公司一次性赔偿35万元。

上面两个案例，一个是收入19.50元，但赔偿近24万元；另一个是收入10万元，但最后赔偿35万元。由此可见物业资源经营的风险之大。所以，物业服务企业在决定进行物业资源经营的时候，必须做好抵御风险的各种准备，其中包括心理准备。

（四）积极储备物业资源原则

经营业主共用资源必须经业主同意，否则就有违法嫌疑；且收入的大部分将归业主所有，物业服务企业得益不大。只有物业服务企业有权自由处置和经营的物业资源才能带来最大的收益。

物业服务企业可以尝试通过如下途径储备物业资源。

① 向发展商争取。深圳物业管理条例规定："开发建设单位应在移交住宅区时，按市政府规定的比例以同期市政府微利房价格提供部分商业用房，该商业用房的产权属该住宅区全体业主共有。上述商业用房的购置费用可由公用设施专用基金中垫支，并从该商业用房的经营收入中回收"。同理，物业服务企业也可以在合同中另外约定，由开发建设单位低价提供一定的商业用房给物业服务企业，以弥补前期物业管理的投入或者冲抵部分开办费用。也有的在合同中约定，停车场、会所、游泳池、网球场等设施的经营收益权归属物业服务企业所有。

② 购买或租用商业网点。如发展商不提供低价商业用房，物业服务企业也可以购买或者

租用。这里提倡租用的方式。因为购买商业用房进行经营，涉及企业投资及经营方向问题，也涉及将来若业主不再续签合约后的经营问题。种种问题势必牵涉到物业服务企业大量的精力，不利于主业的发展。

③ 在前期物业管理阶段先行预备物业服务企业在接管验收物业之后，即预留可能供开发利用的物业资源。

（五）统一经营与管理原则

物业服务企业可以成立专门机构，对所服务的物业资源进行统一经营与管理。这样做的好处在于降低经营成本，了解需求资讯，整合社会力量，协调主（业）副（业）矛盾；可以使小区物业服务中心专心致志做好管理与服务工作，避免因分心经营而导致服务质量下降。

第二节　停车场经营

停车场经营是物业管理实践中较为成功的做法。不少小区的物业服务费标准非常低，如仅靠服务费收入肯定亏损，但物业服务企业之所以还能继续履行管理服务行为，停车场及其他商业性经营收入起到了支撑性作用。

一、停车场经营的含义

停车场经营历来是物业管理中的焦点之一。其中停车场产权及收益归属问题，一直在发展商、物业服务企业、业主三者之间争论不休。《深圳市停车场规划建设和机动车停放管理条例》规定："住宅区的机动车停放服务，停车场产权属建设单位的，可以由建设单位自行管理，也可以委托住宅区停车场管理单位管理，但应当以统一管理为原则；停车场产权为业主共有或者停车位产权属业主个人所有的，由业主委员会或者业主个人委托住宅区停车场管理单位管理；业主委员会尚未成立的，由建设单位委托住宅区停车场管理单位管理"。同时规定："停车场产权属业主共有的，其停放服务费收入的盈余部分为该住宅区全体业主共有。"

停车场经营中的责任大小问题也是一个焦点。关于责任认定，各地区的理解不同。

二、停车场经营的基本原则

在住宅区开展经营性停车场业务的，按照有关规定，必须办理相应的证件，如《经营性停车场许可证》等。在收费标准上也须遵照政府的法规，而不得随意定价、任意涨价，也不可搭车收取其他费用。《物业管理条例》规定："住宅区停车场的停放服务费，实行政府定价，其收费标准按照下列情形确定：住宅区停车场产权属建设单位的，停放服务费的收费标准由市价格部门根据停车场建设成本和经营管理成本等情况确定；住宅区停车场产权为业主共有的，停放服务费的收费标准应当征求业主委员会的意见，由市价格部门根据停车场管理成本确定"。"机动车所有人已取得停车位所有权或者使用权的，其停车位的管理服务费由停车场管理单位与停车位的所有人或者使用人约定。"

经营者还要按照法规要求，制订并严格执行有关停车场管理制度，对进入停车场停放的车辆应当发放停放凭证，并在车辆离开停车场时查验收回停放凭证；对无停放凭证或者与交验停放凭证不符的车辆，应当限制其离开停车场，或者按照停车场管理规定办理有关手续后放行。

总之，停车场形式多种多样，经营者须灵活应对。

三、停车场经营风险

停车场经营存在 3 类风险。

(1) 车辆丢失赔偿风险 这类风险一旦发生，就会给企业带来重大的经济损失。这是经营者必须重点防范的一类风险。

(2) 车辆损坏赔偿风险 这类风险的潜在危险不可小觑，尤其是一些高档豪华车辆受损后的赔偿额也很高，还非常容易损害物业服务企业的品牌形象。这种损坏风险也有两种情况：一是人为的破坏，二是事故损害。

(3) 小区内交通事故赔偿风险 这类风险虽然并不多见，但也不可不防，一旦发生，后果不堪设想。

案例分析　　　　　　车撞小区障碍桩闹上法庭

2004年，司机孙某在北京市一小区内驾车时，撞上了小区地下停车库旁的障碍桩，致使车辆有所毁损。车主马先生认为物业管理公司设置障碍违章，要求物业管理公司赔偿修车费6000多元。在双方协商无果的情况下，马先生将物业管理公司告上法庭。北京朝阳区法院经审理认为，马先生的要求没有法律依据，一审驳回其诉讼请求。

四、摩托车及自行车停放管理

相比较而言，轿车的管理收费标准高，能为管理者带来更多的收入；轿车的价值也高得多，一旦有失风险巨大，所以需要投入较多的关注。但物业服务企业不能因此而忽略摩托车及自行车停放管理。车主同为业主，享受同样的权利，物业服务企业切不可因为钱财多少及价值的贵贱而有所偏颇，这种"媚富"心理迟早会遭到业主的唾弃。另外，在以摩托车、自行车为主的小区，他们代表着大多数，有效管理也能带来一些收益。

五、缓解车位供应紧张矛盾的方法

随着人们生活水平的日益提高，私家车辆越来越多，一些新建小区纷纷增加车位。这个矛盾在老的小区却愈来愈突出。如何解决停车问题甚至成为一些小区物业管理的中心问题。在这样的情况下，如何在满足业主需求和提高经营效益之间找到一个平衡点至关重要。

（一）用价格因素调整供求紧张关系

无论车位权属怎样，只要没有出售给业主个体，都可以利用价格杠杆调节紧张的车位供求矛盾。这样做的前提有两点：一是征得权属人的同意，二是不违背当地价格主管部门的规定。具体方法有多种，例如，可以采取竞价的方式，价高者得之。价格杠杆及竞价引发的车位紧张状况，可以有效抑制小区业主的汽车消费欲望。

（二）重新划定小区内停车位

发展商设计的停车位一般还有很多可以利用的空间。某小区在车位紧张的状况下，物业管理公司通过重新合理设计停车位置和停车面积，在地下停车场原有的车位基础上新增加了50个车位。车库的所有权人——发展商将新增加的车位收益全部给予物业管理公司。仅此一项，物业管理公司每年增加收入近10万元。

（三）利用共用场地划定新的停车位

将一些利用效率不高的公共场地及设施划定为停车位，也可缓解车位紧张的矛盾。但不得占用消防通道或者绿化用地划定停车位。《物业管理条例》规定："物业服务企业确需改变公共建筑和共用设施设备用途的，应当提请业主大会讨论决定同意后，由业主依法办理有关手续。"而这些车位的所有权属全体业主共有，不得出售给任何人或单位。

（四）改造部分设施增加停车位

物业服务企业在征得相关各方的同意后，可将设计不合理的停车场进行改造以增加停车位。下面所附的案例说明了这种做法的可行性。

物业服务企业还可利用一些特殊的设施设备将单层地下车库改造成双层停车库，这种改造不改动主体结构；用来改造的设施设备必须经过有关部门的安全性能鉴定。有些发展商在物业的开发建设中，就已经设计了这种停车设施，则物业服务企业的改造空间就受到了限制。

案例分析 　　　　　改造停车场解决停车难的问题

据《房地产时报》讯，某高档住宅小区出现停车难问题。小区物业管理公司决定解决该问题。要解决这一问题，首先要敲掉4号、5号楼地下车库的四面围墙。经锲而不舍的说服，发展商终于同意敲掉围墙，而且还答应工程所有费用由其承担。

经过20天的努力，阻隔4号、5号楼的围墙终于被敲掉了。物业管理公司对车库进行全新编号，一个整洁、宽敞、明亮的地下车库出现在业主面前，由此初步解决了停车难的问题。

（五）将小区公共场地部分作为临时停车场

车辆一般是晚上在小区内停放，而夜晚时分小区内的公共场地（如小区内道路、广场等）很少有人活动，可将之充当临时夜间停车场。这种做法须注意的是：为了保证公共场地的用途，不影响小区业主的正常使用，车辆只能在夜间10点半以后进入，在早晨5点半之前离开；同时要防止漏油、泥污、载重车辆进入，以防污染环境，清洁工人也需在车辆离开后立即清扫，保证环境卫生。

（六）利用小区周边区域停车

小区门前一般都有宽窄不同的社会公共道路等场地，这些地域也可用来停车。这种做法需要关注的是：一须征得政府相关职能部门的同意，可以将之在交通清淡的夜晚作为临时停车场所；也可向政府申请将之作为临时停车场。二不可堵塞交通，只能占据部分通道。

如果该临时停车场属政府统一规划，其收费上缴财政，则物业服务企业没有为之看管的义务。

（七）利用其他方面的资源

如果上述方法仍然不能解决业主的停车难问题，可疏导业主到小区附近的其他车辆保管场所，以此缓和小区停车位的供需矛盾，减轻业主们对物业服务企业的压力。与此同时，物业服务企业还可以开展一些与车辆相关的服务项目。比如，无水洗车、二手汽车交易中介、汽车业务代理、汽车美容、汽车养护、汽车装饰、汽车改装等。

第三节　会　所　经　营

会所管理是每一个从事现代物业管理的企业都会面临的课题。物业服务企业应对会所经营进行研究，如能在这方面有所突破，一则可以服务于主业，因为许多发展商在聘请物业服务企业时，都会提出会所经营的问题，能够承担会所经营会为物业管理的市场竞争增加有力的砝码；二则开辟了新的利润来源，如经营得法，会所经营带来的收益亦很可观。

一、会所的概念和经营内容

（一）会所的概念

小区会所是商品住宅项目附属会所的简称，是指规划部门批准的商业配套用房中用于向业主提供商业、娱乐、文体等配套服务的场所。

发展商认为，销售房屋时并没有把会所分摊给业主，理所当然地保留着对会所的所有权。

很多业主则认为，发展商出售房屋获得了丰厚利润，而业主掏钱买下了专属于自己的房屋，还买下了包括会所在内的整个小区的一切设施和设备，因此会所属全体业主所有。

会所虽然是为小区业主而建，但是否归属业主所有，还要看业主与发展商在合同中如何约定。

（二）会所经营包含的内容

从会所的硬件条件上看，一般包括康体项目、休闲项目、娱乐项目。从会所提供的项目功能来看，它涵盖了体育、健美、卫生、心理、餐饮、娱乐等领域，并延伸到现代竞技、职业教育、商务培训、高层次会展等方面。例如，室内外游泳池、网球场、羽毛球场、健身房、中西餐厅、酒吧、咖啡厅、阅览室、桑拿中心、按摩室、壁球馆、台球室、乒乓球室、保龄球室、室内高尔夫练习场、图书馆、医疗室、儿童兴趣培养班、老人活动中心、商务中心、体能秩序训练室、精神放松区、伸展区等。2004年，北京一些物业项目将SPA引入会所。SPA是一种新式的休闲美容方式，它有清新的空气、宁静的环境、舒适的温泉浴室、独立的美疗室、专业美疗师，营造出心旷神怡、舒展自然的美妙感觉。随着时代的发展，必然会有新的项目不断充实到会所中来。当然，并不是所有的会所都包括上面所有的项目，而是分别具有部分功能。

会所除具备上述设施设备之外，还须具备一些配套设施，例如：接待处、收银处、员工休息室、办公室、洗衣房、储物室等。

二、会所经营的难点

（一）建造会所没有考虑实际需求

许多会所是发展商为了售房而设立的。为了吸引购房者，会所已经成为开发物业的必备条件之一。为此，发展商往往不惜重金建造豪华会所，使会所的定位过高过大、贪多求全，大大提高了运营成本，从而降低了业主的需求。

此外，新开发的物业小区一般为封闭式管理，无形中将会所的消费群体限定在小区业主身上，而业主也从心理上认定会所属小区业主独家享有，非业主不能消费。限定了消费者也就限定了消费收入，不赢利以至亏损也就在情理之中。

（二）业主没有在小区会所消费的习惯

很多业主还没有养成在小区会所内消费的习惯，或者是会所还没有找到一种更好的经营方式吸引住消费者。业主下班之后，跑到很远的地方消费，而置家门口的会所于不顾。例如，业主普遍习惯在自己的家中会见客人，然后到饭店去吃饭，而没有将会客与吃饭安排在会所。

（三）会所运营成本较高

一个2000～3000平方米的会所，一年的水费、电费、管理费、空调费、人工费、设备维护费、物料消耗费等，差不多需要200万元；如果是带游泳池、温泉浴的高档会所，每年则需700万～800万元。会所运营费用中的空调电费、游泳池维护费是大项支出；据测算，一个国际标准的恒温游泳池，管理费用约占整个会所管理成本的60%。

（四）会所经营与管理存在的缺陷

由于发展商建造会所大多是出于销售物业的目的，一般不考虑会所的永续经营问题。会所交付使用之后，或者发展商自己管理，待房屋出售完毕以后，再转交给物业服务企业或者业主；或者直接将会所交给物业服务企业管理。会所的经营自有其内在的规律，而发展商和物业服务企业往往并不具备这方面的经营管理能力，所以难免出现亏损。

近年来，发展商、物业服务企业、业主委员会意识到自主管理的能力缺陷，开始引进专业的会所管理公司进行经营，也有的将酒店业和俱乐部行业引进小区的会所管理，使会所经营逐渐向专业化方向发展。

三、会所经营的种类和模式

(一) 会所经营的种类

会所分为3类。一是个性会所也被称为特色会所,是伴随着市场产品细分而产生的,它的目标客户指向非常明确。例如,网罗几十种运动项目的运动主题会所,交给业主经营的所谓"私会所",把图书馆搬进来的文化会所等。二是专业会所。为了解决会所经营管理人才短缺的问题,发展商聘请专业的会所管理公司对会所进行系统科学的管理与经营,使业主可以享受到高档次、高品质的会所服务,会所的运营更加专业化。三是生活会所。也有的物业项目把业主最普遍关心的生活问题,作为会所设置的出发点和基础。例如,有的项目会所设有健康、医疗、教育3个分会所。健康会所和一般的健身会所类似,目的在于为业主提供锻炼的场所。医疗会所依托医院系统,有医务人员坐班,随时为业主服务,如果遇到医疗会所不能解决的病症,可以提供"医疗直通车"服务;如果业主家中有特殊的病人或老人,医疗会所还能够提供上门服务、定期检查等。教育会所则与著名学府的附属中小学及幼儿教育机构合作,为0～3岁的孩子提供儿童心理专家的辅导和教育,为已经上学的孩子提供正规教育之外的引导和培育。

(二) 会所经营的模式

港台地区较为成熟的会所运营模式有4种,并已被不同程度地引进国内各大城市。

① 会员制会所由专业的会所服务商为会所提供服务,业主购买"会员卡"进行消费,会所为会员所专有,且会员除享受本社区会所服务外,也可享受同一会员制体系下的其他会所所提供的资源。会员制会所将成为一种主流发展。

② 委托经营式会所将会所经营委托给其他服务商,实现运营的社会化与市场化,接纳来自市场的公共消费。对业主保留、赋予优先权、优惠权,但否定或部分否定业主的无偿消费权。

③ 独立运营式会所的独立运营商以专业的服务水准、独立的法律地位、自负盈亏的经济责任承接会所的运营。

④ 加盟运营型会所即一个楼盘有多个会所加盟,一个会所服务于多个楼盘。业主凭一张卡就可在多个不同类型、远近距离不等的会所享受优惠服务。

实践中不时有新颖的会所经营模式出现,给人们提供了新的思路,拓宽了会所经营的渠道。例如将会所与社区剥离,把会所全部租出去,有SPA、桑拿,也有小吃等,制造出具有城市功能的大型酒店和地下不夜城,形成泛会所概念。主题体验式会所为了满足特定层次业主的喜好需求,会所经营以体验为主题进行经营尝试。例如,某项目的会所分为两个部分:一部分是静态的会所,即一个咖啡图书馆,这是整个会所的核心;第二部分是动态会所,即健身房、游泳馆等。

案例分析　　　　　　　　北京××小区会所经营模式

北京××小区以30平方米为一个单位,业主可领到一张会员卡,凭会员卡免费享用会所服务。这种模式下,会所的收入、支出都直接分摊到每一个业主身上,业主缴纳6.95元/(平方米·月)的物业服务费,从中提取大约0.5～1.0元的费用用来进行会所运营。业主委员会对会所的使用和经营进行管理监督。

会所赢利性经营包括两种类型:一种是只面向业主和会员开放;一种是内外并举式开放。但不论哪种形式,其经营的最终目的和效果是赢利。

(三) 会所经营中的风险防范

这里的风险不是指经营中有可能发生的亏损风险,而是指因某些项目存在的不安全因素而导致的人身伤害事故进而使经营者巨额赔付的风险。

会所经营者在选择会所用的器材时要高度重视，尽量选择知名厂商所生产的各类器材。必须慎重选择经营项目，对一些危险的剧烈的运动项目要特别谨慎，且要区分消费者群体，如老年人不可参加拳击、攀岩等，儿童游泳则须大人陪护等。对击剑、跆拳道、潜水等项目，要在充分论证的基础上再行引进。

要健全各种会所管理制度，用强化管理的手段尽量避免各种事故的发生。

第四节　社区广告经营

在物业管理小区内，有许多可以进行广告业务经营的资源，如电梯墙面广告、屋顶广告等。

一、社区广告经营的原则

（一）业主授权原则

在小区内经营广告业务，有两个最基本的特点：

① 所使用的场地基本上都属于业主的公共财产，在使用场地前，须征得业主的同意方可使用。在征得业主同意的时候，双方还须约定广告收益的分成比例；物业服务企业付出了经营和管理职责，从中获取应得的利益。

在前期物业管理阶段，因为业主大会没有成立，物业服务企业可先行开发物业广告资源，待业主大会成立以后，再与之进行协商。如果在前期物业管理阶段，有其他业主权益的代表组织（如管委会等）存在，则须征得他们的同意。

② 所诉求的对象主体是小区业主除一些屋顶广告、外墙广告等占用小区公共场地而对外发布外，其他在小区内发布的广告，基本上都是针对业主为诉求的主体，业主是被动的接受者。那么就要考虑业主的精神感受，不可因为一味地增加广告数量，把小区变成了一个到处是广告，商业气息十分浓厚的地方，这样有违小区的居住生活功能，使业主十分反感，侵犯了业主的精神权益。

（二）安全合法经营原则

① 广告发布不能危及建筑物及业主的安全。在广告发布的场地选择上，要注意与建筑物的构造相适应，不能将广告发布场地放在危险或者有可能损害建筑物的地方。例如，不能在屋顶放置超出设计荷载的广告等；也不能放置有害物品以免对业主造成伤害；不能采取有辐射的材料发布广告；不能产生光污染、噪声污染发布广告等。

② 发布的广告作品必须合法。广告场地的设置要遵守城市管理方面的法规，要合乎园林、城市规划、交通、工商、文化等领域的规定要求，广告作品不能违反广告法，不得危害公共安全和公共秩序。合法经营是任何一个企业的职责。即便将广告经营交给专业的公司来做，也要选择合法且有声誉的广告公司；物业服务企业也须对广告内容进行审查，否则出现违法事件，物业服务企业作为场地出租方也难脱干系，对物业服务企业的声誉和小区的品牌建设也有不好的影响。

（三）传播社会主义精神文明原则

小区是业主集中生活的地方，有着一个特殊的氛围，传播比较容易产生效果。广告作为一种传播媒体，其作品内容对受众的影响很大。物业服务企业在经营广告业务的时候，应有意识地传播社会主义精神文明，弘扬社会主义道德，引导业主的行为，为物业管理营造良好的环境。例如，在电梯广告中经常插放一些社会公益性的广告。

（四）专业公司经营原则

开发小区物业资源进行广告经营，应尽量引入专业广告公司，物业服务企业只负责使用场地的提供及后期的管理，而不要介入广告经营的前期阶段。因为在广告的制作、承揽、审查、发布方面，物业服务企业都不具备优势，如果强行介入势必影响物业管理主业。如果物业服务企业有足够的实力，可以成立专业广告公司负责所辖小区内所有物业资源的广告业务经营，而且可以走上社会拓展业务。

二、物业资源中的八类广告经营

（一）电梯广告

电梯广告已经是一种很成熟的物业资源广告经营方式了，它在深圳、上海、北京、广州、南京、武汉等城市都有发展。基本上物业管理较为成熟的地区，电梯广告均进入了小区。电梯广告的出现，使乘客在乘坐过程中避免了单调和无聊，通过阅读和视觉享受得到信息。电梯广告的做法是在电梯轿厢的箱壁上悬挂特制镜框，然后在镜框内放入可更换的广告画面；电梯广告的内容因乘客的注意力时间很短（下电梯即终止），所以广告的设计及内容须简洁明了，冲击力强，在短时间内即能感染观众。广告画面务必设计得雅致、精巧、清新、艺术，给人以美感；或者给观众以轻松幽默的感受。如果有条件，可半月更换一次。若长期保持不变，势必引起观众的厌烦。商业性广告及公益性广告可交替进行。公益内容还可以与社区文化的开展联系起来，与业主之间的沟通交流联系起来。电梯广告还可向其他方向延伸，例如，在候梯厅和电梯轿厢内播放背景音乐，这种背景音乐也是音像公司的广告；可将一些广告宣传单、宣传画册等摆放在候梯厅内，供乘客们免费取阅等。

（二）屋顶及外墙广告

物业的屋顶及外墙广告收益十分丰厚，北京、上海、深圳等地的一些处于黄金地段的物业，其广告收入远远超出物业服务费用的收入；个别物业服务企业还因此项收入可支撑物业管理的运作，而完全免除了业主的物业服务费。屋顶广告位置的设计要服从于物业项目的整体美观，不能影响业主的使用，也不能影响业主的正常工作与生活。广告位置的设计除征求业主的同意之外，还须征得城市管理部门等单位的同意。一般情况下，下面的物业可以开发屋顶和外墙广告：临街物业、处于商业发达区域的物业、在高度上占有明显优势的物业、人流量可观的物业、其他能够吸引人注意力的物业等。

（三）厅堂广告

在物业大堂、大厅等处的合适位置，可发布广告内容。

① 液晶显示。在合适位置放置液晶显示屏，发布动态广告画面。

② 杂志架、广告架在业主方便取阅的地方放置杂志架、广告架，插放杂志、宣传单（页）、画册，也可以插放供促销的书籍等。但对有些书籍、画册类，应考虑如何让业主阅后再放回原处。

杂志架、广告架的形式可以推广到小区物业服务中心等物业管理用房内、小区广场、门岗（传达室）、候梯厅等人流密集的地方。

③ 壁挂广告将广告作品悬挂在大堂、大厅的合适墙壁上面。

④ 声音媒体广告背景音乐可播放由声像公司提供的 CD 音乐，同时在前台接待等处设置该音乐作品的代理销售点。声音媒体也可进行温馨提示，由此可插播相应广告；但须注意业主的感受和反应。

⑤ 物品展示在厅堂合适位置摆放香水、鲜花等商品，辅之以灯光、博物架等衬托，使之成为一处令观者赏心悦目的景观。供摆放的商品必须小巧玲珑，不能影响整个物业的环境氛

围，也不可显露出浓厚的商业气息；广告作用是潜移默化的，而不是直接的。

（四）停车场广告

与小区其他地方相比，停车场在功能上以及给业主的感觉上有很大区别。其他地域的生活气息十分浓厚，如果物业服务企业进行广告业务经营，很容易引起业主的反感；而在停车场内进行广告经营则不然，一是业主们在停车场内停留的时间较短，二是停车场给业主的感觉还是走在回家的路上，三是停车场（地下）的所有权一般为发展商，四是进入停车场的业主只是小区所有业主中的一部分，即有车一族。所以，在停车场内进行广告业务经营很容易开展，而不会遭到太多阻碍。当然，地上停车场的广告经营还要视其地理位置等因素综合考虑。停车场广告的内容主要要面向小区内的有车一族。

① 停车场广告的诉求内容因为有车业主一般都有较高的消费能力，也有相当的社会地位以及个人素质，所以，对他们的广告诉求则应摆脱普通的消费和日常生活，向高档消费方面努力。例如，汽车换代更新产品信息、休闲度假胜地、理财健康娱乐、高档美食场所、住房销售、医疗业务等。

② 停车场广告的形式。地下停车场的光线较暗，必须采取灯箱广告的形式，或采取灯光投射的方式，但要避免因光线污染而影响车主的正常驾驶。地上停车场也可以采取普通的平面广告。此外，还可以将各种广告的内容印制成传单形式向车主们散发；如果做得更好一些，则将广告内容编写成精美的画册，使车主们在观看的同时得到视觉享受，这样就不会对散发广告产生反感。

③ 停车场广告的一般位置。停车场广告一般可放置在以下地方：停车场出口、入口处；停车场管理人员岗亭；直接放置到地面的灯箱；喷涂在地面的文字及图案；地下停车场的四周墙壁、天顶、立柱；在停车场内的空间悬挂气球、灯箱等广告载体；其他停车场设施设备；停车场管理人员散发平面广告。

（五）宣传栏广告

为了使小区业主及时了解物业服务企业的一些公示性通知，也为了活跃小区的社区文化，一般物业项目内都有数量不等、位置不同的宣传栏。物业服务企业可充分利用这些宣传栏开发广告资源；其内容和形式多种多样。

（六）企业形象展示广告

① 艺术雕塑形式。引进企业投资在小区内树立艺术雕塑，并冠以企业的名称。此种方式借用外资改善小区环境，物业服务企业和业主都应欢迎。但关键是雕塑要与小区整体风格相协调，企业冠名不可太突出。这种形式适用于老的小区。

② 花、草、树、木形式。引进企业在小区内种植花草树木，可冠以企业名称。例如，某企业在小区内种植了一棵银杏树，在该树身上订制铭牌介绍银杏的基本情况，顺带介绍企业名称。此举与艺术雕塑形式一样，要与小区整体环境相协调。

③ 伞类。在小区内放置一些伞具，供业主随便取用挡雨遮阳；在伞具上可做广告。这些伞即可是普通雨伞，也可是较大的放置在游泳池边的遮阳伞。

④ 休闲椅。较大的社区内通常会放置数量不等的休闲椅，供业主漫步时休息。这些椅类可由企业捐赠。

⑤ 户外健身器材。一般小区都有户外健身器材，有的是体育彩票发行中心捐赠，有的是福利事业捐赠，有的是单位工会捐赠。如果这些器材还不能满足需求，即可引进企业捐赠，并附做企业广告。健身器材的捐赠或广告还可向游泳池、网球、羽毛球等项目延伸。

⑥ 户外垃圾桶。在垃圾桶身上也可以做些广告，但广告内容和形式要与清洁及提示有关，否则，商业气息过于强烈会引起业主的投诉。

（七）社区路灯广告

小区内有大量的非市政路灯，其路灯杆亦可用来发布广告。根据路灯杆的形状及周边环境，制作成相应的灯箱或其他广告载体，与路灯杆形成一体。将相应广告在路灯杆广告载体上发布。

（八）公益性广告

① 指路牌或社区示意图。在一些几十万甚至上百万平方米的大型社区内，常需要设置示意图和指路牌，以方便居民。这些设施可由企业捐赠，也可由广告公司经营。指路牌不仅可以设置在大型社区内，在一些小社区的周围也可以应用，一般社区周边的附属设施其产权也属业主所有，则也可以用来设置指路，以此方便社会。

② 触摸屏。在小区内安装一批触摸屏设施，以介绍小区各种情况、城市旅游信息、当地风土人情、发展商和物业服务企业情况、房屋和物业管理知识等。有了这个媒体，自然就可开发出相当多的广告内容来。与之配套的获利方式还可延伸到资料提供方面，如有客人需要触摸屏中的资料，可由物业服务中心负责打印。

总之，小区内的物业广告资源种类十分丰富，只要去想，总能想出一些好的办法来。上面罗列的一些项目，有些并不一定具有实施的价值，只是希望藉此开拓物业管理是从业人员的思路。

第五节　其他物业资源的经营

本章前面已分别讲述了停车场、会所、社区广告等几类物业资源的经营。除此之外，社区物业资源的范围和内涵还有很多，应更好地开拓思路，拓展经营项目。

一、社区基地建设

物业小区可充分利用各种既有的场地、设施与设备，将之建设成各种可对外开放的基地。有些基地建设可以收费获益；大部分基地建设并不收费，但它在塑造企业品牌、增加企业无形资产方面功效显著，可直接服务于企业的市场经营与生产管理，并为企业的长远发展埋下伏笔。

（一）参观考察基地

对于软硬件设施都非常优秀的物业小区，非常适合建设成供其他物业服务企业与房地产公司参观与考察的基地。这类物业一般都在行业界享有一定的知名度。在房地产行业中，或者建筑风格独特，或者建筑材料先进，或者设计理念超前，或者市场追捧热烈，不一而足。在物业管理行业，或者服务模式新颖，或者行业知名度高，或者领一时风气之先，等等。为了使物业具备参观考察的条件，必须努力打造物业的"亮点"。

现实中有很多小区，忽略了参观与考察基地的建设。例如，不少物业限制其他同行人士进行拍照摄影，也不得随便进入参观，理由是易被竞争对手模仿和复制；建设社区参观考察基地，体现的是一个物业服务企业的宽广胸襟。物业管理行业应该鼓励同行之间的互相参观与学习。

物业服务企业可与一些地区的物业管理协会、培训学校之类的组织机构联系，将小区建设成为供外地需要者进行物业管理考察与学习的基地，并从中发现可供企业利用的商机。

（二）学员实习基地

开设房地产、物业管理专业的学校，有着学员实习的需求。物业服务企业即可与学校联合办学，将所服务的社区（大厦）作为学员实习基地之一。实习基地的作用：一是校、企联合可使物业服务企业将学校作为人才后续及人才培养的场所；二是学员走上工作岗位后，将会通过口碑相传的方式达到宣扬企业之目的；三是企业在与学校联合以及学员实习的过程中，将为企业带来先进的理论和活力，使企业保持始终高昂的创新意识；四是企业可通过学员的实习获取一定的费用；但直接收益应不作为企业建设实习基地的主要目的。总之，综合效益非常显著。

（三）试验基地

① 设施设备试验科技企业开发出适用于小区的先进设施设备，可在小区内进行效果试验。例如，某科技企业开发出物业管理软件，为验证软件是否实用，即与某物业管理公司合作，在一个小区内进行为期3个月的试用。物业管理公司从合作中获得的好处很多，除收取5万元试用费外，还将在软件试验修改成功推出后，在所管理的所有小区内免费使用该软件，还将成为该软件在物业管理公司所覆盖的城市的总代理。

② 植物种植试验"橘逾淮而为枳"，许多异地的花草树木移植后，受各种因素影响而不能顺利成长，有违园林设计者的初衷。则物业服务企业可为之提供花草树木的试栽基地。

（四）公益基地

物业服务企业可与小区周边的幼儿园、中小学校等教育机构合作，把小区建设成思想道德教育基地、绿化植物领养基地、尊老爱幼模范基地等。

物业服务企业还可与社会公益机构合作，将小区建设成为公益画廊、公益健身示范点、无偿献血点、爱心捐助点、花园式小区等。物业服务企业还可将小区内的庞大设备管理区域向社会开放，让普通民众了解物业管理的艰辛，了解一个城市运转的复杂等。在公益基地建设方面，物业服务企业可充分发挥自己的长处和优势，为社会主义事业的建设、为国家和民族的发展做出贡献。

（五）影视拍摄基地

很多影视剧的拍摄需要外景地，如果搭建一个全新的景区将耗费巨大，一般均选择已有场景。物业管理所服务的各种类型物业为之提供了丰富多彩的选择对象。拍摄工作有可能为小区（大厦）业主的正常生活与工作带来一定的冲击，物业服务企业也会付出额外的劳动以维持秩序，所以，影视制作单位一般都会付给物业服务企业相关报酬。但也有部分物业服务企业不收取报酬，而选择在影视剧中挂名赞助单位，起到广告作用。

物业服务企业可将所服务的小区制作成精美的短片，并附以图片和文字介绍，向全国各地区的影视制作单位自我推荐；也可向在当地拍摄影视剧的单位主动提供拍摄场地。

二、绿化用地的再经营

绿化已成为小区的必备内容。每一个新开发小区都有或多或少的绿化用地，物业服务企业可充分利用此区域进行再经营。

（一）绿化经营的前景

随着生活水平的日益提高，种草养花已成为居家生活中不可或缺的一部分，人们纷纷用来美化居家和周围环境，并以此来陶冶情操。而在写字楼等处，花草树木已成为整个装修风格的有机构成。进行花木的种植、租售、代管、代养业务前景广阔。

（二）绿化经营的实现

主要有两条途径。

1. 小区土地种植

把所有可利用的土地都变成花木培植地。小区内土地很多，除交通、休闲、健身、公共活动场所外，绿化用地、道路两旁、房前屋后等处，都可以用来兴建花圃苗圃。对于绿化建设，业主们大都会表示热烈欢迎，物业服务企业此举旨在加强同业主们之间的关系，将服务深化赢得"民心"。待花草树木生长到可以用来出售的时候，物业服务企业则可分批租、卖给需要者，从中获利。即便卖不出去，也是为业主们服务，并不浪费。物业服务企业还可接受委托，在小区土地上代为管理和养护委托人的花木。

2. 非土地场所栽种

小区内很多非土地的空间也可以用来栽培花木。例如，屋顶天台可以覆盖土层改造成土地，也可以使之成为养植盆花、盆木以及无土栽培植物之地。此举可配合城市整体规划的要求。

三、摆台经营

"摆台"是深圳等南方城市的一个带有地方色彩的用语，指物业服务企业招募一些社会机构到小区内设置摊位出售商品或服务。物业服务企业通过场地的有偿租用及管理，收取租金和管理费。

（一）摆台经营的原则

① 物业服务企业不可直接参与。鉴于摆台这种服务的公众性，物业服务企业一般不能直接采取摆台的方式获取利益，以免业主对物业服务企业产生不务正业的感觉。

② 摆台的频率应该适度。如果每天晚上都有活动，每一个礼拜天、节假日，小区都搞得像个集贸市场，也必将引起业主的反感。

③ 摆台的内容应丰富多样。物业服务企业应进行合理调度，争取摆台内容花样多、品种多，而不可长期保持一种类型的商品，否则也容易引起业主的厌烦心理。

④ 摆台不可影响业主的正常生活。有些企业为了聚拢人气，常喜欢在晚上搞促销活动，惊天动地的音响严重干扰业主的休息。所以，对夜间经营要慎重，并尽量限制在晚上10点以前结束活动。

（二）摆台经营的方法

① 根据商品的销售特征进行。招商小区内摆卖的商品会因特性不同而产生不同的效果，例如，价值低的消费品，顾客随机性购买比率较高；而一些高价格的产品，如家电等成交几率较小，更多的是起到宣传和展示作用。根据这些特性，就可以有针对性地寻找企业来小区内摆台。

② 选择休息日为摆台时间。因平常社区内的业主们都上班或忙于公务，无暇光顾社区商品直接销售。所以，礼拜天、节假日以及晚上成为摆台选用最多的时间段。

③ 针对目标客户群选择地点和时间。地点的选择以产品所覆盖的目标消费人群聚居地为主。例如，目标消费人群以中、老年人为主，即可将其常聚集搞晨练的小区公园作为推广地点，摆台时间也可以安排在每天晨练时的早上6点30分至9点30分进行。如果是针对小朋友的销售，即可选择在学校、幼儿园周边及家长出现较多的区域。

四、仓储、信号中转及其他

（一）仓储

物业服务企业可以考虑将地下室或者闲置不用的房屋作为仓库，为业主存放多余行李、物品，并可考虑收取适当的空间占用及管理费。如果社区内有大型空余场所，物业服务企业可建成社区仓库对外出租。

需要注意的是，物业服务企业不可将爆炸、剧毒、污染等物品存储在社区内，更不可将违法物品（如走私物品等）存放在社区内。对此须倍加注意。

（二）信号中转与放大

在某些地区，手机等通信业务因信号覆盖不到而影响正常使用，所以必须在一些地域设置信息中转放大设备。很多小区都会遇到在物业区域内的楼顶放置信号塔或其他设备的情况。物业服务企业因此可以收取场地租用和管理费用。

经营此项业务需要注意的是：有些设施设备有可能带有一定的辐射性，即便没有任何辐射危害，但也有业主担心辐射而提出反对意见，此时物业服务企业需综合考虑各方面情况，以谨慎的态度对待类似经营。

（三）露天休闲场所

楼宇天台高处望远，视野开阔，物业服务企业可利用天台得天独厚的优势，开办成咖啡室、冷饮、品茶、赏月等休闲场所。此类业务经营需要特别注意的是安全问题，以及因经营而带给顶层住户的影响问题。如若开办成商业经营性场所，还须取得相关证件。此外，消费者应定在小区业主，而不能对外经营；此举可与增加社区服务项目、扩展会所经营范围结合起来进行。

（四）设置索引牌

在写字楼及一些商住楼内，物业服务企业可以在物业区域的显著位置（如出入口处、底楼大厅、电梯厅等处）设置公司索引牌，指明该公司的名称及所处楼栋楼层。一些大型的住宅区内也需要带有指向性质的索引牌以方便访客。物业服务企业设置索引牌后，即可向需求者出租获利。

（五）物业保值增值

物业管理的一项基本功能是使物业得到保值和增值。为此，在做好物业服务合同所约定的工作之外，物业管理要积极营造小区物业的品牌形象，提升小区的文化内涵。例如，深圳海富花园小区虽然投入使用已达十几年，但从外观看来仍是崭新的楼盘；业主的房屋在进行租赁和买卖时，其价值与同类楼盘相比要高出许多。物业的保值增值虽然与物业服务企业的利益没有直接关系，但间接影响却很大，做好这项工作十分有利于物业管理者的发展。

五、社区商业经营

社区有特有的消费环境，特定的消费群体，社区商业的消费者在消费心理与消费习惯上也与普通的社会商业消费者有所差别。社区商业有自己内在的经营规律。

（一）社区商业经营的结构、配置原则

1. 社区商业经营的层次

从物业服务企业需要动用资源的多少来看，满足社区居民的需求有两个层次。

（1）第一层次　物业服务企业的增值服务。物业服务企业利用自身资源满足业主及物业周边非业主的需求，并从中获取一定的收益。例如，业主外出度假时，委托物业服务企业代为照看宠物，代为养护室内绿化等；再如，物业服务企业工程部（维修班）随时向业主提供上门维修服务等。这类服务亦即前面所述的特约服务，或者也称为增值性服务、特色服务，也有的称之为专项服务，或者叫综合经营服务等。

（2）第二层次　社区商业经营。物业服务企业仅依靠自身现有的资源无法满足业主及其他非业主居民的需求，必须进行再投资并整合其他社会资源共同为之。例如，在社区内开办餐厅、洗衣店、建立超市、医疗诊所、银行储蓄机构等。此即社区商业经营。社区商业经营在物业管理区域内相当普遍，其运作也基本成熟，但物业管理行业的介入很浅，有待于进一步提高。

> **案例分析**　　　　车窗玻璃破碎谁之过

2000年7月15日23时40分，深圳××花园B栋一业主将私家车驶进小区，停放在地面私家车位后上楼休息。随后赶到的巡逻保安员发现车的后窗玻璃已经破碎，当即向保安班长汇

报,并做了详细记录。考虑到车主可能已经就寝,且现场情况可以认定车窗是在车场以外损坏的,就没有打扰业主予以核对确认。

第二天早晨6时10分,保安员向车主通报其车辆后窗破碎。不料车主竟一口咬定是停进私家车位后被高空抛物所致,反倒要求物业管理公司予以赔偿。保安员拿出查车记录加以说明,并让其仔细查看一直保护着的现场情况。车主否认记录和现场具有真实性……一方据理评说,一方拒不认账,一时难以扯清。

在双方争执不下的情况下,物业管理公司请辖区派出所派员进行调查和调解。派出所的工作人员认真查阅记录和勘察现场,询问有关人员和周边住户,然后签署意见,断定车窗是在停车场之外破碎的,由车主自行负责,并且对车主嫁祸于人的行为进行了严厉批评。

2.社区商业的形式和配置原则

就已经出现的社区商业网点的构成形式来看,比较常见的社区商业形式有:临街底层商铺、小区会所、社区内独立建筑的超市、社区内独立建筑的购物中心、社区商业步行街、分布在社区内各个组团的便利店等。其中最多见的是沿街马路建造底层商铺的形式。

在社区商业的配置上,应重点考虑便民原则。有专家把构建社区购物网称作"451015",即居民出家门步行5分钟可以到达便利店,步行10分钟可以到达超市和餐饮店,骑车15分钟可以到达购物中心。

(二) 社区商业经营存在的问题

① 规模偏小、利润偏低。由于资金、信息、管理水平等多方面的原因,目前我国物业管理区域内的商业经营规模普遍偏小,很多社区商业处于零散经营状态。因此,无法通过物流配送、经营理念等资源共享的方式有效降低流通费用和进货成本,也就无法在价格竞争中占据更多优势,其市场拓展的范围就受到局限。这些因素决定着其利润空间的狭窄。

② 贴近需求的商业经营项目偏少。在一些大型社区周边,政府或发展商为凝聚人气,一般开设有大型综合超市和商场,能基本满足物业区域内的消费需求。此外,社区内有很多美容美发店、电信器材店之类,但在物业区域内及周边,业主日常生活所急需的菜市场、特色专业店、便民生活服务网点之类却不多见。

③ 服务项目单一。社区最常见的商业形式是便利店,但大多数便利店除具备日常生活必需用品的购物功能之外,其他服务项目很少,而仅靠出售商品无法在激烈的竞争中取得优势。因此,必须扩充服务内容,通过将日常购物与便利商业结合的方式吸引消费者。例如,可在日常购物便利店的基础上,配套速食供应、家庭账单代办、月票代办等便利服务。

④ 经营方式落后。很多物业管理区域内的商业经营,手段原始,理念落后,服务跟不上,从业人员没有职业道德,远远不能满足居民日益增长的消费需求。更有一些商业网点的开设影响了业主的生活,例如,开在小区边缘的饭店排烟不畅、油烟超标、音响嘈杂、夜半扰民等,严重影响了小区业主的生活质量。

(三) 社区商业经营的原则

① 正确处理物业管理与商业经营之间的关系。物业管理是物业服务企业的主业,是生存的根本;不能因为经营商业而对物业管理主业有所损害,这是进行社区商业经营的最基本的原则要求。

有些物业管理是企业在开展商业经营的时候,将正常的公共服务置于脑后,整天想着怎样从业主口袋里掏钱,这对物业服务企业的长远发展非常有害。物业服务企业应将商业经营与服务业主有机地结合起来,把商业经营作为物业管理内容的延伸,使之成为物业管理增值性服务的一部分。

② 协调各类社会关系。做商业经营,就必然要和市政、供电、环卫、食品卫生等管理部

门发生联系。物业服务企业不能因为在自己管理的小区内从事商业服务就绕开他们，例如，要尊重这些部门的权威，经常邀请他们指导工作，如请卫生防疫部门检查餐饮业务等。

③ 关注环境保护。物业服务企业在进行商业经营的过程中，要特别注意环境保护问题。因为这类经营就处于社区周边甚至就在社区里面，稍不留意就有可能给业主和物业使用人带来伤害，影响他们的正常生活。因此，所经营的项目以及在经营活动中，要避免排放大量的废气、灰尘和污水，更不允许产生超出国家规定分贝的噪声；此外，还要注意不能损坏绿地，保护绿色也是环境保护的内容之一。

④ 确保服务质量。因商业经营网点面对的消费者是业主，则经营行为就与物业管理有着密切关系，必须服务至上，如因服务问题导致业主的不满，则业主有可能将不满转移到物业管理上来。

现代商业经营制胜的核心是服务，只有过硬的服务质量才能赢得消费者。服务质量包括3个方面：一是服务产品的质量，二是服务过程的质量，三是服务结果的质量。例如，饮食产品必须保证新鲜卫生等。在服务的整个过程中，始终关注消费者对服务的满意程度，及时改进不足之处。例如，根据业主需求，保持24小时不间断营业等。

（四）物业管理社区商业经营的项目

社区商业经营项目十分丰富，它包含了商业领域内的几乎所有内容。以下仅从常见的社区商业经营项目中选择部分类别简单介绍，供开展经营活动时参考。

1. 衣物及装扮

① 服饰类在服装领域，可开设的社区商业项目有：熨衣、补衣、制衣、毛衣编织、衣物干洗、衣物湿洗、代理品牌衣服制作、品牌衣物连锁店、品牌衣物专卖店、服饰特色专营店（如围巾、帽业、领带等专营）、皮衣护理店、皮鞋护理店等。

② 妆扮类美容美发店，精品饰物店，化妆品专营店，美体、美足、美甲店，美疗室，个人形象设计等。

2. 餐饮食用

① 餐厅类早餐专营、快餐厅、特色餐馆、酒吧、咖啡厅、茶馆、茶餐厅等。

② 配送类早、中、晚餐配送，早、中、晚餐上门料理，新鲜蔬菜、水果配送，饮用水配送，食用油和粮米配送，牛奶、饮料配送等。

③ 代理服务类代定/代办豪华家庭宴会，市内各大餐厅订位，酒店、饭店预订，为客户举办酒会，饮食消费咨询（特色、地方菜肴）等。

④ 后勤类燃料供应（液化气、煤炭），粮油供应，瓜果蔬菜供应，油盐酱醋供应，烟酒糖茶供应，锅碗瓢盆供应，小型超市，其他厨房用品等。

⑤ 其他类自动售货机等。

3. 居住

① 安装维修类设备安装（代装空调、沐浴器、防盗门、晒衣架等），家居智能报警装置安装及维护，室内维修、维护（如下水道、马桶、钟表、电饭煲、电热器等家电的维修，房屋设备修缮等），室内水、电、气设施定期检查与维修等。

② 清洁保养类庭院清理，家庭泳池清洁维护，家居清洁、整理，地板及真皮打蜡、抛光，家庭园林、绿地的保养、美化，房屋清扫保洁（如地毯吸尘、清洗、烘干，地板清洗、打蜡、墙面清扫、粉刷，厨房清洁、灶具清洗，卫生间清洁，百叶窗、玻璃窗、抽油烟机清洗、室内家具清洁、定期室内大清扫及住户入住前大清扫等），家居室内消毒、杀虫（白蚁防治、蟑螂灭治等）。

③ 装饰装修类家庭的大、中、小型装修装饰工程（室内装潢设计与施工），装饰装修效果

图服务，建材经销等。

④ 管家服务类建立房屋健康档案；业主举家外出度假时，代为照料家中的宠物、花木、金鱼等，并将家具、电器通风以免受潮；业主长期不在时，代为看护房屋，并受业主委托代为出租经营等。

⑤ 家庭绿化类家庭绿化，盆景造型，花艺，花木摆放、出租、出售与养护等。

⑥ 其他类招待所与旅店服务，搬家服务，简单家具制作，代为联系参加房地产展销活动，旧家私、家电、玩具经营等。

4. 交通

① 票务代理开设飞机、火车、轮船、汽车等票务代理点。

② 旅游服务组织郊游，代办旅游手续，旅行社咨询，市内景点咨询，代订市内导游，代办国内、国外旅游，市内旅游导游服务，全国酒店预订，与旅游公司合作举办特色旅游，如"小区文化观光一日游"等。

③ 租车服务，汽车租赁，自行车租赁，代叫出租车等。

④ 接送服务专人代接、代送客人（接送飞机、火车、汽车等），上下班接送，孩子上下学接送，其他接送服务等。

⑤ 汽车保养与维护洗车、打蜡、汽车美容，各类车辆（轿车、摩托车、自行车）的寄放、清洗、保养等，车辆维修与服务咨询等。

⑥ 其他类如汽车驾校代理等。

5. 文化教育

幼儿园教育，中小学教育，学生补习社，兴趣班，各类艺术培训，移民、留学咨询，中小学家教，音乐家教，体育家教，外语家教，社区教育，报刊、杂志、图书经销，图书馆，阅览室，闭路电视教学，远程教育，各种展览，文化知识讲座等。

6. 看护

如果住户不得不将孩子独自留在家中，物业服务企业可派出专职人员前往住户家中看管孩子，或将孩子接到公司提供的处所进行照看。此外，还可提供的看护服务包括：代送小孩入托及上下学，午托、晚托，幼儿看护，老年人陪伴与看护，病人看护，残疾人看护，宠物托管，贵重物品托管等。

7. 医疗卫生

① 设立医疗机构设立医务室、卫生室或卫生站，提供简单护理和救助和大型正规医院联合开设社区门诊部，由医院派医生坐诊服务；开办心理咨询，社区医院，社区健康服务中心等。大医院看大病，社区医疗看小病，送医送药，延长就诊时间，开展黄昏门诊等。

② "家庭医生"家庭医疗咨询，医生讲座，保健知识，定期组织体检，建立业主健康档案，建立儿童计划免疫档案，家庭保健医生，上门输液，预约上门就诊，家庭病房等。

③ 开设药店医药公司连锁代销点，医药配送等。

④ 护理服务医院病人护理、陪护，孕妇护理、陪护，家庭病房服务，家庭护理服务，病人接送等。

⑤ 宠物病防治开办宠物医院，宠物饲养、健康咨询等。

8. 购物

商品代购，社区内自动售货系统，自动售卡机，代充煤气卡，其他IC卡，送货上门服务，商业连锁店，日常生活品专送，购物信息咨询，一卡通发卡、充值，月票、年票代售等。

9. 娱乐与体育

① 娱乐娱乐场所咨询，开办各种娱乐场所（视会所设置而定），代订电影票，代购宠物，代订文娱节目票，棋牌室，游戏室，舞厅，卡拉OK厅，演唱比赛，歌舞表演，戏剧表演，电影欣赏，音乐服务，音像出租服务，网吧，录像室，小电影室等。

② 体育健身、体育场所咨询，开办各种健身场所（视会所设置而定），家庭健身教练，小型体育竞赛，游泳池、健身房、篮球场、网球场等方面的服务，瑜珈训练馆，女子防身教练馆，少年武术馆，体育及健身器材经销等。

10. IT服务

社区宽带网建设，个人网站制作，网页设计，计算机维修，计算机配购，计算机培训，网上炒股，IP电话服务，网络社区娱乐、健身设施预定与查询，网上图书馆，网络社区费用催缴与查询，网络社区安装、维修、维护，在线VOD点播，多媒体娱乐、游戏，发展商增值服务查询，网上办公，网上证券交易，网络社区客户意见反馈与问题求救，软件下载，公共信息查询，网上物业管理服务等。

11. 理财服务

不动产投资咨询，保险业务咨询，即时外汇牌价提供，即时股市行情提供，即时银行利率，社区个性化金融服务，个人理财，个人需求贷款，其他投资咨询等。

12. 经纪中介

房屋租售代理，保姆介绍，代请钟点工，代请家教，房产评估公证，代为测算物业管理费用等。

13. 礼仪安全

贵宾礼仪服务，协办婚礼庆典，纪念庆典礼仪、护卫，嘉年华会礼仪、护卫，居室临时性特约安全护卫，家庭保安，随行保安，摄影摄像等。

14. 情感类服务

业主喜庆送花，业主生日贺卡，鲜花、生日蛋糕速递，礼仪贺卡、鲜花代订，代办生日Party，沙龙服务，社区交友活动等。

15. 商业服务

商业服务大都限于写字楼、机关办公场所、公寓等地。但在普通住宅区内，商务服务活动也日渐走俏，物业管理者不妨给予关注。

① 普通商务服务的内容：商务秘书，文件翻译、传译，现场翻译，安排商务会议，收发传真，中英文打字，商务信息提供，复印、过胶，收发E-mail租售鲜花、盆景，EMS特快专递代办服务，冲印，客户商务沙龙服务，代为起草合同，代为起草各类文书等。

② 一般商务中心的服务类型：翻译服务（包括文件、合同等），文件处理服务，办公系统自动化服务，整套办公设备和人员配备服务，临时办公室租用服务，长途电话、传真、电信服务，商务会谈、会议安排服务，商务咨询、商务信息查询服务，客户外出期间保管、代转传真、信件服务，邮政服务（包括收发邮件、邮包、快递），计算机、电视、录像、幻灯、手机租赁等服务，报纸、杂志订阅服务，客户电信设备代办、代装服务，文件、名片等印刷服务，成批发放商业信函服务，报刊剪报服务，秘书培训服务，个人行李搬运、寄存服务，出租车预约服务，提供旅游活动安排服务，餐馆、文化体育节目票务安排，全国及世界各地酒店预订服务，文娱活动安排及组织服务，兑换外币、代售磁卡、代售餐券，花卉代购、递送服务，洗衣、送衣服务等。

> **案例分析**　　**接待参观考察基地——深圳海富花园**

深圳海富花园小区，总占地面积7032平方米，建筑面积78908平方米，绿化总面积4800

平方米,是深圳市早期知名楼盘之一。

海富花园创造出物业管理行业中的无数个第一:它是国内最早通过 ISO 9002 国际质量保证体系认证的基层物业管理单位之一;最先制订并在行业界推行了"白纸巾横竖擦拭壁砖 60 厘米无污染"的清洁标准、"维修人员 25 分钟内到达现场"的维修时间标准、"草坪标准高度 4~8 厘米"的绿化标准等;最先倡导并实施"氛围式管理","人过地净"(氛围式管理的内涵之一)的做法在行业界风行一时;国内最早实行"1+N"小区管理模式并取得最突出效果的小区,最多时曾达到"1+8",所管理的 8 个小区总建筑面积达 87 万平方米,比一个普通的物业服务企业的管理面积要多得多……出色的物业管理,使海富花园被国家和深圳地区指定为物业管理参观基地。该项目的物业管理公司因此获得了巨大的品牌效应。

请分析案例中物业服务企业的经营类型及成功原因。

思 考 题

请根据本章的知识讨论物业服务企业进行经营管理时要考虑哪些资源状况?

拓展知识　　　　　　　　　　**业主资源的经营**

市场经济中"经营"是指企业为实现最大限度资本增值目标,对可以支配的资源和生产进行筹划和管理的行为,是自然人、法人、或其他组织为取得或扩大经济效益而围绕市场展开的各项活动。业主资源的经营就是物管企业把与业主有关的一切都作为经营的价值,通过对这些价值的综合经营达到效益的最大化实现。

业主资源包括人力资源、生活资源、需求资源,涉及人们的学习、工作、生活和社会活动。其中需求资源是业主资源中最主要的资源,也是经营的重点。

业主资源的经营就是充分发挥发散性思维,洞悉业主明示的、潜在的、隐含潜力的需求,并满足这种需求。在满足业主需求的同时将物业服务企业的内涵与外延提升,将上下游与相关行业链连通,将房地产业、商品零售业、信息产业、金融保险业、物流业、家政服务业等行业的社会效益和经济效益充分交融,构筑合理的多链式物业管理产业和结构,产生与放大物业管理行业的社会效益和经济效益,使物业管理的价值符合市场的客观规律,最终使物业管理推向价值链的上游。

"水无常形,兵无常势",业主资源的经营并无固定的模式,从物业服务企业的经营角度来看,根据企业的发展规律、业主资源的经营可划分为创业初期的业主资源经营,物业稳定上升时期的业主资源经营和物业壮大、产业调整时期的业主资源经营三个阶段。

物业服务企业在创业初期,人力、财力、物力都相对缺乏,也不具备目标市场的调研和资料的积累,更没有广泛的社会关系和客户关系。因此,只能经营一些力所能及的特约服务来满足业主在日常生活中的一般需求,如优定、优办、优购业务、家政服务业务、中介服务业务、团购业务等。

物业服务企业在完成资金的原始积累,发展相对稳定,在不断上升时期,就可以组织一支具备专业知识,有敏锐市场洞察力,能及时捕捉商机的队伍,依附业主资源,充分与相关的各产业密切接触,提供策划,捕捉商机。压缩中间环节,减少沟通协调层次,降低商家和业主的成本,充分利用规模大、辐射广的成熟企业的优势,掌控社区经济的大部分消费额,实现商业企业与业主的无缝衔接,为自身的主动出击奠定基础。如物业服务企业凭借自身广泛的社会关系和丰富的商家资源为业主提供折扣消费经营等。

物业服务企业壮大,并实施产业结构调整时期,即可集中人、财、物,最大限度地利用业主资源，实施资本经营，缩短磨合期，缩短市场培训期，降低经营风险，使企业完成转轨变型。如可以建立有特色、起点高、专业强、规模大、设施全的配送中心、建材市场等，直接经营业主资源，真正实现业主"一站式"消费，也可以组建新公司与同区域内的物管企业实施区域联合经营，资源共用，信息共享，占领社区经济的大部分市场，还可以建立电子商务平台，将业主资源辐射到全国乃至全世界。

第五章 物业服务企业战略管理

【学习目标】
- 掌握物业服务企业战略的基本含义
- 掌握影响物业服务企业战略的环境因素
- 掌握物业服务企业的战略类型

引导案例　　**万科物业通过减法形成准确的公司战略**

万科物业管理有限公司成立于1992年初，各类专业服务人员3000余人，管理面积300余万平方米。公司现已发展为国内最具规模及极负盛誉的物业管理机构之一，专业提供全方位的物业管理服务、工程完善配套服务、房屋租售及绿化工程服务。通过十多年的物业管理研究与实践，公司在市场上取得了骄人的业绩，在物业管理行业奠定了坚实的地位，成为国家建设部首批认定的物业管理一级资质企业，在社会上树立了健康、完善的企业形象。

万科物业通过减法形成准确的公司战略。将业务集中在房地产，却还嫌不专，索性将产品都简化到中产阶级的普通住宅。将产品更加标准化，甚至主要部品部件都在总部设计好，通过住宅工业化带动进一步的大规模生产。市场热点不断变换，万科近10年来却始终只讲两个字："减法"。这就是战略，高度专业化，创造核心竞争力，推动大规模生产，全面提升产品质量与服务。正是这种清晰的公司战略，使万科在做"减法"的同时却完成了公司稳步增长的乘法。

【评析】　公司的胜败在战略，一个企业要想长久发展就必须制定合适的经营战略。物业服务企业也是如此。

第一节　物业服务企业战略管理概述

一、企业经营战略的概念及特征

什么是企业经营战略？企业经营战略是在商品经济和市场竞争的历史阶段中，企业为了取得竞争优势，谋求长期的生存和稳定发展，在调查预测和把握企业外部环境和内部条件变化的基础上，以正确的战略思想，根据企业目标，对企业较长时期全局的发展作出纲要性、方向性的决策。

这个概念反映了企业经营战略的如下特征。

1. 全局性

企业经营战略是企业高层领导者主要负责制订的企业经营活动的纲领，而不是具体管理的一般性决策，因而具有全局性。它对企业的各项工作都有着普遍的、权威性的指导作用。

2. 长远的目标性

企业经营战略是有关企业长远发展的，为使企业适应未来变化的有目的的决策。它们的目的，不在于维持企业的现状，而在于创造企业的未来。

3. 系统性

企业经营战略本身是一个系统，它包括战略思想、战略目标以及总战略和分战略等相互联系的一系列内容。同时，它还处于同行业、国民经济以及世界经济发展等更大的系统之中。

4. 竞争性

没有市场竞争，也就没有企业经营战略。企业经营战略总是针对特定的竞争对手制定的。

5. 风险性

企业经营战略的重点是决策，但由于外部环境是变化不定的，较难把握，因此，能否把握客观环境变化的规律，作出正确的决策，就带有一定的风险性。

6. 特殊性

企业经营战略没有一个统一不变的模式，它总是根据不同企业、不同时期、不同内外部条件制定的。各个企业的经营战略都具有自己的特色。

7. 相对稳定性和变动性

企业经营战略建立在对自身客观环境长期发展趋势进行科学分析预测的基础上。它不是急功近利的产物，因而不能朝令夕改，在一定的历史阶段具有相对稳定性。但同时企业经营战略还是动态的，它要随着变化了的主客观条件，尤其是随着外部环境的变化进行扩充、调整和完善。

二、企业经营战略的构成要素

企业经营战略的构成要素一般包括：企业的外部环境、行业环境、企业使命、企业资源运用、企业文化、协同作用等。

（一）企业的外部环境

企业处在一定社会环境之中，必然会受到社会、经济和政治等因素的影响。环境中各因素都是动态变化的，只是变化有强弱快慢之分。在外部环境中，人口、社会与自然因素的变化相对较弱较慢，而政治、经济、科技与法律因素的变化相对较强较快，因而对企业经营的影响就相对较大，且跳跃较大。其中科技因素变化最快最强，它是促进企业产品创新、材料创新、工艺创新、技术创新等的主要动力。环境因素对于一些企业来说是约束、风险，同时，对另一些企业则是机遇、机会。企业要生存和发展，要健康成长，就必须要研究外部环境，抓住机会，避开风险。因此，外部环境是企业经营战略必须考虑的要素。

（二）行业环境

企业要获得竞争优势，最重要的行为环境。行业环境是企业制定战略必须考虑的重要因素。企业首先要判断该行业是否存在机会，如果存在行业机会，企业就要分析行业结构和竞争状态。竞争分析主要分析五种基本竞争因素：现有竞争对手、新加入竞争对手、顾客的讨价还价、供应者讨价还价以及替代产品的威胁等。

（三）企业使命

企业使命是企业组织存在的目的或理由。要求决策者慎重考虑本企业经营活动的性质与经营领域。确定企业使命和经营领域时应考虑：企业从事何种产品（服务）的生产；面向哪些市场；采用何种技术。对于新创办的企业或对企业作重大调整时，首先要确定企业使命和经营领域，这是企业经营战略必须首先考虑到的要素。

（四）企业资源运用

企业资源是企业经营战略的构成要素，是现代企业生存发展不可缺少的因素，它体现为企业内在的经营能力。企业资源的多寡、资源质量的高低，对企业经营战略的制订与实施有重要影响。企业在经营中可能面临着很多不同类型的机会，但关键是要挖掘那些企业有能力抓住的机会。没有相应的资源，企业的机会是一句空话。企业所具备的优势使自己适合于抓住某些机会，企业的弱势则使企业失掉另一些机会。因此，在战略制定时，要客观评价企业能够和应该做哪些事，不能够和不应该做哪些事。同时，要充分估计企业某种资源的独特能力，并利用它们去获得企业的竞争优势。这种独特能力即特长，不仅仅表现在此方面做得好，而且要使它超过竞争对手。这就是说，企业不仅要具备绝对优势，而且要具备相对优势。

（五）企业文化

每个组织都有自己的信念、价值观和特征等，这些反映在企业的行业上，就形成了企业自己的文化。企业文化使企业拥有了特有的形象和个性。例如，有些公司在技术上是开路先锋，引导技术新潮流；有些公司则注重产品质量，品质超群；而有些公司则特别注重社会意识，对满足消费者需求有一种执著的追求。这些都是企业文化的体现。在文化意识浓厚的公司中，企业文化特征或多或少都会在战略中反映出来，成为重要的战略要素。企业文化对企业经营战略制定和实施起着极为重要的作用。同时，这些与文化有关的价值观念和信念会影响战略决策者的思维，决定企业对外界环境的反应，从而影响企业对战略的选择。

（六）协同作用

这是指企业从资源配置、企业使命以及经营领域的决策中所能寻求到的各种共同努力的效果。在企业管理中，企业总体资源的收益要大于各部分资源收益的总和。一般讲，企业协同作用有投资协同作用、协作协同作用、销售协同作用、管理协同作用等。协同作用的值可以是正值，如1+1＞2的效应；但协同作用也会出现负值，例如，当一个企业进入新的行业开展多种经营时，由于新行业的环境条件与过去经营环境截然不同，以往的管理经验发挥不了作用。在这种情况下，管理的协同作用便为负值。从总体看，衡量企业协同作用的方法有两种：一是企业收入一定时，评价由于联合经营而使企业成本下降的情况；二是企业投资一定时，评价由于联合经营而使企业纯收入增加的情况。

三、物业服务企业战略管理定义

物业服务企业战略管理就是根据企业的内部条件、行业环境和外部环境的分析，为求得企业的生存和长期稳定的发展，对物业服务企业的发展目标，以及达到的目标的途径和手段的总体谋划。

物业服务企业实施战略管理有非常重要的意义。

① 物业服务企业实施战略管理可以提高企业的经济效益。企业通过实施战略管理，可以及时对经营活动和市场需求变化做出反应，在正确的战略方针指导下改变发展战略，使企业的经营方式和整体经营战略别具一格，形成差异化，从而增强企业的竞争能力。

② 企业通过实施更加系统性、更加有效的战略可以改变单一的物业管理内容，拓宽经营业务，并获得较多的利润，特别是目前的物业管理存在许多误区，企业靠单纯的"服务集成"、业务难以获得足够的发展积累，必须积极开拓利润来源。

③ 通过战略管理能够把物业服务企业各部门的生产经营活动联系成一个有机的整体，调

动员工的积极性，共同为实现企业目标而奋斗，使企业的各项经营活动衔接协调，便于公司内部的有效管理。

四、物业服务企业战略管理过程

物业服务企业战略管理的实施包括战略分析、战略选择和战略实施三个过程。

（一）战略分析

战略分析包括两部分内容：一是企业所处的外部环境分析；二是企业内部条件分析。企业外部环境分析主要是要了解企业所处的外部环境（一般宏观环境和行业环境）正发生或将要发生哪些变化，这些变化将会给企业带来何种影响。具体说来就是这些变化将会给企业带来哪些有利的影响即机遇，哪些不利的作用即威胁。这些机遇或威胁将是企业制定战略时所考虑的最根本的因素。企业内部条件的战略分析主要是要了解企业拥有哪些资源和具备哪些能力，这些资源和能力使企业在所经营的行业中处于何种地位，与同行竞争对手相比，有哪些优势和弱点，这些内部条件正是企业决定选择经营战略，抓住机遇、规避风险的。

（二）战略选择

物业服务企业战略选择包括以下三个方面的内容。

① 战略方案的制定。企业战略是为实现企业使命和企业目标服务的，它是指导企业经营管理的综合性蓝图，是从企业发展全局出发而做出的较长时期的总体性的谋划和活动纲领。它是要在认清企业外部机遇与威胁、内部资源优势与劣势的基础上，去解决企业发展中的全局性、长远性和根本性的问题。

企业战略制定的内容必须包括三个方面：企业使命即企业存在与发展的理由，肩负的引会责任，包含了企业哲学、宗旨与形象定位；战略目标即企业根据使命所确定的追求方向，将要达到的预期结果；战略实施方案，即实现战略目标的行动过程。

② 战略方案的评估。最初制定的战略方案，是备选的多种方案，因此，必须在评估、平衡它们相对优缺点的基础上进行选择。

③ 战略的选择。战略选择本质上是一个对各种方案的比较和权衡，从而决定比较满意方案的过程，不能追求完美与最佳，但是在评估、比较众方案优缺点和权衡上述问题的基础上确定比较满意方案的过程。

（三）战略实施

战略实施就是将战略转化为具体行动。大量研究说明，战略分析、选择固然重要，但更重要的是通过切实可行的步骤和方法将战略转化为具体的可执行的行动。一般来说，可从以下4项工作来推进一个战略的实施。

① 制定和协调职能战略（如生产战略、研究开发战略、市场营销战略、财务战略等），在这些职能战略中体现出战略推进步骤、采取的措施、项目，以及时间安排。

② 要根据战略实施的要求对企业的组织机构进行改造，以构造出能够适应所采取的战略的组织结构来，为战略实施提供组织保障。

③ 要调整企业的领导班子与企业文化，以与所执行的战略相匹配。

④ 对战略实施进行控制。解决战略实施过程中常会出现以下问题：

a. 纠正产生与战略计划要求不符的行动。这一般是因为个人的认识、能力、掌握信息的局限性，以及个人目标与企业目标不一致所造成的。

b. 调整战略计划的局部或整体已不符合企业的内外环境变化的状况。这一般是由原来战略计划制定的不当或环境发展与原来的分析预测不同所造成的。

第二节 物业服务企业战略环境

每一个企业都在特定环境下从事业务经营活动,不同的企业有不同的特定环境,所以应该有不同的战略。企业战略环境是对特定企业发生作用的外部战略因素,它既不同于对所有企业都发生作用的一般环境,也不同于对产业内所有企业都发生作用的产业战略环境,它只对某一个企业或某一类企业发生作用,所以,它是具有个性的战略环境。一般来说,物业服务企业战略环境主要包括宏观战略环境和微观战略环境两个部分。宏观战略环境包括政治环境、法律环境、经济环境、科技环境和文化环境等;微观环境包括竞争对手、合作伙伴和业主。

一、物业服务企业宏观战略环境

(一) 物业服务企业政治环境

政治环境是指那些制约和影响企业发展的政治因素,包括国家的政治制度、国家的权利机构、国家颁布的方针政策和政治形势等。政治环境对企业来说是不可控的,带有强制性的约束力。它的存在,一方面会给有些企业造成威胁;另一方面也会给有些企业带来发展机会。

物业服务企业的行政管理涉及大量不同政府部门的交叉管理。物业服务企业与相关行政管理部门的沟通合作能力对企业的生存和发展具有重要的意义。根据1993年12月经国务院批准的有关建设部职能的文件明确规定,建设部是国务院综合管理全国建设事业(工程建设、城市建设、村镇建设、建筑业、房地产业、市政公共事业)的职能部门,因此建设部是物业管理的行政主管部门。各省、市对物业管理的行政管理部门都有着明确规定。北京市人民政府在《北京市居住小区物业管理办法》中规定:"市和区、县房屋土地管理机关管理本行政区域居住小区物业管理工作。"同时还规定:"本市规划、工商行政管理、物价、环境卫生、绿化、市政、公安等行政管理机关和居住小区所在地的街道办事处,按照各自的职责,对居住小区的物业管理工作进行指导和监督、检查。"深圳市人大常委会颁发的《深圳经济特区住宅区物业管理条例》中规定:"市政府住宅行政管理部门是特区住宅物业管理的主管部门。"可见,各地区人民政府住宅行政管理部门是本辖区内住宅区物业管理的业务管理部门,对本辖区的住宅区物业管理依法进行指导、监督。物业服务企业应该时刻与有关政府行政部门做好协调、配合工作。总之,物业服务企业受到政治影响的程度要显著地大于其他行业。

(二) 物业服务企业法律环境

企业的法律环境是指与企业相关的社会法制系统及其运行状态。目前,我国与企业有关的法律法规主要有:《经济合同法》、《商标法》、《广告法》、《消费者权益保护法》,以及《标准化法》等。对中国的物业服务企业而言,应该应对与物业管理相关的法律法规。

物业管理相关的法律法规的建设情况对物业服务企业的战略制定有重要影响。物业管理法律制度体系从宏观性、原则性、指导性角度讲基本满足要求,但从操作性来说略显不足,有待进一步总结实践经验,深入研究,补充完善。物业管理企业应该重点关注《物业管理条例》,和《物权法》。

对于中国的物业服务企业,还应该关注群众利益团体的发展情况。群众利益团体对企业的发展也有着非常重要的影响。从发达国家来看,影响企业经营管理决策的群众利益团体主要是保护环境的群众利益团体和保护消费者利益的群众团体。这些群众团体在某些方面给企业施加压力,从而使消费者利益和社会利益得到法律的保护。1985年1月在北京成立的消费者协会,其任务就是宣传国家经济(特别是有关消费方面)的方针政策;协助政府主管部门研究和制定保护消费者权益的立法;调查消费者对商品和服务的意见与要求;接受消费者对商品和服务在质量、价格、卫生和安全等方面的投诉。随着市场经济的深入发展，企业间的竞争越来越激烈，消费者的维权地位越来越突出，协会的重要作用也越来越受到企业的重视。在最近几年的3.15维权日上，有关物业管理纠纷的维权问题引起了广大人民群众的广泛关注。物业服务企业应该在这些方面采取积极的措施。

（三）物业服务企业经济环境

所谓经济环境是指构成企业生存和发展的社会经济状况及国家经济政策。社会经济状况包括经济要素的性质、水平、结构、变动趋势等多方面的内容，涉及国家、社会、市场及企业等多个领域。国家经济政策是国家履行经济管理职能，调控宏观经济水平和结构，实施国家经济发展战略的指导方针，对企业经济环境有着重要影响。

中国国民经济的持续稳定的发展走势保证了中国物业服务企业会在一个相当长的时间有持续发展的环境。

中国房地产业的发展态势给中国物业服务企业带来了很大的机遇。这些硬件问题基本解决后，自然会对居住服务、居住环境等软件方面的物业管理服务质量提出更高的要求（这些物业管理服务具体包括房屋及相关设施设备维修养护、小区治安保卫、环境保洁、绿化养护、居民服务、物业中介等一系列的配套服务）。

中央和各地政府对物业管理模式在全国的进一步推广。目前，全国绝大部分城市已经引进和推广了物业管理新体制，不仅在新旧住宅区全面推广，而且已被工业区、学校、医院、商场、办公楼等各类物业广泛采用。物业管理市场不断成熟，物业服务企业间的竞争不断加剧。截至2004年，全国的物业管理覆盖面占物业总量的35%，从业人员230万人，而到2006年，全国物业覆盖面达到了42%，从业人员将近260万人，短短两年的时间，覆盖面就上升了7%，从业人员增长了30万人左右。全国2万多家物业管理已由单一的市场竞争发展到全方位的市场竞争。物业管理市场在进一步增长的同时也带来了更加激烈的市场竞争环境。

（四）物业服务企业科技环境

企业的科技环境是指企业所处的社会环境中的科技要素，以及与该要素直接相关的各种社会现象的集合。企业的高层管理者必须要密切注意与企业相关的技术环境的发展变化。随着科学技术的发展，新技术、新能源、新材料和新工艺的不断出现与运用，企业在战略管理上需要做出相应的决策，以获得新的竞争优势。科技环境分析大体上包括以下4个基本要素：社会科技水平、社会科技力量、国际科技体制、国家科技政策和科技立法等。

智能化建筑的普及客观上要求物业管理要进行设施管理智能管理。这将带给具有创新意识的物业服务企业很大的发展机遇。过去开发建设的物业，配套设施、设备的技术含量都不高，其管理维护的技术要求也不高。但是，随着高新科技的迅速发展，现代物业建设中引入了很多科技含量很高的智能化设备，物业建设智能化已是大势所趋。管理好这些复杂的设备，靠过去那种简单的管理维护技术显然是难以担当管理重任的。前高新科技应用广泛，各类物业建设中的科技含量都在迅速上升，引入高新科技的智能化物业的管理概念即设施管理已经在我国的发达地区出现并呈现出迅速发展的势头。

对提高物业管理服务质量有显著效果的网络技术、智能化技术的逐步普及。随着我国经济持续稳定地增长，人们居住的硬件条件得到了很大的改善。随着互联网技术、通信技术等高新科技的迅速发展，物业服务企业的信息化水平不断提高。在物业管理中引入诸多高新科技的设施设备，已经是大势所趋，特别是当前宽带网络技术的迅速普及推广。为物业服务企业服务手段的革新提供了新的平台，网络化、智能化管理服务已经成为当前物业服务企业竞争制胜的关键筹码，今后还将成为物业服务企业的基本管理服务手段。

(五) 物业服务企业社会及文化环境

企业的社会环境，是指企业所处的社会结构、社会风俗和习惯、信仰和价值、行为规范、生活方式、文化传统、人口规模与地理分布等因素的形成与变动，包括国家社会阶层的形成和变动、执政党的状况、人口的地区性流动、人口年龄结构的变化、社会中的权利结构、人们生活方式，以及工作方式的改变等，这些因素的变动必然都要反映到消费模式中。会对社会需求产生重要影响，同时也会对企业的战略决策产生影响。

国民教育水平正在逐步提高，越来越多的人能以科学的眼光来看待和要求中国物业管理业和物业服务企业。这样的社会文化氛围有利于物业管理行业的规范发展。这种高质量的要求，对现有物业服务企业的服务意识和管理水平提出了挑战。同样作为服务行业的物业管理行业，如果企业服务意识差、服务水平低、观念不及时更新，这样的企业在今后的市场竞争中将不可避免地被淘汰出局。

二、物业服务企业微观战略环境

制定企业发展战略的本质，在于把企业与其所处的环境联系起来，关键是将参与竞争的某个企业做深入分析，找出竞争的态势，确定行业内基本状况，对制定企业战略具有极为重要的意义。

(一) 竞争者

物业管理行业中现有企业之间的竞争是最直接的威胁因素。企业间的竞争一般采取两种方式：价格竞争和非价格竞争。价格竞争通过降低价格，导致大多数企业盈利下降甚至亏损，是最惨烈的竞争形式。非价格竞争，如加快新服务品种开发，提高服务的质量和性能，通过提高价格的方式将成本转嫁到顾客身上。

目前，我国中小型的物业服务企业占了绝大多数。拥有的资源和能力大致相同。竞争是相当激烈的。而物业管理服务之间的产品差异很小，顾客可以很容易地联合起来，由业主委员会对物业管理服务提供者进行再次选择，从而使产品和企业间竞争加剧。物业管理行业在中国同时也是一个快速成长的行业，随着房地产开发从增量走向存量，物业管理的市场容量不断增大，市场空白点也很多，每个企业都有增长的机会。所以物业服务企业应该关注的是如何充分利用自己的资源去满足现有或潜在客户的需求。而不是去挖走竞争对手的客户。

(二) 合作伙伴

一般来讲很多物业服务企业都将诸如安保、保洁、绿化等业务外包给专门的企业去完成。这样，物业服务企业就与这些企业形成了合作关系，也形成了某种供应关系。供应商是一个企业生产经营所需投入品的提供者。供应商和生产商之间的关系从根本上讲是一种买卖关系（有时可演变成合作关系）。供应商能力是指投入要素的供应者通过谈判从客户手中获取利润的能力。供应商议价能力越强，对生产企业的威胁就越大。供应商力量的强弱取决于供应商所在行业的市场条件和所提供的产品的重要性。如果所供应市场是完全竞争市场，供应商的力量就很弱，反之。供应商的力量就强。有时，供应商所在行业可能被少数企业支配。拥有强势品牌的物业服务企业可以支配一般的保安、环卫、家政服务公司等。

如果供应品是高度差异化甚至是独一无二的，那么企业对供应商的依赖性就很大，供应商的威胁就高。对处于接近完全竞争市场的下游保安、清洁、家政等专业公司，物业服务企业是供应商的重要客户，具有很强的议价能力。

(三) 业主

物业服务企业是业主聘任，为业主服务的，因而业主对于物业服务企业的影响是超过一般客户对于企业的影响的。同时物业管理服务的差异性是很小的，可见，开发商或业主委员会作为物业管理服务的购买者，对物业服务企业的威胁很大。物业服务企业的发展战略必须要充分考虑业主的因素。

第三节　物业服务企业总体战略

一、物业服务企业的多元化战略

（一）概念

多元化是企业不断拓展经营空间，建立新的增长点的一种有效战略。由于任何产品的市场容量都是有限的，随着企业经营规模的扩大，当市场占有率达到一定水平时，进一步扩大市场份额需要付出很大的代价。在这种情况下，物业服务企业利用现有的资源和品牌知名度，结合市场的需要，适时地转向另一个与核心业务相关或者更有潜力的市场，是一种合乎理性的选择。

（二）物业服务企业多元化的方向

物业管理行业是微利行业，当管理、服务技术日臻成熟并普及运用之后，市场的竞争将达到白热化。只有志存高远的物业服务企业才能够未雨绸缪，率先涉足物业服务增量市场领域，以业主潜在、未来的需求为导向，丰富服务内涵，延伸服务品类，追求市场经济体制下经济效益、社会效益、环境效益的最大化。

① 确立战略优势。物业服务企业必须在多元化发展战略上拔高层次，突破狭义物业管理概念的束缚，向物业再开发这一保值增值手段填充新的理念、知识和技术，形成大物业的发展概念，为物业服务领域向纵深开拓扩充思路。

② 确保战略有效辐射。物业服务企业可以根据相关多元化经营措施的制定，借助品牌优势，对社会范围内更为广泛的人力、物力、财力等资源进行统筹调度、有效整合，为企业创造最佳经济、补会、环境效益。

物业管理的多元化经营要素咬紧随市场脉搏的波动，根据业主消费群体的需求意识变迁，得到不断的突破和创新，在变化中完成新陈代谢和自我升级，就会创造出物业服务企业的全新的社会、经济、环境效益。

二、物业服务企业品牌战略

物业服务企业要生存发展，拓展市场，就必须学习和借鉴世界先进国家企业经营管理的成功经验，实施名牌战略，形成品牌效应。创品牌企业，建优秀物业管理小区，现已成为我国物管企业的管理目标和奋斗方向。物业服务企业要制定和实施品牌战略，就要明确品牌战略的特性和作用，要确定品牌的价值战略。

（一）物业服务企业品牌价值

品牌是内在品质与外在形象的统一。物业服务企业不能只看重其"产品"的外在形象价值，而忽视"品牌"的内在品质价值。内在品质价值是品牌价值的根本。而品牌的外在形象及其价值是内在品质及其价值的表现、流露和展示。所以，要注重"产品"外在形象价值如小区、楼宇的外在形象，更要重视它的内在价值如诚信服务。

物业品牌价值的实质是满足业主的需要，使用户的价值最大化。这反映创建物业品牌是忠实于业主的本质特性。一个小区、一栋楼宇的管理服务，关键是业主使用的满意程度，以及管理水平和服务质量。物业服务企业只有创造业主价值，满足和增进业主利益，物业服务企业才能生存、发展、壮大。可见，只有用户价值从后台走到了前台，变得越来越重要、越突出，物管企业的价值才会充分地展现和大大地提高。品牌价值是物业服务企业价值的显示，也是物业服务企业价值与用户价值的统一。

（二）物业服务企业品牌战略作用

物业服务企业实施品牌战略，虽然把用户价值提到重要和突出的位置，甚至把它放到首位，但最终还是为了实现和增进企业价值。可是，物业服务企业实施品牌战略不是为了狭隘的眼前利益，更不是要竭泽而渔，而是为了避免成为"短命"的企业。在这个压力和机遇并存、风险与利益同在的时代，唯有实施品牌战略，实施大市场战略和可持续发展战略，才能使本行业长盛不衰，成为长久性公司。

三、物业管理品牌经营战略的实施过程

将企业培植名牌的过程称作品牌战略的实施过程。实施战略的最终目的是对企业的品牌承诺进行定位，创立品牌模式和特色，从而建立稳定的竞争优势，使企业的品牌资产实现最大化。主要包括以下两个过程。

（一）品牌的评估与分析

1. 品牌评估的定义

即对品牌形象和认知度进行客观的分析。制定实施品牌战略，物业服务企业就应该调查市场行情，顺应市场需求，捕捉市场机会，驾驭市场形势，挖掘潜在市场，填补市场缺口。

2. 品牌评估的内容

① 企业现有品牌的形象和地位如何。通过收集有关企业形象的一切信息，不论是好是坏都要进行大量的调查研究，了解企业在行业中的地位及影响力是什么？品牌的优劣势是什么？品牌能对顾客产生的最大正面效应是什么？

② 对消费者行为的分析。是指对得到企业品牌所有利益关联人的分析，包括：当前顾客，潜在顾客，专业服务的供应商，媒体等。分析的主要内容包括：信任度、知名度、美誉度、满意度和未来的消费趋势等。收集顾客的资料有助于客观地了解企业品牌形象的真实情况，还可以了解顾客对其他竞争者的满意程度，从而可以确立企业在未来发展道路上的行为和方向。一个企业的品牌好不好不是自己说出来的，也不是同行评出来的，而是建立在客户心中的。

③ 行业发展和当前经营环境的分析。是指对一切能够影响企业品牌战略实施的外部因素的分析。通过对企业生存环境的调查提出问题：物业管理行业的发展趋势如何？竞争者的未来发展趋势如何？回答这些问题的目的在于能够在物业管理这个行业和市场竞争中明晰企业的工作压力，以确定品牌的市场情况。

④ 对竞争者和竞争趋势的预见。目的是为了在同行业中发现尽可能多的类似品牌。从而尽快地转变经营机制改变经营策略，赶超在同行竞争者之前创造差别优势。在分析中涉及的问题有：风险因素；竞争对手的情况；独特性、运用品牌的实际情况；未来会有什么样的新服务进入市场？怎样才能使自身的品牌、服务与竞争者相比存在差别等。

⑤ 企业内部的领先优势和竞争优势的分析。进行品牌评估的过程中这点是最关键的。企业要想推广自己的品牌，一定要以市场需求为核心，根据消费者的需求确定产品的定价，在此基础上强调领先和优势地位。有步骤、有计划、有原则、有策略地实现服务质量的优胜，并以业务专业化、经营市场化和管理现代化三方面要素进行保障。

3. 实施品牌评估的重要性

实施品牌评估可以为企业了解自身在市场中的地位提供客观资料，有利于建立与顾客之间的沟通渠道，是进行其他活动的基础。

实施品牌评估可以使企业找出经营过程中的漏洞，明确自身优势，从而不断地查漏补缺，

更利于企业经营管理的完善和品牌的再升值。

实施品牌评估可以使企业洞悉行业发展态势和竞争的激烈程度，了解竞争者的情况。有利于日后经营策略和服务技巧的更新。

（二）确立品牌的目标

实施品牌战略的最终目的就是实现企业所预测的目标，也就是品牌的战略目标。品牌战略目标必须切合实际。在工作中能够执行，既不能高不可攀，又不能过低。品牌战略目标是企业品牌战略方针的落脚点，更是品牌战略运作的目的。设立的目标一定要有质有量，为企业提供奋斗的方向。

1. 品牌战略目标的主要任务

提高物业服务企业品牌知名度，表现为服务质量的稳定和提高、服务种类的增加、品牌知名度范围的扩大等。

2. 品牌战略目标制定的依据和原则

（1）企业战略目标的制定依据　企业制定目标靠内部和外部因素，因此，在制定目标之前必须进行市场调查，收集市场情报，了解消费者的需求动态，作为制定目标的资料；然后再依据国家经济发展要求、企业自身的发展要求、现实的条件和潜在能力，以及上期战略目标实施情况和存在的问题进行综合分析，才能制定出既能满足用户要求，又能符合本企业实际情况的品牌战略目标来。

（2）制定目标遵循的原则

关键性原则——战略目标要分清主次，抓住品牌运用和企业经营活动的全局性、关键性问题；

可行性原则——战略目标制订出来要能够实施，符合企业实际情况；

定量化原则——以一定的标准和指标来衡量目标实施的程度；

灵活性原则——由于企业的内部和外部环境都是在不断变化的，因此，战略目标也要根据形势的变化及时调整和修改；

协调性原则——目标的制订要同下属部门的具体目标协调一致，不能相互矛盾，脱节，要形成一个体系。

四、物业服务企业稳定型战略

（一）企业稳定型战略的概念

稳定型战略是指：在企业内外部环境约束下，企业基本保持目前的资源分配和经营业绩水平的战略。按照稳定型战略，企业目前的经营方向、核心能力、产品及市场领域、企业规模及市场地位等都大致不变或以较小的幅度增长或减少。

从企业经营风险的角度来讲，稳定型战略的风险是比较小的；从企业发展速度上来讲，稳定型战略发展速度是比较缓慢的，甚至还会有萎缩；从企业的战略思想上来讲，稳定型战略追求的是与企业过去大体相同的业绩，是要保持在过去经营状况基础上的稳定。

（二）稳定型战略的类型

美国的一些管理学家将稳定型战略分为 4 类，即不变战略、近利战略、暂停战略、谨慎前进战略。

1. 不变战略

采用这种战略可能有两种原因，一种原因是物业服务企业内外环境没有发生重大变化，基本稳定，而高层领导者认为企业过去经营相当成功，因此，没有必要对战略做出调整；另外一种原因是企业经营不存在什么大的问题，而外部环境又比较稳定。如果此时对战略作出重大调整反而会使企业受损，企业效益反而有可能下降，因此企业高层领导不愿意对战略作重大调整。在当前物业服务企业竞争十分激烈的情况下,这种战略实际上是十分危险的,一旦企业内外环境发生较大变化,如果此时企业仍死守阵地,则有可能完全被竞争对手所打败。

2. 近利战略

企业以追求近利为目标,甚至不顾牺牲企业未来长远利益来维持目前利润水平,追求短期效益而忽视企业长期发展。例如:物业服务企业采用减少管理费用,停下设备维修,包括物业相关的小修大修,减少广告费用等的支出,尽量提高企业当前短期利润水平,如果企业较长期采用这种战略,将使企业失去长期发展后劲,企业不可能得到持续发展。

3. 暂停战略

暂停战略通常被认为是企业内部休整的临时战略。经营中往往会出现这样的情况,企业经过一段时间的快速发展后,可能会发现企业在某些方面显得力量不足或资源紧张,或管理跟不上企业外界环境的变化,这时就可采取暂停战略,即在一段较短时间内放慢企业的发展速度,临时性地降低增长目标的要求,腾出精力加强企业内部管理,以缓解资源供应紧张的状况。暂停战略可以达到积蓄企业能量,为今后发展做好各方面的准备。

4. 谨慎前进战略

采用这种战略主要是由于企业外部环境中某些重要因素发生了显著变化,而企业对环境变化的未来发展趋势难以预测,把握不住。

五、物业服务企业紧缩型战略

(一) 紧缩型战略的概念

紧缩型战略是指物业服务企业从目前的战略经营领域收缩或撤退,是偏离原起点较大的一种战略,是相对比较消极的战略。

一般来讲,物业服务企业实现紧缩型战略是短期的,其根本目的是从某一经营领域撤出后,再进入到其他对企业发展更有利的领域中去,是以退为进的战略。从企业经营风险的角度来讲,紧缩型战略是企业从风险较大,有可能使企业遭受更大损失的经营领域退回来。从企业发展来讲,可能因外部环境恶化而迫使企业采取紧缩型战略,是保全企业生存被迫向后撤退的战略。

(二) 紧缩型战略的类型

紧缩型战略共有三种类型,即转变战略、撤退战略和清理战略。

1. 转变战略

转变战略的实施对象是陷入危机境地而又值得挽救的企业,实现经营转变有三种措施供选择。

(1) 修订现行战略　如果企业诊断的原有战略已不适应当前企业的外部环境及内部条件的要求,则应当修改现行战略。要重新对行业、竞争对手、企业竞争地位及其经营资源、经营能力的状态进行分析,甚至企业经营主业就要产生转移,基本的经营宗旨及价值观念都要发生变化。

(2) 提供收入　收入提高的战略目标自然是要增加现金流量,为此有以下办法可供选择:物业管理服务打折销售;改进促销手段;催收应收账款;出售与企业基本经营活动关系不大的某些资产;努力增加现金收入。

(3) 降低成本　尽量压缩日常开支,减少培训、广告、研究开发、促销费用开支,压缩编制,降低管理费用,加强库存控制等。

2. 撤退战略

战略撤退的主要目的是要保存企业实力,等待时机再发起进攻。撤退战略包括三种类型,即放弃战略、分离战略和清理战略。

（1）放弃战略　当企业遇到很大困难，预计难以通过转变战略扭转局面或当采用转变战略失败后，可以采取放弃战略，将经营资源从这一经营领域中抽出，即以现金回收为出发点，不再进行任何新的投资，停止一切设备的维修，中止广告和研究开发，尽量减少产品的规格和种类，缩减产品的配销渠道等。总之，这种战略从企业的现状出发，以尽快回收现金为目的，最后放弃这一业务领域。

（2）分离战略　分离战略有两种形式：将某一业务单位从公司分离出去，此业务单位在财务和管理上有其独立性，母公司只保持部分所有权或者完全没有所有权；另一种情况就是找到愿意进入该经营领域的买主，将这一业务单位出售。企业分离的原因多种多样，首先，可能是业务单元的经营内容或经营状况与公司整体经营的内容状况不协调，不适合企业战略发展的需求，尽管这些业务单元的经营还能盈利；其次，可能是公司财务的需要，如筹集资金，保证公司财务稳定和主导产品经营的优势，因而牺牲某个经营领域以便增加公司的现金流量。

3. 清理战略

即企业由于无力清偿债务，通过出售或转让企业的全部资产，以偿还债务或停止全部经营业务活动的一种战略。清理分自动清理和强制清理，前者一般都由股东决定，后者则需由法庭决定。清理战略是所有战略选择中最为痛苦的决策，对于单一经营的企业它意味着结束公司组织的存在；对于多样化经营的企业，它意味着一定数量的工厂关闭和员工解雇。通常情况下这是所有战略全部失灵时采用的一个战略，当企业资产不足以清偿债务时，则只有宣告破产。在企业毫无希望再恢复经营时，早期清理比被迫破产更有利于股东的利益，否则，一味地在该领域内继续煎熬，只能耗尽企业的资源，而不会有任何好处。

案例分析　　　　　中海物业的品牌战略

深圳市中海物业管理有限公司是建设部首批一级、深圳市首批甲级物业服务企业，并为业内首家通过 ISO 9002、ISO 14001 认证企业。目前已发展成为拥有员工 2000 多名，高、中级专业管理人才和专业技术人才近 400 名、下属 3 家子公司和一个电子商务运营网络的大型企业。

十多年来，中海物业高水平的管理和优质的服务不仅获得了广大业主的信任与好评，而且赢得了良好的社会声誉。建设部有关领导在不同场合多次指出：深圳市中海物业管理有限公司是我国物业管理行业第一品牌，中海物业代表了中国物业管理行业发展的方向。中海物业凭借一贯的创新精神及规模、管理、服务、技术、人才等优势，不断引入国外先进的管理理念，注重环境和社区文化的营造；不断对现有管理技术与经验进行扬弃，去其疏漏，取其精华，与时俱进，持续创新；不断丰富中海物业品牌的国际化与时代性内涵，精炼全国物管行业第一品牌。中海物业将高扬规模化发展、网络化运营、信息化管理、专业化增效的企业发展战略旗帜，继续做行业领跑者，为推动中国现代城市的文明化进程做出不懈的努力和追求，为中国物业管理行业的发展做出新的独特贡献！

公司理念体系中明确提出"争足够的利润支持公司的成长，并且提供实现公司其他目标的资源；同时，作为公民，在我们有经营业务的任何地区，都要成为对当地经济有贡献的社会财富，以尽我们对社会的义务"这一发展目标。1996 年，公司顺利通过 ISO 9002 国际质量认证，是公司实施规范化管理迈出的关键的一步。1999 年，公司又率先在物业管理行业中执行"季度管理报告制度"，按季度公开管理处各项管理服务工作内容及费用，并在公司互联网站上公布各小区的管理费标准，进一步提高管理服务的透明度，使公司的管理理念得到规范化。

中海房产的建设者们始终怀着对社会、对消费者的强烈责任感，坚持以人为本的经营目标,致力于通过营造高品质的房产和提供周到的服务,倡导文明、和谐、优雅的居住文化。2002年4月,公司成功入围"杭州地区十大品牌房产"行列;2002年,公司被萧山区评选为"百强企业"。在过去的几年中,中海房产在市场需求的撞击和磨合中逐渐形成了较为完善的企业精神——以世界建筑人文历史为文化背景,以人类可持续性发展战略为开发原则,以创建良好的城市景观为社会责任,根据市场变化不断调整,优化经营结构;同时积极摸索适合自身发展的现代化企业经营方略。公司聘请北大咨询公司为企业进行管理咨询,逐步形成和完善了一整套系列化、规范化、程序化、品牌化的管理模式;在房地产开发和物业管理领域分别导入ISO 9002管理体系。中海物业管理公司本着诚信、创新、务实、求精,把个人追求融入企业的长远发展之中。以重组上市、战略扩张、持续发展为主线,形成比较合理的企业组织架构和市场布局,使经济效益和增长质量明显提高。实现自己的主要战略目标。同时为业主、为顾客提供一个安全、清洁、优美、舒适、方便的生活和工作环境。

中海物业管理主要是引进先进的港式物管理念、累积丰富的物管成功经验;规范的管理制度、创新的服务设计;打造出中海独特的管理特色,实行"1+N"管理模式,降低管理成本,充分共享资源;氛围式管理,打造无为而治的至高境界;首创酒店式物管服务,开行业之先河;推出商务全程式服务,服务于商业精英;提倡健康式物管,为业主营造寓环保、健康于一体的文明社区;ISO 9000、ISO 14001、ISO 18000三项国际管理体系贯穿运行,中海物业管理注重高素质的员工队伍建设、丰富的人力资源储备,创造社会效应。

【请分析】

1. 中海物业管理的经营理念是什么?
2. 物业管理的方针、目标是什么?
3. 中海物业管理的特色是什么?

思 考 题

请根据本章内容考察一个物业服务企业,根据该企业的实际情况谈谈物业服务企业如何进行战略管理。

拓展知识　　　　　　物业经营管理的利弊分析

从目前的实践看,物业经营管理的有利之处主要体现在:首先可以更好地满足市场需求和客户需要;其次更好地体现了经营、管理一条龙服务,对客户来讲,提高了服务效率;再次,扩大了物业管理企业的盈利空间。物业管理企业面临的重要挑战之一就是专业化管理与管理费不足之间的矛盾。租赁代理、交易咨询、估价等业务的佣金比例明显高于物业管理佣金比例,使物业管理企业综合实力和生存能力得到提高。物业经营管理面临的问题有:一是压力大,物业管理企业承担了一项物业的经营管理权,同时也承担了物业经营的义务,而物业租赁及交易成本的波动,相应地加大了物业管理公司的经营压力;二是风险大,一块物业的经营从项目选择、价格控制到客户确定,每个环节都有风险,仅是租赁风险防范就需要很多只能意会无法言传的市场锻炼;三是组建专业队伍困难,物业经营是一项极为专业的工作,不仅富有实战经验的人才难觅,而且有了人才,形成一个与物业管理配合默契的团队更不容易,一旦经营出现严重偏差和失误,物业公司难以承受。

第六章 物业租赁管理

【学习目标】
- 掌握物业租赁的含义、特点
- 掌握租金确定与调整的方法
- 明确物业租赁的分类方法，租赁管理的工作内容，租赁方案与租赁策略，物业租赁的相关法律内容
- 知晓物业租赁管理模式的内容，租赁管理中的市场营销工作

> **引导案例** 随机应变——租户搬出家具无业主书面许可怎么办
>
> 2000年8月18日，某高档小区A栋2楼C座的租户想要从承租的房屋中搬出一部分家具。他想尽办法去联系此时正在国外的业主，都没有联系上。按照物业公司的管理规定，租住户搬出家具，必须有业主的书面许可，而没有业主的书面许可，保安是不予放行的。急于搬出家具的租户万般无奈，找到物业公司领导，恳请给予特殊照顾。
>
> 物业公司的领导考虑，若简单放行，恐怕损害业主的利益；若拒不放行，又会使租户感到不便。于是鉴于租户只是搬出部分家具，便提出了一个变通的办法：要求租户列出所搬出家具的清单，并暂交与搬出家具价值相当的押金，由物业公司做好记录，并出具收取押金的收据，一旦租户能够提供业主的书面许可，物业公司立刻全额退回押金。这位租户觉得物业公司的建议合情合理，便欣然接受。时隔不久，该租户拿到了搬出家具的业主书面许可，在到物业公司换取押金时，还对物业公司既对业主负责又为租户着想的做法加以称赞。
>
> 【评析】物业租赁也是物业公司的重要业务之一。租户和业主同样都是物业公司的服务对象，如何管理租赁业务，如何能兼顾租户和业主的利益，是物业管理者所必需掌握的知识。在管理过程中也决不能只对业主关心备至，而对租户冷若冰霜。

第一节 物业租赁概述

业主和租户都是物业公司的服务对象，物业公司的管理工作必须同时兼顾二者的利益，为业主和租户提供优质的服务与管理工作。此外，物业租赁也是物业交易中的一项重要活动，是许多物业管理公司增加收益的一项主要业务。甚至一些业主也将自己的物业租赁责任委托给物业公司管理，并以此来衡量一个物业管理公司管理水平的高低。因此，了解和掌握有关物业租赁的知识是一名物业管理者所必备的。

物业租赁的概念有广义和狭义之分，广义的物业租赁，不仅是房屋的租赁，也包括土地使用权以及可能存在的地上建筑物、其他附着物的租赁。而狭义的物业租赁仅指房屋的租赁，也是我们通常所说的物业租赁，是指公民、法人或其他组织作为出租人将其拥有所有权的房屋，出租给承租人使用，由承租人向出租人支付租金的行为。

出租的实质也就是出售一定期限（月或年）的物业使用权。

一、物业租赁的特征

物业租赁作为一种特定的商品交易的经济活动形式，具有自己的法律特征。

（一）物业租赁双方都必须是符合法律规定的责任人

物业租赁中的出租人必须是该物业产权的所有人，或其指定的委托人或法定代管者。这里的物业产权所有人，可以是具备民事行为能力的自然人，也可以是法人或其他组织；可以是产权人自己，也可以是共有人。此外，物业产权所有人还可以委托代理人来从事物业租赁活动，对于物业管理公司而言，可以出租自己产权下的房屋，也可以代理业主的房屋租赁业务。

承租人则要求是具备民事行为能力的自然人或法人，并且没有法律限制承租的情况。例如，我国规定机关、团体、部队及其他企事业法人不得租用或变相租用城市私房。

（二）物业租赁的标的是作为特定物的房屋

物业属于不动产，它具有空间上的永久性、稀缺性和经济上的保值、增值性。不同的房屋由于环境、地点、结构、建材等因素的不同，而具有个别性。在物业租赁中，租赁的标的即房屋必须是特定物，而不能像大多数其他产品一样可以以同类物来代替。因此，出租人在提供房屋时，只能按合同中规定的标的物出租，而不可以用其他房屋来代替。当租赁合同终止时，承租人也必须按合同规定的标的物还租，也不可以用其他房屋来取代。

（三）物业租赁不转移房屋所有权

物业租赁与出售最大的区别就是二者转移的权利不同，出售是房屋的所有权在买方与卖方之间发生转移，通过买卖，房屋的占有权、使用权、收益权，以及处分权均转移给卖方。而物业租赁只是在租期内，转移物业的占有权、使用权，以及部分收益权。一旦租期届满，承租人有义务将房屋归还给出租人。

（四）物业租赁关系是一种要式契约关系

物业租赁关系是一种经济契约关系，它体现契约双方有偿、互惠互利的经济关系。同时，租赁关系的建立，还必须以租赁双方的协议或合同为依据，在协议中明确租赁双方的权利和义务。我国法律规定，租赁合同必须采取书面形式，并依法登记。

为规范房屋租赁行为，加强城市房屋租赁管理，建设部1995年颁发了《城市房屋租赁管理办法》（建设部令第42号）。该办法规定，房屋租赁实行登记备案制度，其核心是对合法有效的房屋租赁行为颁发《房屋租赁证》。房屋租赁登记备案的一般程序为申请、审查、颁证三步。

（五）物业租赁关系不因所有权的转移而中止

在物业租赁有效期内，出租房屋的所有权发生转移不影响原租赁合同的执行。也就是说，出租的房屋即使出售，也不会影响原来的有效租赁合同，承租人仍有权力继续租用该房屋。即使物业产权所有人死亡，通常情况下，也不会影响到物业租赁关系。

二、物业租赁的类型

根据不同的分类标准，物业租赁的可以做以下分类。

1. 根据物业租赁期限的不同分类

物业租赁可分为定期租赁、自动延期租赁以及不定期租赁。

① 定期租赁是规定确定期限的物业租赁，它包含明确的出租起始和终止日期。期限届满，租赁关系也随之终止。因此，采用定期租赁方式的，在租赁合同上要明确记载租赁期限的起止日期。定期租赁的期限可以长至数十年，短可以只有几天。一般公司、企业租赁厂房或办公场所多采取这种租赁方式。

② 自动延期租赁，又称阶段性租赁。租赁双方规定一个租用周期，租赁期限按周、月、年或其他规定周期自动延续，除非租约中的某一方提出要终止租赁合同。许多用于居住的租约一般开始于定期租赁，然后以类似的条件自动延续租约，这样就转为自动延续租赁。

③ 不定期租赁，在房屋出租时，租赁双方没有约定租期，出租双方可以随时终止租赁关系。租赁关系的存续完全依赖租赁双方的意愿。

2. 按照房屋的使用用途不同分类

物业租赁可以划分为住宅用房租赁和经营性用房租赁。经营性用房租赁，如商业用房、办公用房、生产用房等物业租赁方式。

3. 按照出租人收取的租金中所包含的费用支出分类

通常将物业租金分为毛租、净租和百分比租金三种形式。

① 毛租，是承租人按期支付一笔固定的租金，出租人负责支付所有有关物业的费用，包括房地产税和其他有关物业的税收、保险费和维修费等。水电费等公共事业费，则由租赁双方协商，可由承租人支付，也可由出租人支付。居住用房通常采用毛租的形式，有些写字楼的租赁业采用此方式。

② 净租，也称纯租约，要求承租人除了支付规定的租金外，还要额外支付物业费用的一部分甚至全部。净租通常在长期租赁中采用。从理论上，存在三种净租约：单纯租、双纯租和三纯租。主要区别是：单纯租的承租人只支付租金、水电费、房产税和其他的税收；双纯租的承租人除此之外，还要支付保险费；三纯租的承租人在双纯租的基础上，还要加上维修费，此时承租人承担了物业的所有有关费用。租赁双方往往在合同中，明确规定采用哪种形式的租约。由于目前物业的用途越来越专业化，三纯租约的使用越来越广泛，特别是工业物业的租赁一般都采用三纯租租约的形式。

③ 百分比租约，通常也称为超额租赁，常用于零售物业的租用。承租人除向出租人定期支付固定租金外，还要根据其超出预定销售量的部分，按百分比向出租人交纳毛租金中的部分收入。例如，一个百分比租约可能要求承租人每月交基础租金1200元，再加上年经营收入超过36万元的差额部分的4%，在这个百分比租约条件下，如果该承租人年总经营收入为72万元，该承租人需要支付固定租金以外的费用为（72000－36000）×4％＝14400元。相当于每月多支付超额租金1200元。在一些大型购物中心或超市的物业管理者要举办许多特别的活动，来吸引潜在的购物者到购物中心的租户处购物，购物中心的管理者也可以从超出的销售量中得到更多的租金，从而达到双赢的局面。

4. 按租赁房屋所有权的性质分类

房屋租赁分为公有房屋的租赁（简称公房租赁）和私有房屋的租赁（简称私房租赁）。

5. 根据租赁房屋用途的性质分类

可分为保障性租赁、福利性租赁和市场租赁。

6. 根据承租人的国籍不同分类

可以分为国内租赁和涉外租赁。

三、物业租赁管理模式

物业租赁，根据业主对物业服务企业委托内容与要求的不同，物业管理公司有不同的管理模式。不同的管理模式，业主与物业管理公司在物业租赁中各自承担的责任不同。常见的物业租赁管理模式的类型有委托管理模式、出租代理模式和包租转租模式。

（一）委托管理模式

委托租赁管理模式的具体做法是：业主自己直接负责租赁活动，不让物业管理公司介入物业租赁，业主只将物业管理的服务工作委托给物业管理公司负责。

在这种管理模式下，业主负责物业租赁的所有活动，必须承担全部的市场风险，同时也将获得全部的租金收入。相对而言，物业管理公司只负责物业管理和服务，只获取物业管理和服务的费用，只要物业管理公司没有失职的行为，就不需要承担任何物业租赁带来的风险，经营租赁活动所获得的利润多少也与物业公司无关。在物业租赁市场很活跃的时候，业主通常会选择这种委托管理模式。

（二）出租代理模式

出租代理模式的具体做法是：业主全权委托物业服务企业负责租赁活动以及租赁中的管理和服务工作，物业企业只获得代理物业租赁活动的佣金，代理佣金按照租金收入的一定比例收取。

在这种管理模式下，业主是不需要负责物业租赁的，他把物业租赁的代理权给物业公司。与委托代理模式相比，业主不需要承担市场风险，但一定的市场风险对于业主来说还是有的，同时，就物业租赁所获的利润，业主只能得到扣除佣金之后的全部租金收入。业主承担的风险比委托管理模式下承担的风险有所降低，同时物业租赁收入也有所下降。

此时，物业管理公司按照委托代理合同，从事物业租赁活动以及租赁过程中的管理与服务工作，并根据委托代理合同承担一定的责任，如由于物业管理公司管理不善或经营租赁活动出现失误给业主带来了损失，物业服务企业都将受到一定的惩罚。出租代理模式下，物业管理公司需要承担一定的风险，但较之包租转租模式，其承担的风险比较小，尤其是在租赁市场不景气的情况下，房屋空置对业主的影响要大于对物业管理公司的影响。

（三）包租转租模式

包租转租模式的具体做法：物业管理公司在接受业主物业管理委托时，将出租物业全部或部分包租下来，然后负责转租，即物业管理公司再零星出租。

业主不负责物业的租赁，不承担市场风险，只收取包租的租金。在租赁市场不景气或不易把握时，业主通常选择包租转租模式，以转移市场风险。

物业管理公司此时既要承担物业的租赁经营活动，又要负责物业的管理和服务工作。其获得的利润，除赚取物业管理费用之外，还将从物业租赁活动中获取一定的批零差价。但是在包租转租模式下，物业管理公司以固定的租金包租业主的物业，一旦不能将全部的物业出租，或房屋的空置率过大，物业管理公司将自行承担物业租赁活动的风险。因此，对物业管理者的租赁管理能力要求更高，需要懂得更多的租赁管理知识，提高各个方面的技能。

物业服务企业要结合租赁市场的情况、自身的实力，以及业主的需求，来选择适当的物业租赁管理模式。

第二节 物业租赁方案

租赁管理是针对包括写字楼、零售商业物业、出租公寓等在内的收益性物业租赁活动的管理，包括租约签订前、租约执行过程中和租约期满时共三个阶段。

一、物业租赁方案的制定

租赁方案是对租赁过程中主要事项的安排。制定物业租赁方案的程序如下。

（一）确认租赁房屋的类型、档次

首先需要确认所租赁房屋的类型。租赁房屋的类型一般是以租赁房屋的用途来划分的，是属于住宅用房还是经营性用房，经营性用房又可以分为商业用房、办公用房、生产用房等物业

租赁方式。

其次确定房屋是什么级别的房屋,住宅用房可以大致划分为花园别墅、高档公寓和普通住房三种类型。办公、商业用房则可以大致划分为高档和中、低档用房几种类型。比如写字楼就可以分为高档写字楼和中档写字楼,以及低档写字楼。

最后还要确认租赁房屋的户型特征及周边环境特征。

确认租赁房屋类型、档次是确定其他租赁方案的基础。

(二) 确认潜在客户群

确认潜在的客户群主要是根据租赁房屋的类型、档次,只有在确认了潜在客户群之后,接下来针对潜在客户群的营销工作才能够有的放矢。

住宅用房的租户一般是家庭或个人。其中,花园别墅和高档公寓的租户一般是需要短期或者长期租住的高收入人群,包括高收入中国籍家庭或个人,以及外国籍的家庭或个人,如一些外贸公司的白领、家在外地的公司高层人员,以及外资公司的高层管理人员、驻华使馆的外交人员、外国机构和港澳台及东南亚同胞在大陆设立办事机构的工作人员等。而普通住宅的租户则多是短期居住地、中等收入的中国及家庭或个人,如部分大学毕业生、年轻单身族、新婚家庭、外地到本城市的工作人员,也有一部分等待新房的拆迁户等。

办公用房的租户通常是各行各业的社会组织,如房地产开发公司、咨询公司、律师事务所、会计师事务所、市场调查公司、培训机构、银行等金融机构以及国内外城市、外国机构和港澳台及东南亚同胞在大陆设立的办事机构等。不同档次的办公用房其租户也是不同的,如大的办事机构和公司通常会在繁华地区租用高档写字楼,而一般公司尤其是一些小公司则多租用低档写字楼。

商业用房的租户是从事各种商品买卖的企业甚至是个体户。如高档商业用房则基本上是一些有实力的,不管是国内的还是国外的一些商业企业和一些企业的直销机构租用,而中低档商业用房则更可能是一些实力一般的中小企业,甚至是一些个体户租用。

(三) 确定租金方案

通常根据租赁房屋的类型、档次,结合潜在客户群的特征、租期的长短、房屋的装修及家具、设备的配置等情况,选择确定具体的租金类型、租金的数额以及租金的支付方式。租金的确定将会在下面的内容中进一步说明。

(四) 确定租赁服务方案

根据房屋的类型、档次,结合潜在客户特征来确定需要提供哪些具体的服务项目、内容,要达到什么样的服务质量,以及一些服务项目的价格问题等。

(五) 确定吸引潜在租户方案

确定吸引潜在租户的方案要根据租赁房屋的类型、档次,结合潜在客户群特征,来确定需要采用哪些市场营销活动,具体的营销活动主要有广告宣传、形象策划、引导参观、租售中心的活动以及与一些代理机构联系等。

(六) 确定租赁纠纷预防和处理的方案

物业租赁纠纷是难以避免的,但是我们可以通过制定纠纷预防方案来尽可能减少纠纷发生的可能性。与此同时,租赁纠纷处理方案也十分重要,正确、合理的处理租赁纠纷的时候也会无形之中加强与租户的联系,进一步建立、维持良好的租赁关系。

引起物业租赁纠纷的主要原因有:因租金标准、租金交纳以及租金的调整等引起的租金纠纷,租赁期间因使用、修缮、装饰装修等引起的纠纷,租赁合同解除的纠纷等。

针对以上种种原因,结合可能出现的物业租赁法律问题,来制定租赁纠纷预防和处理方案,使物业租赁经营更规范,更合理,更能体现以人为本。

（七）草拟物业租赁合同

根据有关法律、法规和政策，结合租赁房屋的类型、档次，潜在客户群特征等，草拟恰当的租赁合同。在租赁合同中，既要明确物业管理公司所代表业主的关键权益，又要给租户留有余地。与此同时，租赁合同要与租金方案、租赁服务方案等租赁方案中其他内容紧密结合，相互呼应。

（八）拟定租赁管理制度

物业租赁管理的各项制度都是根据国家有关政策法规以及租赁合同编制的，用来规范租赁双方，尤其是承租方租赁行为的具体规定，它主要包括以下几个制度。

① 房屋租赁租金管理制度，该管理制度主要规定租金标准、租金交纳时间、租金的调整办法以及违约责任形式等。

② 房屋使用与维修管理制度，该制度主要规定承租人应该如何使用房屋以及房屋的修缮责任归属等。如房屋使用方面可以规定承租人不能任意改变合同规定的租赁用途、不能以乱写乱画等方式故意破坏房屋、要按照约定装修房屋、不能在房屋内从事违法或有损公共利益、有伤风化和社会道德的活动等。关于房屋维修，则可以规定由承租人进行维修，或者规定由承租人对房屋的某种维修项目或房屋的特定部位进行装修；而对于住宅用房的自然损坏，则通常由出租人承担维修责任。

③ 房屋转租与退租管理制度，该制度主要规定房屋承租人在转租或退租时的要求，比如规定转租必须经过出租方的同意，转租金如何分配；退租时，在什么时间、范围内租金按全天或整月计算，什么情况下只需交纳部分租金，退租手续如何办理以及退租时应退还什么（如房门、信箱以及地库的钥匙等）和应检查什么设备等。

（九）租赁管理人员的组织与培训

租赁管理人员的组织要根据具体的管理和服务内容，来确定具体的岗位，组织框架；进而安排合适的人员来负责具体的租赁管理项目工作；租赁管理人员在上岗前必须进行培训，结合其岗位特征及工作内容，来安排具体的培训内容，使其能够尽快胜任该岗位职责。

二、租户选择与租金确定

（一）租户的选择

出租人将自己的物业出租给承租人，是希望通过物业租赁利用自己的房屋为其带来一定的经济效益，只有将房屋出租给那些能够按期交纳租金，并且合理使用房屋，能够自觉维护房屋的租户，出租人的利益才能够得以实现。因此要慎重选择承租人。

首先，要对潜在租户进行登记，核对其身份证明。租户必须是具有民事行为能力的自然人或法人，且没有法律限制承租的情况。这对于居住或非居住用房租赁都很重要，尤其是商业物业租赁，因为出租人要了解承租人是做何种生意的，生意的合法性，与其他租户能否协调，比如购物中心的租户就要限制它们的竞争性。在居住用房租赁中，同样也要考虑到租户的收入是否能足额缴纳房租，租户是否能够与邻里和睦相处。

其次，考察租户的租赁经历。开发新用户比维持老用户的成本要高，物业租赁也不例外，经常更换租户，会导致广告宣传费、管理费等费用的升高。因此除非特殊原因，出租人与承租人一般都会维持稳定互惠的租赁关系。而一般承租人频繁的更换租赁场所的原因大多是陷入了经济困难，因此业主或物业管理者为了不冒险，就会了解潜在租户过去的租赁历史，尽量寻找租赁是稳定可靠的、租赁期较长的租户。对于有改造物业要求的租户，其以往租赁是否稳定则更为重要。

最后，考察租户的资信状况。业主或物业管理者可以从租户以往的拖欠记录中了解潜在租户的资信状况。一般来说，以往总是拖延或不按期付款的租户会形成习惯，他们多数还是不会按时交纳房租，而以往总是稳定按期足额付款的租户则总会保证信用。因此，在选择租户时，对于经常拖欠或不按时付款的租户可不予考虑，如果仅有偶尔拖欠记录的，则应请对方做出解释。物业管理者可通过调查得到所需要的潜在租户的以往信用资料。

在选择租户时，不同类型的物业租赁，不同出租人还会有其他不同的要求，因此要慎重选择合适的租户，并与之维持稳定的租赁关系。

（二）物业租金的确定

物业租金也就是物业租赁的价格，是物业产权所有者或授权经营者分期让渡物业使用价值所体现的价值补偿，及出租人出租某种物业时，向承租人收取的租金。从承租人的角度来说，物业租金是承租人为取得一定期限内房屋的使用权而付给房屋所有权人的经济补偿。

从价格原理上看，物业租赁价格有两种表现形式：理论租金和实际租金。理论租金是物业价格的延伸，也是物业一次性销售价格和多次销售价格之间存在的实际价格的比例。作为衡量物业租金的客观标准，是以物业价值为基础的，因此，理论租金应该体现物业开发建设过程中的投入、时间价值因素、无形磨损和有形磨损等。实际租金则是以理论租金为基础，充分考虑了当地的收入水平、消费水平、市场供求以及租赁物业的地点、位置和房屋朝向、层次、采光条件、附属设施等因素综合确定的。

为了方便理解，我们把物业租金分为成本租金、商品租金、市场租金。

1. 成本租金

成本租金是由折旧费、维修费、管理费和税金五项组成。

（1）折旧费　房屋在长期使用过程中，由于自然损耗和人为损耗，房屋的价值会逐渐减少，这部分因损耗而减少的价值，以货币形态来表现，就是折旧费。折旧费的多少取决于房屋造价、使用年限和残值率。有专门的公式计算房屋的折旧费：

$$折旧费＝建筑造价 \times (1－净残值率)/使用年限$$

（2）维修费　是为了保证租赁房屋完好无损，能够正常使用和与其使用年限，而进行必要的维护、修理时所发生的费用。维修费可以保证或延长房屋的使用寿命，由于维修费用的投入，房屋的使用价值也随之增加，因此维修费是房屋出租经营中必须的物质损耗和劳动报酬支出，进而也是租金的必要组成部分。计算维修费的基本方法有更新周期法、比例法、面积定额法等。

（3）管理费　是出租物业的所有者或管理者对房屋进行必要的管理和服务所需要的费用。包括各种管理项目支出，以及管理和服务人员的工资支出、福利待遇支出等。

（4）融资利息　是出租者在建房或购房时因向银行申请贷款而必须向银行缴纳的利息。利息的计算应按照银行固定资产贷款利率，并以复利计算。

（5）税金　是经营房产必须向国家缴纳的费用。包括按照出租房屋面积分摊的房产税、土地使用税、印花税、营业税、所得税等，

2. 商品租金

商品租金是由成本租金加上保险费、地租和利润等八项因素构成的。

（1）保险费　使物业的业主为了避免因意外或偶然事故造成的房屋损失，而向保险公司定期缴纳的投保费用。租金中的保险费是按要求被出租房屋的现值（投保保险金额）和保险费率计算的。

（2）地租　是因房屋占用土地而向国家缴纳的土地使用费。租金中的地租一般是计算分摊到每平方米面积中的土地使用费支出。

（3）利润　是物业出租者或物业管理公司应获得的投资及经营利润。一般是以社会平均利

润计算,物业租赁经营的利润计算应本着为利经营的原则,合理确定利润水平。

3. 市场租金

从理论上来说,租金的确定要以物业出租经营成本、税费和业主希望的投资回报率来确定,但市场经济条件下,物业租金水平的高低主要取决于同类型物业的市场供求关系。也就是在商品租金的基础上,结合前面所说的市场租金来确定实际租金标准。市场租金是在商品租金的基础上,根据供求关系而形成的。这就需要我们考虑更多的出租房屋内在和外在条件来确定实际租金,如房屋构造,构造越合理,居住、使用越方便舒适,其租金也会相应的提高一些;在租金的确定过程中同样也要考虑到房屋设备和室内装修的投入;楼层的高低也影响着承租人生产的获利程度和生活的舒适程度;朝向影响着房屋的采光、采暖,进而影响居住、使用的舒适程度等;房屋的高低不同,租金也会受到一定的影响;其他的房屋自身的因素。外在影响因素如房屋的地理位置或所在地段,在实际生活中,物业租金受房屋地理位置所在地段的影响很大,特别是对商用承租方来说;供求关系,在房屋租赁市场上,房屋供过于求,租金普遍较低,相反,房屋供不应求,租金会普遍上涨;房屋用途,一般而言写字楼、商业大厦的租赁租金要高于普通的居住用房租赁价格。

结合上述分析,在确定物业租金时,我们需要确定租金基数,然后在租金基数的基础上,结合调剂因素,得出租金标准。

租金基数的确定,是以价值为基础的,以下是三种计算租金基础的方法。

(1) 等级计算法　等级计算法,就是按照房屋建筑结构和相应的装修设备划分等级,然后再规定分别确定每个等级的基本租金水平的方法。分级标准可以参照国家统一制定的有关标准,参考各地的区域特点来划分并计算房屋的实际等级。等级计算法通常是以一栋房屋为分级单位,对建筑内不同楼层、不同房间所存在的差异,可以在确定具体的租金标准时,用调剂因素加以反映。

(2) 项目基分计算法　项目基分计算法,与等级计算法不同,它是以每间房屋为评定的单位。按照该房屋建筑结构的有关项目,如结构、墙体、屋顶、地面、门窗、设备等作为主要计分依据,每一项视其质量分出不同等级,再订出每个等级的分值,然后按出租房屋的具体情况分项评分,最后将各项评分加以汇总。基础分支可以参照国家统一制定的《房屋完损等级评定标准》和各地其他有关规章、标准制订。

(3) 综合计算法　综合计算法是将上述两种方法结合起来使用,如房屋结构、墙体、屋顶、地面、门窗等作为主要的分级依据,按等级计分。其余的项目可按照项目基分计算法计算,最后将两项大分汇总即得出该房屋的租金基数。

租金标准的核定。租金标准是向承租人计收房租的具体金额,是在租金基数的基础上充分考虑其他调剂因素得到的。具体的公式是:

月租金标准=(租金基数±调剂因素)×计租面积+附属房单位租金×计租面积+设备租金

租金的调剂因素主要包括两个方面:

① 反映房屋建筑自身在定价方面客观存在的差异,如房屋的保暖隔热性能、墙体结构质量,附属设施,包括水、电、卫生暖气、燃气、电视天线、空调、电梯等是否完备,地面、门窗、室高的情况,以及朝向、采光、楼层等。

② 房屋建筑本身在定价方面客观存在的差异,如房屋坐落地段的环境、绿化、污染、人口密度、建筑密度、地区规划前景和规划实施进度、建筑价格上涨速度、房屋销售价格变化幅度、通货膨胀率、银行存款利率等。

调剂因素应当与租金基数的计算单位相一致,例如可将各种因素折合成分值,也可将不同因素换算成差价百分比,也可将其按人民币金额来计算。

目前，我国未售公有住房的租金标准是由人民政府根据当地政治、经济发展的需要和职工的承受能力等因素确定的，仍具有较浓的福利色彩。而其他经营性的房屋和私有房屋的租金标准则由租赁双方依据租金标准协商议定，可以采用毛租、净租和百分比租赁计算收缴三种形式。

三、租赁管理中的市场营销

物业管理公司承担物业租赁业务，是为了从中获取一定的利润，尤其是包租转租的租赁管理模式，在带来收益的同时，伴随而来的是一定的市场风险，当房屋的空置率较高的时候，物业管理公司的损失也更大。因此为了增加收益，就要提高房屋的出租率，作为物业管理者不仅要懂得物业租赁的相关知识，同时也要懂得关于物业租赁市场营销方面的知识与技能，分析潜在的客户群，运用相应的营销活动宣传、吸引租户，从而提高出租率，达到增加物业租赁收益的效果。

市场营销的两个最基本原则是"熟悉你的产品"和"新业务的最好来源是你目前的客户"。这两个最基本原则对于物业租赁的营销也是同样有效。为了熟悉自己的产品，首先要进行出租空间的检查，物业管理者在将待出租房屋推向市场以前，必须事先对待出租的房屋进行仔细的检查，如果发现有缺陷就要及时进行整改，使之达到良好的服务状态；作为物业管理者而言，了解待出租房屋的优缺点、各方面的性能之后，才能够有的放矢的向潜在租户进行推介。其次，要重视现有的租户群，让现有租户对物业租赁管理与服务具有较高的满意度，与之维系良好的租赁关系，作为长期的合作伙伴，也省去了去开发新客户的费用，与之形成良好的关系之后，这些老客户也会介绍更多更可靠的新客户，有利于提高房屋的出租率，减少空置率，从而提高物业公司的收益水平。

（一）物业租赁市场调查与预测

在制订物业租赁管理方案之前，要充分掌握物业租赁市场，就需要对物业租赁市场进行调查与预测。

1. 影响物业租赁市场的因素

影响物业租赁市场的因素很多，但最主要的影响因素有城市宏观经济环境、房屋出售市场情况、房屋租赁政策法规。

（1）城市宏观经济环境　是指城市的总体经济环境，它的好坏直接决定着是否有足够的、具有一定支付能力的租户来租赁该城市的物业，而且宏观经济环境的状况也决定着房屋租金水平，宏观经济形势看好，各行各业发展迅速，市场对出租的房屋需求旺盛，必然会促进房屋租金的提高；反之房屋租金就会走低。宏观经济条件的状况还是房屋租赁期限长短的重要影响因素。如果宏观经济形势好的话，租户就希望通过签订一个长期不变的合同来降低长期成本；而房屋出租者则希望尽量签订短期租赁合同或增加提高租金的条款等。

（2）房屋出售市场情况　房屋出售市场情况包含两个方面，一是房屋出售市场供给情况，二是房屋出售市场的需求情况。房屋出租市场与房屋出售市场的关系相当紧密，一般来说，房屋出售市场的产品质量好、位置优、配套全、价格低，则必然会吸引大群消费者去购买，而租赁市场就会因此而减少一些承租客户；反之，如果房屋出售市场没有适合消费者需求的房屋产品，则消费者就会转而到房屋出租市场去寻找承租自己满意的房屋。但是，如果房屋销售市场中存在大量将购买房屋用于出租的客户时，也可能对房屋租赁市场产生影响。所以，在分析和预测房屋出租市场时，一定要结合房屋出售市场的供给量方面，来把握房屋租赁市场的现状和发展趋势。

（3）房屋租赁政策法规　决定或影响城市居民或城市社会组织是否租赁房屋、租赁什么类型的房屋、租赁多大规模房屋以及租赁期限的重要因素。房屋租赁政策法规包括直接规范房屋租赁管理的政策法规,如《城市房地产管理法》、《城市房屋租赁管理办法》等,以及间接影响房屋租赁的相关政策法规规定,如《城市公有房屋管理规定》、《城市私有房屋管理条例》、《城市房屋拆迁管理条例》、《个人住房贷款管理办法》以及《中华人民共和国房产税暂行条例》等。

2. 市场调查的基本知识

(1) 市场调查方法的种类　市场调查方法比较多样,企业可以针对需要采用不同的调查方法,如市场需求调查、消费者调查、竞争态势调查和新技术、新产品调查等,可采用文献调查法、问卷调查法等间接调查方法。具体的市场调查方法有:文献调查法,通过搜集各种文献资料获取所需信息。比如对房屋租赁相关政策法规的了解,就可以采用文献调查法;实地观察法,是观察者有目的、有计划的运用自己的感觉器官或借助科学的观察仪器,来了解处于自然状态下的社会现象的方法,其所得资料往往比较深入、详细,真实性强,较为客观,但会受到观察者经验、知识、感知能力等方面的影响;访问调查法,是访问者通过口头交谈等方式向被访者作的直接调查,能够获得更多、更有价值的社会情况;集体访谈法,是访问调查法的延伸和扩展,通过开调查会进行调查的方法,集体访谈法与访问调查法相比,突出优点是了解情况快,工作效率高;但无法排除被调查者之间的社会心理因素影响,占用被调查者的时间较多,难以深入细致的访谈,调查问题范围受限制;问卷调查法,使调查者运用统一设计的问卷向被调查者了解情况或征询意见的方法;文件调查法是访问调查法的延伸和发展,方式多样,可以有报款问卷、邮政问卷、送发问卷和访问问卷;实验调查法,使实验者有目的、有意识的通过改变某些社会环境的实践活动来认识实验对象的本质及发展规律的方法,它是一种最直接最有效的调查方法,但同时需要大量的投资、花费时间也较长,可能会错过市场时机。

(2) 市场调查的技术　作为物业管理人员需要掌握一定的市场调查技术,如调查问卷的设计;抽样调查等技术。

(3) 市场预测方法　运用市场调查所获得的信息,对物业租赁市场进行未来的发展预测。市场预测方法分为定性预测法和定量预测法。定性预测法又称为经验判断法、外推法,它是根据已经掌握的历史资料和现实资料,凭借个人经验、知识和分析判断能力,对未来发展趋势做出性质和程度的判断,定性预测常见的方法有经理人员评判预测法、客户需要直接调查法、销售人员意见法、综合判断法、专家预测法等;定量预测法又称数学分析法是在占有各项有关资料的基础上,根据预测的目标和要求选择数学模型,根据企业内部和外部的变化情况加以分析,从而取得预测值的方法,常见的定量预测方法包括时间序列预测法和回归预测法。

3. 物业租赁市场调查的准备

(1) 明确任务　通过物业租赁市场方面的文献调查,确定调查的目的、性质、内容、范围、形式、时间、质量等要素。

(2) 工作计划　在明确调查目标、任务的基础上,安排工作计划。第一,要明确此次市场调查各步骤的意义。其次,确定此次市场调查各步骤目的及内容,需要了解出租房屋的供给情况,如房屋名称、所在地区、建成年月、出租面积、出租房屋的类型和档次、配套设备设施状况、具体房东的记录、出租单位的资料、空置率、出租策略、影响房屋出租的最大因素、出租时间、租金水平及变化情况、新建出租房屋、在建出租房屋等。第二,了解出租房屋的需求情况,如:租户类型、规模、租户所从事的行业或职业、租户承租的房屋大小、租户对已租房屋的满意程度、是否有扩租的想法、租户对房屋的位置、面积、档次、配套及物业管理房屋的要求,以及对租金的要求等。第三,在制定工作计划时,还要确定要如何完成各个步骤,也就是具体的方法和工具是什么。包括调查问卷、表格、访谈提纲、公司资料、统计与分析方法和工具等。第四,还要计划好考察区域和考察路线,以及时间、工作人员的安排。最后,要考虑到此次市场调查的预算经费。

(3) 进行培训　培训的内容包括对有关调查城市区位、商圈、项目的书刊、报纸、网站等公开信息与内部资料进行了解;对调查问卷、访谈提纲、公司资料进行全面熟悉;对调查设备的使用进行掌握,此外还包括对调查过程中的安全等其他注意事项进行培训,对统计、分析人员也要进行专门的培训。

4. 物业租赁市场调查的实施步骤

(1) 物业租赁市场调查　即实际的调查工作,结合需要选择合适的调查方法和调查工具。

(2) 物业租赁市场调查资料的整理与初步分析　对于收集到的资料,先进行编辑整理,去粗取精,提出虚假信息;然后,将调查资料编码、归档,以方便检索和使用;再将资料进行统计,并系统地制作各种计算表、统计表和统计图;最后,要对各项资料中的事实、数据进行比较分析,得出初步结论,比如某区域内某年度居住物业出租平均租金的具体数字等。

(3) 物业租赁市场预测分析　包括市场交易情况分析、需求情况分析、供给情况分析、运营主体分析、重点区域市场分析、客户群分析、政策分析等多方面,在此基础上可以进行供给预测、需求预测、价格预测、产品预测。

(4) 撰写物业租赁市场调查报告　包括前言、摘要、目录、正文、有关建议、附件等。前言要说明调查背景、调查目的、调查对象、范围、方法、时间以及使用限制等;摘要则是对调查结果的一个简要介绍;目录为了方便阅读;正文则是物业租赁市场调查报告的主要部分,应包括城市租赁市场环境分析、该城市物业租赁市场总体分析、该城市不同区域房屋租赁市场分析及大部分,具体包括物业租赁市场政策分析、市场供给分析与需求分析、未来市场预测等内容,分析的重点是租赁市场的租金水平、租售策略、供需情况、未来发展趋势;最后的附件部分应该包括调查分析附图、附表,以及参与调查的人员名单等。

(二) 市场定位

参考物业租赁市场调查的分析报告,结合出租房屋的具体情况,来确定本公司物业租赁房屋的定位,明确潜在的客户群,以及他们的基本特征和需求。市场定位的六个步骤:确定细分变量和细分市场;勾勒细分市场的轮廓;评估每个细分市场的吸引力;选择目标细分市场;为每个目标细分市场确定可能的定位观念;选择、发展和沟通所挑选的定位观念。结合市场定位,寻找自身的优势来进行营销活动,如价格优势;物业本身的素质;良好的声誉;经济实用等。

(三) 营销活动

市场营销活动可分为三类:广告竞争、形象宣传和个人销售活动。

1. 广告竞争

指企业通过媒体的广告,直接涉及其潜在消费者的需求和购买行为,而企业为此必须支付广告费的行为。为了达到更好的广告效果,首先要清楚制约广告的三个主要因素:物业类型,不同类型、档次的物业都有其特殊的潜在客户来源,因此,对不同类型的物业要有不同的广告竞争策划,结合潜在租户的特性,使用恰当有效的广告媒介和广告设计,来吸引符合该物业类型和档次的潜在客户;供求关系,在一个低空置率或稳定的市场上,如果所管理的物业在这个地区较为热门,或者此物业的租金率与顾客的消费能力相适应,则不需要很大规模的广告活动来吸引客户,但是如果该物业制作了一个设计精巧、印象深刻的广告却可以增加物业的信誉度,进而保持较高的出租率和租金率。如果该物业的空置率较高,则广告策划就必须以尽可能快和尽可能多地吸引潜在客户为目标;可用的广告资金,资金的多少直接影响着物业广告和促销活动策划,要想办法用最少的钱办最多的事,在资金状况许可的情况下,选择最佳的广告策略。

广告方式，物业租赁管理者可以从众多的广告方式中选择和组合，其目的就是在资金有限的情况下，使经营的物业最大限度的接触目标客户。广告方式有：标牌、报纸广告、杂志和其他公众场合、电台、电视、信函、宣传手册、宣传单、网络、组合广告等。

2. 形象宣传

指企业不用支付直接的广告费而获得公开宣传效果的方法。很多潜在承租者为某个物业所吸引，经常是因为该物业和管理此物业的物业公司在公众中的良好信誉。因此，加强物业的形象宣传，提高物业的声誉是极为重要的。进行形象宣传的方法有：保持与社交界、新闻界以及社会公众之间的良好关系，要主动与各社会团体联系，参与他们的活动并交流分享各自的专业经验，或赞助一些体育比赛、戏剧、音乐会等扩大知名度的同时，也提升了自身的美誉度；准备新闻稿供发表，用新鲜有趣的事实来吸引潜在客户；利用电视作宣传，比如大项目的开工、封顶和落成典礼的电视宣传，总之物业租赁管理者要利用一切机会对本企业进行宣传。

此外，关于形象的宣传还可以搞一些优惠、促销活动来吸引潜在客户，免费的联谊活动、免费的旅行、免费运动课程、免费使用俱乐部的机会等，让潜在客户近距离了解企业。

3. 个人销售活动

是指销售人员直接与潜在客户接触，完成交易的整个过程。

个人的销售活动包括两个方面：一是与独立的房地产代理商、经纪人的合作；二是物业管理者直接销售。

与房地产代理商、经纪人合作，他们往往具有丰富的推销经验，了解市场的供求状况，并具有广泛的客户网，借助他们的力量往往可以事半功倍，特别是在出租一个新的或具有相当规模的物业时。但是在与房地产代理商、经纪人合作时需要注意以下几点。

① 选择有信誉的代理商和经纪人。代理商和经纪人的信誉、能力对物业租赁的营销至关重要，只有信誉好的代理商和经纪人才能有较大规模的客户网，而有能力的代理商则可以使潜在的客户变成符合业主需要的现实租户。

② 向代理商和经纪人提供与物业有关的详细资料和信息，使其能充分熟悉和了解该物业的情况及物业业主和管理者的意图。

③ 双方事先要就合作方式、各自的权责以及租金分配等内容达成明确的协议，以防日后权责不明时产生纠纷。

④ 创造条件便于外界代理商和经纪人接触了解物业。

直接销售，是物业租赁者亲自去寻找客户，需要掌握一些营销技巧。

① 要了解客户。首先，要了解客户的真正需求。比如租户对面积、房间数、能接受的租金范围、配套设施设备等多方面的需求。其次，要了解客户搬迁的迫切性，即什么时候打算搬迁？搬迁是否必要？有哪些因素会影响这种迫切性。了解这些会对之后的谈判有所帮助。再次，了解客户的激励因素，有些租户注重金钱，有些租户注重声望，那么注重金钱的租户就要在租金上做出适当的让步，而对声望比较注重的租户，则需要提供给他能够代表其地位，与之相配的档次的房屋。在与客户接触时，要尽可能把握这些激励因素。最后，要了解客户是否是最终的决策者，要努力使决策者尽可能早的介入交易中，但注意避免使最初的接触者由疏远感而形成不必要的阻力。

② 创造兴趣和愿望，吸引顾客最有效的方法，就是带领潜在租户参观要租赁的房屋。给他们直观而深刻的印象，从而激起其租方的愿望。在引导参观的时候需要注意：选择物业最具优势的路线，给客户一个良好的总体印象；有的放矢的介绍，适时指出哪些是租户所感兴趣但不一定注意到的各种设施和服务，来增加客户的满意度；给客户看干净、适于出租的空间；控

制看房的数量。

③ 处理异议。客户在看房的过程中肯定会提出问题和房屋可能存在的缺点，这是很正常的。因此营销人员也要学会正确处理这些异议的方法。首先准备工作要做充分，对房屋进行仔细的检查，针对初步了解时客户的需求进行整改。此时，在出现异议的时候，营销人员可以及时、圆满地给予答复；其次，对确实存在的问题要坦率地承认并做出确切的承诺，从而体现诚实守信的态度和专业精神；最后，对客户提出的过高要求也不与反驳，可以答应其在签订合同时进行协商。

④ 建立租售中心，对于大型综合住宅和商业物业来说，建立一个组织健全、有专业人员的租售中心是必要的。租售中心要有完整的装修并带有极富吸引力的家具，以使潜在租户看到完成物业时的情况，从而吸引租户。也方便租售人员直接接触到租户。

总之，以上所有这些营销活动，都要服从业主及物业管理者的目标，也就是尽快地以最合适的租金将房屋租给信誉良好的承租者。

第三节　物业租赁合同

一、物业租赁合同相关法律知识

物业租赁关系是一种要式契约关系，租赁双方具有哪些权利与义务都要通过协商，进而形成合同。通过签订合同来确保租赁行为符合国家法律、政策法规的规定，确保租赁行为是平等互利、协商一致、等价有偿的，确保双方的利益不受侵犯。通过签订合同来明确租赁双方物业租赁的标的物，因为物业租赁的房屋是特定物，因此在租赁合同中必须标明租赁房屋的坐落地址、建筑结构、层次部位、间数、面积、用途、租赁期限等相关事宜，来避免在租赁过程中或使用过程中发生矛盾和纠纷。签订租赁合同最大的作用就是约束合同双方的租赁行为，任何一方都必须在合同允许范围内享有权利，不履行或不适当履行租赁合同条款，都将承担经济和法律责任。

（一）物业租赁合同概述

物业租赁合同是出租人与承租人签订的，用于明确租赁双方权利义务关系和责任、以房屋为租赁标的的协议，是一种债权合同。物业租赁合同签订以后，双方才正式确立了物业租赁关系。

物业租赁合同具有以下法律特征。

（1）物业租赁合同是双务合同　是指物业租赁双方都享有权利并承担义务。

（2）物业租赁合同是有偿合同　指物业租赁双方中任何一方在享有权利的同时，必须承担相应代价。

（3）物业租赁合同是诺成合同　是指物业租赁双方意思表示一致就可以成立物业租赁合同。

（4）物业租赁合同是要式合同　是指法律规定或物业租赁双方约定必须采用特定的形式，来形成书面合同。

（5）物业租赁合同是继续性合同　继续性合同是指合同内容非一次性给付可完结，而是继续地实现的合同，其基本特色在于时间因素在合同履行上居于重要地位，总给付的内容取决于为给付时间的长短。

（二）签订物业租赁合同的原则

签订物业租赁合同，必须遵守以下原则。

(1) 自愿互利原则 即签订物业租赁合同的双方都是出于本意，是双方当事人真实意愿的表达而没有一方是由于欺诈或胁迫等行为而签订的。物业租赁合同是双务合同，合同双方都应享有一定的权利，同时又必须承担相应的义务，体现了互利的原则。

(2) 公平合理原则 即物业租赁合同的内容必须公平合理，双方享有的权利和要承担的义务要基本对等。

(3) 维护合法权益的原则 即物业租赁合同的签订，要注意维护双方的合法权益，既要保障承租人正常使用，尽量满足承租人的生产和生活需要，又要保障物业的价值能够顺利实现，使出租人得到合法合理的经济收益。

(4) 合法原则 是指要遵守国家的有关法律、法规和相关政策规定。

(三) **物业租赁合同的签订、审批、变更、终止**

1. 物业租赁合同的签订

物业租赁合同的签订，就标志着物业租赁关系的确立。物业租赁关系一旦确立，租赁双方就必须严格按照物业租赁合同的条款履行义务，如果发生物业租赁纠纷，租赁双方可以通过正当的法律途径，向有关部门申请调解、仲裁或直接向法律提起诉讼。

需要注意的是，租赁双方要在租赁合同签订之日起 30 日内，到当地房地产管理部门办理登记备案手续。

2. 物业租赁合同的审批

1995 年，建设部第五次常务会议通过并颁布了我国《城市房屋租赁管理办法》。在该管理办法中，指出城市公民、法人或其他组织，对享有所有权的房屋和国家授权管理和经营的房屋可以依法出租，但有下列情形之一的房屋不得出租：

① 未依法取得所有权证的；
② 司法机关、行政机关依法裁定，决定查封或者以其他形式限制房地产权利的；
③ 共有房屋未取得共有人同意的；
④ 权属有争议的；
⑤ 属于违章建筑的；
⑥ 不符合安全标准的；
⑦ 已抵押，且未经抵押权人同意的；
⑧ 不符合公安、环保和卫生部门有关规定的；
⑨ 有关法律、法规禁止出租的其他情形。

在《城市房屋租赁管理办法》中，还特别指出凡是将过去以划拨的方式取得使用权的城市国有土地上建成的房屋出租的，应当将租金中所含的土地收益上缴国家。

同时，《城市房屋租赁管理办法》还规定了城市房屋租赁实行登记备案制。凡进行房屋租赁的，需先向房屋所在地市、县房地产管理部门提出申请，办理登记备案手续，填写房地产租赁申请审批表。房屋租赁的当事人必须在租赁合同签订后 30 天内向房屋所在地市、县房地产部门提交下列文件，办理申请房屋租赁备案手续：

① 房屋租赁合同；
② 房屋所有权证书；
③ 房屋租赁当事人的合法证件；
④ 人民政府规定的其他文件。

如果出租公有房屋，还需提交其他共有人同意出租的证明。出租委托代管房屋，还需提交委托代管人授权出租的证明。

房屋租赁申请经房屋所在地市、县房地产管理部门审查合格后，由该房地籍管理部门核发《房屋租赁证》。《房屋租赁证》市房屋租赁行为的合法有效凭证。如果租用的房屋是从事生产、经营活动的，《房屋租赁证》就作为经营场所的合法凭证；如果是用于居住，《房屋租赁证》就是公安部门办理户口登记的凭证。《城市房屋租赁管理办法》明确规定，严禁伪造、涂改、转借、转让《房屋租赁证》；凡是遗失了《房屋租赁证》的，应迅速向原发证机关申请补发；凡变更、终止房屋租赁合同，也都必须到房屋所在地房地产管理部门办理登记备案手续。

《租赁管理办法》规定，有下列行为之一的，由县、市人民政府房地产管理部门对责任者给予行政处罚：

① 伪造、涂改房屋租赁证的，注销其证书，并可以处以罚款；

② 不按期申报、领取房屋租赁证的，责令限期补办手续，并可处以罚款；

③ 未征得出租人同意和未办理登记备案，擅自转租房屋的，其租赁行为无效，没收其非法所得，并可以处以罚款。

3. 物业租赁关系的变更或终止

根据我国《合同法》和我国《城市房屋租赁管理办法》的规定，有如下情况发生，物业租赁关系的当事人可以变更或终止物业租赁合同。

① 物业租赁关系所依据的国家政策、法律被修改或取消而造成物业租赁关系需要变更或终止。

② 由于不可抗力造成物业租赁关系需要变更或终止。

③ 当事人双方协商一致同意变更或终止物业租赁关系，且不因此损害国家和公众利益。通常包括：

a. 承租人因为各种原因需要搬迁或因承租人死亡等原因，致使承租人需要更名过户或终止物业租赁关系；

b. 由于家庭纠纷，承租人要求进行分户、更改物业租赁合同；

c. 因为某种特殊的需要，承租人要求改变原来物业租赁合同所规定的物业用途；

d. 承租方使用的物业，因为修缮改变了结构或增建了使用面积，又或是其他各种原因是物业的租金作了调整；

e. 承租人在租赁期间，征得出租人的同意，将以承租的物业部分或全部转租给别人。

凡是变更物业租赁关系的，当事人双方应当及时向当地房地产管理部门办理登记备案。同时在物业租赁关系变更或终止过程中，还需要注意以下问题。

① 凡因国家政策、法律被修改或取消而造成物业租赁关系变更或终止的，合同双方及上级机关都不承担责任。

② 凡因不可抗力造成物业租赁关系变更或者终止，造成当事人双方或者一方蒙受损失的，不履行义务的一方不承担责任，但义务方如果不在允许的情况下及时通知对方，致使对方蒙受损失的则应承担赔偿责任。

③ 由当事人双方协商一致同意变更或终止物业租赁合同的，所造成的损失由双方分别承担；如因一方的责任造成需要变更或终止物业租赁合同的，所造成的损失由责任方负责承担。

④ 经出租方和房地产管理部门同意更名过户或分户的物业承租方，在办理更名过户或分户手续时，应同时向出租方交清租金，并负责了结前租赁期间所有遗留的问题。原租赁关系的双方应及时更改、修订原物业租赁合同。

⑤ 各类物业的使用用途，国家原则上是严格控制改变的。特殊情况确实需要变更时，承租方必须事先提出申请，经出租方和房地产主管部门逐级审批。承租方必须办妥所有的手续，按国家的有关规定缴交必要的费用。原租赁关系的双方应及时更改、修订原物业租赁

合同。

⑥ 因修缮改变了物业结构或增建了使用面积时，出租方可按照物业变更后的情况调整租金，并修订租金标准和原来的物业租赁合同。

⑦ 承租方外迁或另有住房，不需要再租用房屋，租赁双方协定提前终止物业租赁合同，同时，出租方应及时清点用户的租金缴交情况和检查出租房屋及时附属设备、设施的，出租方应责令其修复或赔偿。上述手续全部办妥方可办理终止物业租赁关系事宜。

⑧ 出租方倘若在租赁期限内死亡，其物业出租继承人应当继续履行原物业租赁合同，住宅用房承租方在租赁期限内死亡的，其共同居住两年以上的家庭成员可以继续承租，但应继续履行原房屋租赁合同。如出现房屋承租方死亡而又无家庭成员继续使用，且还有欠租或损坏物业的情况时，出租方可及时收回房屋并做出妥善的处理后重新出租。

⑨ 承租方在承租期间要将物业部分或全部转租给他人时，除了要征得出租方的同意外，还应订立经原物业出租方书面同意的"物业转租合同"；"物业转租合同"的终止日期不得超过原"物业租赁合同"的终止日期；"物业转租合同"生效后，除了原物业出租方与物业转租方双方另有协定外，转租方应享有并承担"物业转租合同"所规定的出租方的权利和义务，并且还应当继续履行原"物业租赁合同"所规定的承租方的义务；在物业转租期间，原"物业租赁合同"变更或者终止，"物业租赁合同"也随之相应的变更、终止；转租方应该与原物业出租方分成从转租中获取的经济收益。

⑩ 物业租赁期满，租赁合同便终止。若承租方需要继续租用该物业，应当在物业租赁期限届满前3个月向出租方提出，并经出租方的同意，重新签订物业租赁合同。

(四) 物业租赁合同中租赁双方的权利和义务

1. 物业出租方的权利

（1）按期向承租方收取租金的权利　收取租金是出租物业分期实现其价值的重要保证，只有按时足额收取租金，出租人的房屋租赁经济利益才能够得以实现。同时，收来的租金也是物业维修护养资金的来源，因此，根据租金标准按期向承租人收取租金是物业出租人的基本权利。对于拖欠租金者，物业出租方有权收取一定的滞纳金。随着物业条件的改善和国家租金标准的提高，物业出租方也有权依据政策在下一轮合同签订时适当调整租金。

（2）教育承租方爱护物业，检查、监督、指导的权利　出租的房屋所有权仍属于出租方，承租方只有使用权、占有权和部分收益权。出租人为了维护自己所有的房屋在出租过程中完好无损，有权利教育、检查、监督、指导承租方爱护物业，对承租方在物业使用过程中可能出现的擅自拆改物业或私自搭建、损坏物业等行为，出租方有权要求承租方恢复原状，对由此造成的经济损失，有权索取经济赔偿。

（3）当承租方发生以下行为，出租人除终止租赁合同，收回出租物业：

① 租赁期满。

② 承租住房的全家外迁或承租人死亡，无原同住亲属继续租用或虽有原同住亲属但同住亲属另有住房，不符合继续承租条件。将承租的房屋擅自转让、转借他人或私自调换使用的。

③ 因国家建设的需要或某些特殊需要必须腾出已租出物业。

当承租方发生以下行为，出租人除终止租赁合同，收回房屋外，还可索赔由此造成的损失：

① 将承租的房屋擅自转租的；

② 将承租的房屋擅自转让、转借他人或私自调换使用的；

③ 将承租的房屋擅自拆改结构或改变承租房屋使用用途的；

④ 无正当理由，拖欠房租6个月以上的；

⑤ 公有住宅用房无正当理由闲置6个月以上的;
⑥ 承租人利用承租的房屋从事非法活动的;
⑦ 故意损坏房屋的;
⑧ 法律、法规规定的其他可以收回的。

当发生以上情况时,若承租方拒绝缴回承租物业时,出租方可以向政府有关部门申请调解、仲裁或直接向法院提出起诉。

2. 物业出租方的义务

(1) 交付完好物业的义务 租赁双方签订物业租赁合同后,物业租赁关系即宣告确立,物业出租方就应该将完好无损的出租房屋交付给承租方使用,并应该在承租方开始使用房屋前与物业承租方核对并交付完好的物业(包括房屋及一切附属设备、设施),如果因为出租方不能如期向承租方交付所出租物业的,给承租方带来一定的经济损失,则由出租方担负赔偿责任。

(2) 对物业维修保养的义务 为了保证承租方能够安全、正常使用物业,出租方在物业出租期内,有对物业(包括房屋及一切房屋附属设备、设施)进行维修、护养、更换设备和构件的业务。若租赁的物业属于非居住用物业,如从事生产和经营活动的租用物业,修缮责任可以由租赁双方当事人协商之后在租赁合同中约定注明。按照租赁合同的规定范围,除非是由于不可抗力带来的损害,出租方不用承担责任外,如果是因为检查不周或维修不及时而导致物业损坏,并且给承租方带来了经济损失,出租方都要承担赔偿经济责任;造成承租方身亡的,出租方还要承担相应的法律责任。

(3) 在租赁期内不得将物业再出租给第三人的义务 在现有物业租赁关系终止前,出租人不得将该租赁关系所致的物业再出租给第三方使用。

(4) 按规定交纳房地产税的义务 在物业出租期间,除非物业租赁双方约定采用净租方式,在物业租赁合同中明确由承租方交纳各种物业税收的,否则出租方就必须按规定交纳房地产税。出租物业,其产权仍在出租方手里,承租方只有使用权,所以,一切有关物业的税务还应由出租方继续按时交纳,以保证承租方能够正常使用所承租物业。

(5) 物业大修时为承租方解决临时用房的义务 如果所出租屋在租赁期间内要进行大修,需要承租方暂时迁出时,出租方有为承租方解决临时用房的义务。

(6) 出租方有倾听承租方意见,不断改进工作的义务 出租方要听取承租方的意见,不断改进自身的工作,努力保证承租方租用房的正常使用。

3. 物业承租方的权利

(1) 按照物业租赁合同及时占有、使用完好物业的权利 物业租赁关系一旦成立,出租人有交付完好物业的义务,同样承租人也有及时占有、使用完好物业的权利。倘若承租方的权益受到损害,承租方可以向政府有关部门进行投诉或直接向司法机构起诉。

(2) 要求及时维修危损物业的权利 物业本身已存在危损的物业,而并非是物业承租方损坏的,那么承租方有权要求出租方及时修缮,以保证物业能够正常使用。如果承租方已经向出租方保修,但出租方未能及时维修,并因此给承租方造成了一定的经济损失,那么承租方有向出租方索赔经济损失的权利。如果造成了人身伤亡,承租方有向出租方追究法律责任的权利。

(3) 经同意后转租物业的权利 在征得物业出租方同意后,物业承租方由于第三方相互交换使用或匀出一部分给第三方使用的权利,但交换或匀出后,要求第三方与物业出租方再签订物业租赁契约。

(4) 优先续租权和优先购买权 物业租赁契约期满时,如果出租方继续将物业出租,那么原承租方在同等条件下有优先续租的权利。在物业租赁的有效期内，如果出租人要出卖物业，应该征求承租人的意见，在同等条件下，承租人有优先购买物业的权利。

（5）监督和建议权　承租方有对出租方的管理工作提出监督和建议的权利。

4. 物业承租方的义务

（1）按时交纳租金的义务　按时收取租金是出租人拥有的首要权利，同样，交纳租金也是承租人必须履行的基本义务。租金是承租人购买物业使用权的价格，是实现物业价值和落实物业修缮资金的来源。因此，按期、足额向物业出租人交纳租金是承租人的基本义务。承租人不得以任何借口拖欠物业租金。没有按期交纳租金的，承租人应该向出租人交纳一定的滞纳金，如果承租人无故拖欠租金累计六个月以上就有可能被收回所承租的物业。

（2）爱护、合理使用物业的义务　承租人要爱护、合理使用物业，保证物业部因自身原因造成损坏。承租人也不得对物业擅自进行拆改、扩建或增添，如确实需要改动，则必须事先征得出租人的同意，并签订书面合同；若因为承租人的过错而造成物业损坏的，由承租人负责物业的修复工作或者赔偿业主损失。

（3）不得擅自处置物业的义务　承租人享有的只是物业的使用权、占有权和部分经营权，对物业并没有所有权。因此承租人未经出租人的批准，是不得擅自将物业转借、转租，不得将承租的物业长期空置。凡是擅自将承租物业转租、转借、交换，长期空置或利用承租物业从事非法活动的，就有可能被收回所承租物业。

（4）交还完好物业的义务　承租人在终止物业租赁契约时，有责任将承租的物业完好无损的交换出租方查收的义务。倘若在还未终止物业租赁契约的情况下承租方自行迁出，导致物业受到侵犯、破坏或蒙受经济损失，承租人应该承担一切责任。

（五）其他物业租赁合同法律规定

1. 租赁合同的期限限制

租赁期限不得超过 20 年，超过 20 年的，超过部分无效。租赁期间届满，当事人可以续订租赁合同，但约定的租赁期限自续订之日起不得超过 20 年。承租人有义务在租赁期限届满后返还所承租的房屋。

2. 租赁房屋的修缮责任

出租住宅用房的自然损坏或合同约定由出租人修缮的，由出租人负责修复。不及时修复致使房屋发生破坏性事故，造成承租人财产损失或者人身伤害的，应当由出租人承担赔偿责任。

租用房屋从事生产经营活动的，修缮责任由双方当事人在租赁合同中约定。房屋修缮责任人对房屋及其设备应当及时、认真地检查、修缮，保证房屋的使用安全。

房屋修缮责任人对形成租赁关系的房屋确实无力修缮的，可以与另一方当事人合修，责任人因此付出的修缮费用，可以折抵租金或由出租人分期偿还。

3. 物业租赁纠纷的调解和仲裁

（1）协商　物业租赁关系，应该是在自愿、平等、互利的基础上建立起来的。当事人双方都应该以维系租赁关系、实现双方利益为出发点，自觉遵守"物业租赁合同"的各项条款，严格履行自己的义务。如果发生租赁纠纷，应首先考虑协商解决矛盾的办法。

（2）调解　如果物业租赁纠纷经双方协商不成功，双方当事人可以进行调解。由物业租赁当事人提出，由物业租赁管理机关出面，在调查清楚物业租赁纠纷的情况下，组织租赁关系的当事人分析是非责任，引导他们互相谅解、承担责任、解决矛盾、消除纠纷。通过调解达成的协议，物业租赁纠纷的当事人双方都应该共同履行。

（3）仲裁　当物业租赁纠纷的当事人不接受调解或经调解无效时，可以到仲裁机构申请仲裁。

（4）**诉讼** 物业租赁纠纷当事人的任何一方，均可以向人民法院提出起诉，请求人民法院根据物业租赁纠纷的实施作出调解或依法做出判决。

二、房屋租赁合同基本条款

根据我国《合同法》及我国《城市房租租赁管理办法》的规定，物业租赁合同应该具备以下条款：

① 当事人姓名或者名称及住所。

② 出租物业的具体位置和特点，在物业租赁合同中应该明确出租物业的坐落、部位朝向、面积、装修及设施状况等。

③ 租赁用途。物业的用途，是由物业的性质和经营的需要决定的。对于专用的房屋和场地，如旅馆、仓库、商场、停车场等，一般只能按照设计确定的用途使用；对于非专用的房屋和场地，一般可以由物业出租人和承租人双方根据物业的实用性和租赁的需要情况来确定物业用途。物业租赁用途已经确定，承租人就只能按照合同规定的用途对物业占有使用；如需改变物业用途，必须征得物业出租人的同意，并且补订书面协议作为物业租赁合同的附件。

④ 租赁期限。租赁期限是具有法律约束力的一种时间范围。在物业租赁合同中必须明确规定期限条款，写明合同的起止日期。合同期届满后如果出租人还要继续出租，同时承租人也要继续租用物业的，双方要再另行签订物业租赁合同。

⑤ 租金及交付方式。物业合同中应明确规定租金的计算标准、计租范围、交租方法以及交租日期等。

⑥ 房屋修缮责任。在物业租赁合同中必须清楚说明房屋修缮责任属于物业租赁双方的哪一方，关于物业双方其他的权利和义务，也需要在物业租赁合同中说明，以避免因责权不清而造成的租赁纠纷。

⑦ 转租的约定。在物业租赁期间，物业承租方要将承租的物业再转租、转借他人或与他人调换使用的，必须事先征得物业出租方同意。物业出租人是否同意物业承租人在物业租赁期间将物业转租以及转租物业实需办理哪些手续，都应该在物业租赁合同中清楚注明，以避免发生不必要的租赁纠纷。

⑧ 变更和解除合同的条件。在物业租赁期间，由于各种原因，物业租赁关系有可能发生变更甚至终止。物业租赁合同应该明确变更和解除租赁合同的条件，作为日后变更、解除租赁合同的依据。

⑨ 违约责任。违约责任就是物业租赁的当事人倘若违反租赁协议应承担的责任。违约责任也应在物业租赁合同中清楚注明，作为发生违约时追究责任的依据。

⑩ 当事人约定的其他条款。这项内容是指物业租赁当事人在上述问题以外的其他特殊约定，经双方协商达成协议后也应该在物业租赁合同中注明，作为租约的内容。

在以上十条物业租赁合同条款中关于租赁期限、租赁用途、租金及交付方式、房屋的修缮责任是《城市房地产管理法》规定的必备条款。

需要注意的是，在物业租赁合同中物业租赁双方所有协议的内容都必须在物业租赁合同中写清楚，如有未尽事宜，应另外订立协议，以减少不必要的租赁纠纷。

物业租赁合同应该有租赁当事人双方各执一份，在双方签字盖章后正式生效，成为正式的法律文书。

以下为《北京市房屋租赁合同（官方范本）》。

合同编号：

北京市房屋租赁合同

出租方：

承租方：

特别告知

一、本合同为北京市建设委员会与北京市工商行政管理局共同制定的示范文本，供房屋租赁双方当事人约定使用，但不适用于执行政府规定租金标准的公有房屋的租赁关系。签订合同前双方当事人应仔细阅读合同各项条款，未尽事宜可在第十八条"其他约定事项"或合同附件中予以明确。

二、签订合同前，租赁双方应相互交验有关身份证明及房屋权属证明。

三、接受他人委托代理出租房屋的，应在签订本合同前出示委托人开具的授权委托书或出租代理合同，向承租方明示代理权限。

四、租赁双方应共同查验房屋内的设施、设备，填写《房屋附属设施、设备清单》并签字盖章。

五、合同内的空格部分可由租赁双方根据实际情况约定填写。

六、本合同签订之日起 30 日内租赁双方应按规定到房屋所在地的区县建设（房屋）管理部门或其委托的机构办理房屋租赁合同登记备案手续。

七、租赁关系由房地产经纪机构代理的，房地产经纪机构和房地产经纪持证人员应在落款内签字、盖章，并注明经纪资格证书编号。

北京市房屋租赁合同

出租方（甲方）：

承租方（乙方）：

依据《中华人民共和国合同法》及有关法律、法规的规定，甲乙双方在平等、自愿的基础上，就房屋租赁的有关事宜达成协议如下。

第一条　房屋基本情况

该房屋坐落于北京市_____区（县）。

该房屋为：楼房____室____厅____卫，平房____间，建筑面积_____平方米，使用面积_____平方米，装修状况_____，其他条件为_____，该房屋（□已/□未）设定抵押。

第二条　房屋权属状况

该房屋权属状况为第_____种。

（一）甲方对该房屋享有所有权的，甲方或其代理人应向乙方出示房屋所有权证，证书编号为：_____。

（二）甲方对该房屋享有转租权的，甲方或其代理人应向乙方出示房屋所有权人允许甲方转租该房屋的书面凭证，该凭证为：_____。

第三条　房屋用途

该房屋用途为：_____。乙方保证，在租赁期内未征得甲方书面同意以及按规定经有关部门审核批准前，不擅自改变该房屋的用途。

第四条　交验身份

（一）甲方应向乙方出示（□身份证/□营业执照）及_____等真实有效的身份证明。

（二）乙方应向甲方出示（□身份证/□营业执照）及_____等真实有效的身份证明。

第五条　房屋改善

（一）甲方应在本合同签订后＿＿＿＿＿＿日内对该房屋做如下改善：＿＿＿＿＿＿＿＿＿＿＿＿＿＿，改善房屋的费用由（□甲方/□乙方）承担。

（二）甲方（□是/□否）允许乙方对该房屋进行装修、装饰或添置新物。装修、装饰或添置新物的范围是：＿＿＿＿＿＿＿＿＿＿＿＿＿＿＿＿，双方也可另行书面约定。

第六条 租赁期限

（一）房屋租赁期自＿＿＿＿年＿＿＿＿月＿＿＿＿日至＿＿＿＿年＿＿＿＿月＿＿＿＿日，共计＿＿＿＿年＿＿＿＿个月（期限超过20年的，超过部分无效）。

（二）租赁期满，甲方有权收回该房屋。乙方有意继续承租的，应提前＿＿＿＿＿＿日向甲方提出（□书面/□口头）续租要求，征得同意后甲乙双方重新签订房屋租赁合同。

如乙方继续使用租赁房屋甲方未提出异议的，本合同继续有效，租赁期限为不定期，双方均有权随时解除合同，但应提前＿＿＿＿＿日（□书面/□口头）通知对方。

第七条 租金

（一）租金标准：＿＿＿＿＿＿＿＿元/（□月/□季/□半年/□年），租金总计：＿＿＿＿＿＿＿元（大写：＿＿＿＿＿＿＿元）。该房屋租金（□年/□月）不变，自第＿＿＿＿＿（□年/□月）起，双方可协商对租金进行调整。有关调整事宜由双方另行约定。

（二）租金支付时间：＿＿＿＿＿＿＿＿。

（三）租金支付方式：□甲方直接收取/□甲方代理人直接收取/□甲方代理人为房地产经纪机构的，乙方应在＿＿＿＿＿＿＿＿银行开立账户，通过该账户支付租金，房地产经纪机构不得直接向乙方收取租金，但乙方未按期到＿＿＿＿＿＿＿＿银行支付租金的除外。房地产经纪机构应于本合同签订之日起3个工作日内将其中一份合同送交＿＿＿＿＿＿＿＿银行。

（四）甲方或其代理人收取租金后，应向乙方开具收款凭证。

第八条 房屋租赁保证金

（一）甲方交付该房屋时，乙方（□是/□否）向甲方支付房屋租赁保证金，具体金额为：＿＿＿＿＿＿元（大写：＿＿＿＿＿＿＿元）。

（二）租赁期满或合同解除后，房屋租赁保证金除抵扣应由乙方承担的费用、租金，以及乙方应承担的违约赔偿责任外，剩余部分应如数返还乙方。

第九条 其他费用

租赁期内，与该房屋有关的各项费用的承担方式为：

（一）乙方承担（□水费/□电费/□电话费/□电视收视费/□供暖费/□燃气费/□物业管理费/□其他）等费用。乙方应保存并向甲方出示相关缴费凭据。

（二）房屋租赁税费以及本合同中未列明的其他费用均由甲方承担。

第十条 房屋的交付及返还

（一）交付：甲方应于＿＿＿＿年＿＿＿＿月＿＿＿＿日前将房屋按约定条件交付给乙方。《房屋附属设施、设备清单》经双方交验签字盖章并移交房门钥匙及＿＿＿＿＿＿＿＿后视为交付完成。

（二）返还：租赁期满或合同解除后，乙方应返还该房屋及其附属设施。甲乙双方验收认可后在《房屋附属设施、设备清单》上签字盖章。甲乙双方应结清各自应当承担的费用。

乙方添置的新物可由其自行收回，而对于乙方装饰、装修的部分，具体处理方法为（□乙方恢复原状/□乙方向甲方支付恢复原状所需费用/□乙方放弃收回/□归甲方所有但甲方折价补偿）。＿＿＿＿＿＿＿＿返还后对于该房屋内乙方未经甲方同意遗留的物品，甲方有权自行处置。

第十一条 房屋及附属设施的维护

（一）租赁期内，甲方应保障该房屋及其附属设施处于适用和安全的状态。乙方发现该房屋及其附属设施有损坏或故障时，应及时通知甲方修复。

甲方应在接到乙方通知后的_____日内进行维修。逾期不维修的，乙方可代为维修，费用由甲方承担。因维修房屋影响乙方使用的，应相应减少租金或延长租赁期限。

（二）甲方对于乙方的装修、装饰和添置的新物不承担维修义务。

（三）乙方应合理使用并爱护该房屋及其附属设施。因乙方保管不当或不合理使用，致使该房屋及其附属设施发生损坏或故障的，乙方应负责维修或承担赔偿责任。如乙方拒不维修或拒不承担赔偿责任的，甲方可代为维修或购置新物，费用由乙方承担。

（四）对于该房屋及其附属设施因自然属性或合理使用而导致的损耗，乙方不承担责任。

第十二条 转租

（一）除甲乙双方另有约定以外，乙方需事先征得甲方书面同意，方可在租赁期内将该房屋部分或全部转租给他人。

（二）乙方转租该房屋，应按规定与接受转租方订立书面转租合同，并向房屋租赁管理机关办理房屋租赁合同登记备案手续。

（三）接受转租方对该房屋及其附属设施造成损坏的，应由乙方向甲方承担赔偿责任。

第十三条 所有权变动

（一）租赁期内甲方转让该房屋的，甲方应当提前_____日书面通知乙方，乙方在同等条件下享有优先于第三人购买的权利。

（二）租赁期内该房屋所有权发生变动的，本合同在乙方与新所有权人之间具有法律效力。

第十四条 合同的解除

（一）经甲乙双方协商一致，可以解除本合同。

（二）有下列情形之一的，本合同终止，甲乙双方互不承担违约责任：

1. 该房屋因城市建设需要被依法列入房屋拆迁范围的。

2. 因地震、火灾等不可抗力致使房屋毁损、灭失或造成其他损失的。

（三）甲方有下列情形之一的，乙方有权单方解除合同：

1. 未按约定时间交付该房屋达_____日的。

2. 交付的房屋不符合合同约定严重影响乙方使用的。

3. 不承担约定的维修义务致使乙方无法正常使用该房屋的。

4. 交付的房屋危及乙方安全或者健康的。

5. 其他：

（四）乙方有下列情形之一的，甲方有权单方解除合同，收回该房屋：

1. 不支付或者不按照约定支付租金达_____日的。

2. 欠缴各项费用达_____元。

3. 擅自改变该房屋用途的。

4. 擅自拆改变动或损坏房屋主体结构的。

5. 擅自将该房屋转租给第三人的。

6. 利用该房屋从事违法活动的。

7. 其他：

第十五条 违约责任

（一）甲方有本合同第十四条第三款约定的情形之一的，应按月租金的_____％向乙方支付违约金。

（二）因甲方未按约定履行维修义务造成乙方人身、财产损失的，甲方应承担赔偿责任。

（三）租赁期内，甲方需提前收回该房屋的，应提前_____日通知乙方，将已收取的租金余额退还乙方并按月租金的_____％支付违约金。

（四）乙方有本合同第十四条第四款约定的情形之一的，应按月租金的_____％向甲方支付违约金。

（五）乙方擅自对该房屋进行装修、装饰或添置新物的，甲方可以要求乙方恢复原状或者赔偿损失。

（六）租赁期内，乙方需提前退租的，应提前_____日通知甲方，并按月租金的_____％支付违约金。

（七）甲方未按约定时间交付该房屋或者乙方不按约定支付租金但未达到解除合同条件的，以及乙方未按约定时间返还房屋的，应按_____标准支付违约金。

（八）其他：

第十六条　无权代理

由甲方代理人代为签订本合同并办理相关事宜的，甲方代理人和乙方应在甲方开具的授权委托书或出租代理合同的授权范围内确定本合同具体条款，甲方代理人超越代理权或代理权终止后的代理行为，未经甲方书面追认的，对甲方不发生法律效力。

第十七条　合同争议的解决办法

本合同项下发生的争议，由双方当事人协商解决或申请调解解决；协商或调解不成的，依法向_____人民法院起诉，或按照另行达成的仲裁条款或仲裁协议申请仲裁。

第十八条　其他约定事项

（一）_____。
（二）_____。
（三）_____。

本合同经甲乙双方签字盖章后生效。本合同（及附件）一式_____份，其中甲方执_____份，乙方执_____份，房屋租赁管理行政机关备案一份，_____执_____份。

本合同生效后，双方对合同内容的变更或补充应采取书面形式，作为本合同的附件。附件与本合同具有同等的法律效力。

出租方（甲方）签章：　　　　　　承租方（乙方）签章：
住所：　　　　　　　　　　　　　住所：
证照号码：　　　　　　　　　　　证照号码：
法定代表人：　　　　　　　　　　法定代表人：
电话：　　　　　　　　　　　　　委托代理人：
出租方代理人（签章）：　　　　　电话：
住所：
电话：
签约时间：　　　年　　月　　日
签约地点：

租赁关系由房地产经纪机构居间或代理的，房地产经纪机构和持证经纪人员应填写以下内容：

房地产经纪机构（签章）：
房地产经纪持证人员姓名：
经纪资格证书编号：

附件一：　　　　　　《房屋附属设施、设备清单》

注：甲乙双方可直接在本清单填写内容并签字盖章，也可将自行拟定并签字盖章的《房屋附属设施、设备清单》附在本页。

> **案例分析**

张某向产权人李先生租赁了位于某小区内的一套三室两厅的房屋,建筑面积为130平方米。双方在租赁合同中约定,租赁期限为两年,房租为每月2400元,租金每三个月以现金支付。双方同时在合同中又约定了补充条款,其中有"甲方(李先生)同意乙方(张某)分割出租(转租)签约之内的两年"以及"若本条款与合同内的条款有冲突,应以本条款为准"等内容。

一日,一辆卡车停靠在小区入口,卡车上一连卸下了10张简易木板床,在小区入口处垒成一摞。床的主人正是张某,正当张某招呼着搬运工人往小区里搬床时,被物业保安拦了下来。"我为什么不可以搬自己的床进去!"气愤的张某据理力争,然而物业坚持不肯让步,在争执了两小时后,张某拍下了保安的"无理行为"弃床而去。

之后,张某将小区的物业公司告上了法庭,其代理律师在庭审中反复强调:"房屋产权人已经将房屋租赁给原告张某使用,那就赋予了她合法占有、使用、收益的权利。张某完全是合法承租,物业公司无权对原告的搬床和出入行为进行非法干涉和阻止,即便物业具有良好动机,行为的主观动机也不可以超越法律去侵犯他人的合法权益,物业完全可以通过正当的法律途径对原告进行干涉,而不是现在的暴力干涉行为。"张某在法庭上提出,要求判令物业公司停止侵权,不得无理阻挠她及房客正常进入小区,并赔偿她九个月房屋租金损失(每月租金以2400元计)。

而物业公司表示,"我们阻止的不是搬床行为,而是群租行为。如果当初我们没有阻拦张某,那么今天我们仍然将会是被告,只不过原告变成了受'群租'困扰侵害的业主们!"被告面对张某与房屋产权人"大房东"李先生的租赁合同,物业公司认为,该协议虽然同意张某对房屋进行分割转租,但也强调了"同一间居住房屋不得分割"。而张某自己也承认将房屋分割成10间,将厨房、储藏室、客厅变成住宅,并且按间为单元进行出租,这明显改变了房屋原有设计功能及住宅用途,违反了租赁合同的初衷。

想一想,如果你是小区物业管理者,你会怎么做?你认为法院会支持哪一方?

思 考 题

1. 物业租赁的定义是什么?
2. 房屋的修缮责任应注意什么?
3. 简述租赁双方的权利和义务?
4. 租赁合同的基本条款是什么?
5. 影响房屋租赁市场的主要因素有哪些?
6. 制定房屋租赁方案的程序是什么?
7. 某楼盘的空置面积很大,信达物业管理公司接受委托要求其尽快将房屋租出去。如果你负责这项工作,为寻找和争取租客,你会采取哪些有效的工作措施?

> **拓展知识**　　客户关系管理及其在租赁管理中的应用

客户关系管理是一种以客户为中心的经营战略,其目的是留住老客户,吸引新客户。而在租赁管理中也应该注重客户关系管理,为客户提供有效的租赁服务,与租户建立良好的租赁关系,应用客户关系管理,能够与之保持长期稳定的租赁关系。而不管物业公司是不是出租者,承租者都是物业公司的服务对象,与业主一样都应享受到物业公司优质的服务,租户也是物业公司客户关系管理的对象。

要与租户建立良好的关系，物业管理者在租赁支出就要让租户对租赁条约的方方面面有一个清晰的了解，对包括物业管理条约、制度、处理维修的要求、租金交纳程序、租约中止时间、维修储备资金存款和有关罚款制度及业主委员会等内容都要有一个清楚的交代，从而使双方在有关的租赁问题上基本达到共识。在达成共识的基础上，方便物业公司日后的管理工作。

为能够提供有效的租赁服务，物业服务企业应建立一个快速有效的服务系统，使租户的要求能够准确反馈给相应的部门。与租户建立良好关系主要依赖于业主或物业管理者对租户要求反应的程度。因此无论什么服务要求，物业管理者都应该立即反馈给租户，如果答案是否定的，那物业管理者也要真实的告知租户并进行解释，而不是拖延或逃避的做法。

物业管理者应通过电话或私人拜访等途径与租户保持联系，要设法抓住一切机会并创造机会与租户会面，广泛征求他们对舒适、服务、维修、管理等方面的意见。

第七章 物业财务管理

【学习目标】
- 了解物业企业财务管理的基本内容、财务分析的基本内容
- 理解物业企业成本管理的相关内容和物业投资的相关内容
- 重点掌握物业企业成本控制的方法

引导案例　　　　该公司能否进行投资

某物业公司有一笔闲置资金欲进行股票投资，财务管理人员选中了一支股票，预计3年后出售可得80000元，在3年中每年可获股利3000元。现在的价格为6.5元/股，物业公司欲购买10000股。现在的贴现率为10%，试分析该物业公司能否购买该支股票。

第一节　物业企业财务管理

一、企业财务管理的基本内容

物业财务管理的基本内容包括进行财务预测、制定财务计划、组织财务控制、开展财务分析、实行财务检查等五项。这五项内容相互配合、紧密联系，形成周而复始的财务管理循环过程，构成完整的财务管理工作体系。

（一）财务预测

财务预测是根据财务活动的历史资料，考虑现实的要求和条件，对企业未来的财务活动和财务成果进行科学的预计和测算。

财务预测的作用在于：测算各项物业经营方案的经济效益，为决策提供科学可靠的依据；预计财务收支的发展变化趋势，以确定经营目标；测定各项定额和标准，为编制计划、分解计划指标服务。

财务预测包括以下工作内容：明确预测对象和目的；搜集和整理资料；明确预测方法，利用预测模型进行测算；确定最优值，提出最佳方案。

（二）财务计划

财务计划工作是运用科学的技术手段和数学方法，对财务管理目标进行综合平衡，制定主要计划指标，拟定增收节支措施，协调各项计划指标。它是落实物业企业奋斗目标和各项保证措施的必要环节。财务计划是财务预测所确定的经营目标的系统化和具体化，又是控制财务收支活动，分析和检查物业企业经营成果的依据。

物业企业财务计划主要包括：资金筹集计划，固定资产增减变动和折旧计划，流动资金及其周转计划，成本费用计划，利润和利润分配计划，对外投资计划等。

编制财务计划主要应做好以下工作：分析企业整体及各部门的主客观条件，全面安排计划指标；协调人力、物力、财力，落实增收节支措施；编制计划表格，协调各项计划指标。

(三) 财务控制

财务控制是在物业经营活动的过程中，以计划任务和各项定额为依据，对资金的收入、支出、占用、耗费进行日常的计算和审核，以实现计划指标，提高经济效益。实行财务控制是落实计划任务、保证计划实现的有效措施。

财务控制要适应管理定量化的需要，主要进行制定标准、执行标准、确定差异、消除差异和考核奖惩等工作。

(四) 财务分析

财务分析是以会计核算资料为主要依据，对物业企业财务活动的过程和结果进行调查研究，评价计划完成情况，分析影响计划执行的因素，挖掘物业企业潜力，提出改进措施。借助于财务分析，可以掌握各项财务计划和财务指标的完成情况，检查各项财经制度和法令的执行情况，并有利于改善财务预测和财务计划工作，还可以总结经验，研究和掌握物业企业财务活动的规律性，不断改进财务管理工作。

进行财务分析的一般程序为：进行数量指标对比，并作出评价；对影响企业财务活动的因素进行分析，抓住关键解决问题；提出落实措施，改进工作。

(五) 财务检查

财务检查是以会计核算资料为主要依据，对物业企业经济活动和财务收支的合法性、合理性和有效性进行的检查，它是实现财务监督的主要手段。

进行财务检查，主要是检查国家财经法规和企业各项管理制度的执行情况。财务活动的一收一支，往往涉及国家、企业、职工三者利益关系的处理，关系到物业企业的守法经营问题。通过财务检查，主要是发现那些浪费损失、乱挤成本、挪用资金、提高开支标准、偷税漏税、虚报冒领等违法乱纪行为。

搞好财务检查，对于揭露物业企业财务管理混乱、财务基础工作薄弱、提高财务管理水平等问题具有十分重要的意义。

实行财务检查主要做好以下工作：审阅凭证账表、清查财产物资、揭露问题；分清问题性质，明确责任；查明原因，写出财务检查报告。

二、物业企业财务分析

财务分析是物业企业财务管理的一个重要内容，尤其对于物业企业高层管理人员来讲，学会财务分析对于提高管理水平具有重要的意义。

财务分析是以财务报表和其他资料为依据和起点，采用专门的方法，系统分析和评价企业过去和现在的经营成果、财务状况及其变动情况，目的是了解过去、评价现在、预测未来，帮助利益关系集团改善其决策。

(一) 财务分析的内容

财务分析的不同主体出于不同的利益考虑，在对企业进行财务分析时有着各自不同的要求，使得他们的财务分析的内容既有共性又有不同的侧重。

1. 企业所有者

所有者或股东，作为投资人，必然高度关心其资本的保值和增值状况，即对企业投资的回报率极为关注。对于一般投资者来讲，更关心企业提高股息、红利的发放。而对于拥有企业控制权的投资者，考虑更多的是如何增强竞争实力，扩大市场占有率，降低财务风险和纳税支出，追求长期利益的持续、稳定增长。

2. 企业债权人

债权人因为不能参与企业剩余收益分享，决定了债权人必须对其投资的安全性予以高度的关注。因此，债权人在进行企业财务分析时，最关心的是企业是否有足够的支付能力，以保证其债权本息能够及时、足额地得以偿还。

3. 企业经营决策者

为满足不同利益主体的需要，协调各方面的利益关系，企业经营者必须对企业经营理财的各个方面，包括营运能力、偿债能力、盈利能力及发展能力的全部信息予以详尽地了解和掌握，以及时发现问题，采取对策，规划和调整市场定位目标、策略，进一步挖掘潜力，为经济效益的持续稳定增长奠定基础。

4. 政府

政府兼具多重身份，既是宏观经济管理者，又是国有企业的所有者和重要的市场参与者，因此政府对企业财务分析的关注点因身份的不同而异。对于物业服务企业来讲，政府对其进行财务分析主要是了解企业纳税情况、遵守政策法规和市场秩序情况、职工收入和就业状况等信息。

尽管不同利益主体进行财务分析有着各自的侧重点，但就企业总体来看，财务分析可以归纳为四个方面：偿债能力分析、营运能力分析、盈利能力分析和发展能力分析。其中偿债能力是财务目标实现的稳健保证，营运能力是财务目标实现的物质基础，盈利能力是两者共同作用的结果，同时也对两者的增强起着推动作用。四者相辅相成，共同构成企业财务分析的基本内容。

（二）财务分析的意义

财务分析是以企业财务报告所反映的财务信息为主要依据对企业的财务状况、经营成果和现金流量进行评价和剖析，以反映企业在运营过程中的利弊得失、财务状况及发展趋势，为改进企业财务管理工作和优化经营决策提供重要的财务信息。财务分析既是已完成的财务活动的总结，又是财务预测的前提。在财务管理的循环中起着承上启下的作用。做好财务分析工作具有以下重要意义。

1. 分析是评价财务状况、衡量经营业绩的重要依据

分析企业的财务报表等核算资料，可以了解企业的偿债能力、运营能力、盈利能力和发展能力，便于企业管理层及其他报表使用者了解企业财务状况和经营成果。通过分析，可以将影响财务状况和经营成果的主观因素与客观因素、微观因素与宏观因素区分开来，以划清经济责任，合理评价经营者的工作业绩，并据以奖优罚劣，以促进经营者不断改进工作。

2. 财务分析是挖掘潜力、改善工作，实现财务目标的重要手段

企业理财的根本目的是努力实现企业价值最大化，不断挖掘企业改善财务状况、扩大财务成果的内部潜力，充分认识和利用未被利用的人力资源和物质资源、寻找利用不当的部分及原因，发现进一步提高利用效率的可能性，以便揭露矛盾、寻找差距、寻求措施，促进企业生产经营活动按照企业价值最大化的目标实现良性运行。

3. 财务分析是合理实施投资决策的重要步骤

投资者及潜在的投资者是企业外部重要的报表使用人，而财务报告的局限性，使他们必须借助财务评价以决定自己的投资方向及投资数额，投资者通过对企业财务报表的分析，可以了解企业盈利能力的高低、偿债能力的强弱、运营能力及发展潜力的大小，可以了解投资后的收益水平和风险程度，并据以决定其授信额度及利率水准和借款的条件。

（三）财务分析的原则

客观评价企业的财务状况和经营成果，科学地进行财务分析应遵循以下原则。

1. 科学性

财务分析要符合经济规律，反映财务活动的规律性。要从实际出发，不能主观臆断，结论

先行,搞数字游戏。要用发展的眼光看问题,注意过去、现在和将来的关系。

2. 适用性

财务分析的结果要便于企业管理者使用,既要反映问题,又要通俗易懂。要兼顾有关各方了解企业财务状况和经营成果的需要。

3. 可比性

财务分析的指标,一是要在同类企业间、行业间、地区间进行比较,二是在本企业不同时期以及与计划进行比较,从而得出客观的评价结果。所以在进行财务分析时要注意各个指标计算口径的一致,保持可比性。

4. 全面性

进行财务分析时要全面看问题。要兼顾有利因素和不利因素、主观因素和客观因素、外部问题和内部问题。不仅要从某个方面重点反映企业财务状况,而且要从多个方面反映企业整体的财务状况和经营成果。

5. 辩证性

进行财务分析时要注意事物之间的联系,坚持相互联系地看问题。如对偿债能力的分析,资产负债率不是越高越好,也不一定是越低越好。一个企业的资产负债率很低,可以反映财务风险小,经营稳健,但从另一方面则说明不善于利用外部资金,将会影响企业经济效益的提高。

(四)财务分析的方法

开展财务分析,需要运用一定的方法。财务分析的方法主要有趋势分析法、比率分析法和因素分析法。

1. 趋势分析法

趋势分析法又称水平分析法,是通过对比两期或连续数期财务报告中的相同指标,确定其增减变动的方向、数额和幅度,来说明企业财务状况或经营成果的变动趋势的一种方法。采用这种方法,可以分析引起变化的主要原因、变动的性质,并预测企业未来的发展前景。

趋势分析法的具体运用主要有三种方式:一是重要财务指标的比较;二是会计报表的比较;三是会计报表项目构成的比较。

(1)重要财务指标的比较 重要财务指标的比较,是将不同时期财务报告中的相同指标或比率进行比较,直接观察其增减变动情况及变动幅度,考察其发展趋势,预测其发展前景。

重要财务指标的比较,可以有以下两种方法。

第一,定基动态比率。定基动态比率是以某一时期的数额为固定的基期数额而计算出来的动态比率。其计算公式为:定基动态比率=分析期数额/固定基期数额

第二,环比动态比率。环比动态比率是以每一分析期的前期数额为基期数额而计算出来的动态比率。其计算公式为:环比动态比率=分析期数额/前期数额

(2)会计报表的比较 会计报表的比较是将连续数期的会计报表的金额并列起来,比较其相同指标的增减变动金额和幅度,据以判断企业财务状况和经营成果发展变化的一种方法。会计报表的比较,具体包括资产负债表比较、利润表比较和现金流量表比较等。比较时,既要计算出表中有关项目增减变动的绝对额,又要计算出其增减变动的百分比。

(3)会计报表项目构成的比较 这是在会计报表比较的基础上发展而来的。它是以会计报表中的某个总体指标为100%,再计算出其各组成指标占该总体指标的百分比,从而来比较各个项目百分比的增减变动,以此来判断有关财务活动的变化趋势。这种方法比前述两种方法更能准确的分析企业财务活动的发展趋势。如比较企业两年或三年流动资产占资产总额的比例、固定资产占资产总额的比例以及无形资产占资产总额的比例,以分析企业资产构成合理性方面

的变化。它既可用于同一企业不同时期财务状况的纵向比较,又可用于不同企业之间的横向比较。同时,这种方法能消除不同时期(不同企业)之间业务规模差异的影响,有利于分析企业的耗费水平和盈利水平。

但在采用趋势分析法时,必须注意以下问题:第一,用于进行对比的各个时期的指标,在计算口径上必须一致;第二,应剔除偶发性项目的影响,使作为分析的数据能反映正常的经营状况;第三,应运用例外原则,对某项有显著变动的指标作重点分析,研究其产生的原因,以便采取对策,趋利避害。

2. 比率分析法

比率分析法是通过计算各种比率指标来确定经济活动变动的分析方法。比率是相对数,采用这种方法,能够把某些条件下的不可比指标变为可以比较的指标,以利于进行分析。比率指标可以有不同的类型,主要有三类:一是构成比率;二是效率比率;三是相关比率。

(1) 构成比率 又称结构比率,它是某项财务指标的各组成部分数值占总体数值的百分比,反映部分与总体的关系。其计算公式为:

构成比率＝某个组成部分数值/总体数值

比如,企业资产中流动资产、固定资产和无形资产占资产总额的百分比(资产构成比率),企业负债中流动负债和长期负债占负债总额的百分比(负债构成比率)等。利用构成比率,可以考察总体中某个部分的形成和安排是否合理,以便协调各项财务活动。

(2) 效率比率 效率比率是某项经济活动中所费与所得的比例,反映投入与产出的关系。利用效率比率指标,可以进行得失比较,考察经营成果,评价经济效益。比如,将利润项目与销售成本、销售收入、资本金等项目加以对比,可计算出成本利润率、销售利润率以及资本金利润率等利润率指标,可以从不同角度观察比较企业获利能力的高低及其增减变化情况。

(3) 相关比率 相关比率是以某个项目和与其有关但又不同的项目加以对比所得的比率,反映有关经济活动的相互关系。利用相关比率指标,可以考察企业的相关业务安排得是否合理,以保障运营活动顺畅进行。比如,将流动资产与流动负债加以对比,计算出流动比率,据以判断企业的短期偿债能力。

比率分析法的优点是计算简便,计算结果也比较容易判断,而且可以使某些指标在不同规模的企业之间进行比较,甚至也能在一定程度上超越企业间的差别进行比较,但采用这一方法时应该注意以下几点。

第一,对比项目的相关性。计算比率的子项和母项必须具有相关性,把不相关的项目进行对比是没有意义的。在构成比率指标中,部分指标必须是总体指标这个大系统中的一个小系统;在效率指标中,投入与产出必须有因果关系;在相关比率指标中,两个对比指标也要有内在联系,才能评价有关经济活动之间是否协调均衡,安排是否合理。

第二,对比口径的一致性。计算比率的子项和母项必须在计算时间、范围等方面保持口径一致。

第三,衡量标准的科学性。运用比率分析,需要选用一定的标准与之对比,以便对企业的财务状况作出评价。通常而言,科学合理的对比标准有:预定目标,如预算指标、设计指标、定额指标、理论指标等;历史标准,如上期实际、上年同期实际、历史先进水平以及有典型意义的时期的实际水平等;行业标准,如主管部门或行业协会颁布的技术标准、国内外同类企业的先进水平、国内外同类企业的平均水平等;公认标准。

3. 因素分析法

因素分析法是依据分析指标与其影响因素的关系,从数量上确定各因素对分析指标影响方向和影响程度的一种方法。采用这种方法的出发点在于,当有若干因素对分析指标发生影响作用时，假定其他各个因素都无变化，顺序确定每一个因素单独变化所产生的影响。

因素分析法具体有两种：一是连环替代法；二是差额分析法。

（1）连环替代法 连环替代法是将分析指标分解为各个可以计量的因素，并根据各个因素之间的依存关系，顺次用各因素的比较值（通常即实际值）替代基准值（通常即标准值或计划值），据以测定各因素对分析指标的影响。

（2）差额分析法 差额分析法是连环替代法的一种简化形式，它是利用各个因素的比较值与基准值之间的差额，来计算各因素对分析指标的影响。

因素分析法既可以全面分析各因素对某一经济指标的影响，又可以单独分析某个因素对某一经济指标的影响，在财务分析中应用非常广泛。

第二节 物业企业成本管理

成本支出是物业企业资金运动中最为重要的形式，成本管理也就成为物业企业财务管理中的一个重要内容。对于物业企业来说，其最大的特点之一就是微利。一般情况下，物业企业的税前净利润率在3％～10％之间，因此完善有效的成本管理对于减低物业服务企业的成本，增加利润，积累资本以实现长期发展至关重要。

一、物业企业成本的构成

在我国，物业服务企业的经营活动与其他行业的企业存在一定的差别，这些差别在成本费用的构成及管理中得到了充分体现。这里所讲的物业企业成本是一个广义的概念，包括物业企业在经营过程中发生的成本和费用。

（一）成本费用的含义

一般而言，成本费用是指全部生产费用，即企业在生产经营过程中发生的各种耗费。理论上，生产活动是创造物质产品的活动。表面上看，物业服务企业不直接从事具体产品的生产，但由于其提供的是物业服务，如物业的维修、清洁和保养等，这些活动也属于生产活动。企业产品的生产过程，同时也是生产耗费过程。因而，物业服务企业要提供物业服务，就会发生各种生产耗费。这些生产耗费包括生产资料中的劳动手段，如物业维修用的机器设备等；劳动对象，如维修用的材料，以及劳动力，如人工费等方面的耗费。物业服务企业在一定时期内发生的、用货币表现的生产费用，称为物业企业的生产费用。这些生产费用由营业成本和期间费用构成。营业成本是指物业企业为受托物业提供管理服务而发生的物业管理成本。期间费用是指物业企业为组织和管理物业服务活动所发生的管理费用和为筹措资金而发生的财务费用。这些管理费用和财务费用，也可称为物业企业的经营管理费用。

综上所述，物业服务企业的成本费用，就是指在从事物业服务活动中，为物业产权人、使用人提供维修、管理和服务等过程中发生的各项支出。

（二）成本费用的构成

1. 营业成本

营业成本是企业在从事物业服务活动中发生的各项直接支出，包括直接人工费、直接材料费和间接费用等。

（1）直接人工费 是指物业企业中直接从事物业服务活动的人员的工资、奖金、职工福利费及社会保险费等。

（2）直接材料费 包括企业在物业服务活动中直接消耗的各种材料、辅助材料、燃料和动力、构配件、零件、低值易耗品、包装物等的价值。

（3）间接费用　包括物业企业所属各部门或服务单位的管理人员的工资、奖金及职工福利费、社会保险费、固定资产折旧费及修理费、水电费、取暖费、办公费、差旅费、邮电通讯费、交通运输费、租赁费、财产保险费、劳动保护费、保安费、绿化维护费、低值易耗品摊销及其他费用等。

2. 期间费用或经营管理费用

期间费用或经营管理费用是物业企业在提供物业服务过程中发生的，与物业服务活动没有直接关系，属于某一会计期间的费用。

（1）管理费用　指物业企业行政管理部门为管理和组织物业服务活动而发生的各项费用。包括公司经费、工会经费、职工教育经费、劳动保险费、社会保险费、董事会费、咨询费、审计费、诉讼费、绿化费、税金、土地使用费、土地损失补偿费、技术转让费、技术开发费、无形资产摊销、开办费摊销、业务招待费、坏账损失、存活盘亏、毁损和报废损失以及其他管理费用等（实行一级成本核算的物业企业，营业成本中可不设间接费用，直接将间接费用全部计入管理费用）。

其中：公司经费，包括企业总部管理人员的工资、奖金及职工福利费、社会保险费、差旅费、办公费、折旧费、修理费、物料消耗、低值易耗品摊销及其他公司经费等。

劳动保险费，是指公司支付离退休职工的退休金、价格补贴、医药费、职工退职金、6个月以上病假人员工资、职工死亡丧葬补助费、抚恤金等。

社会保险费，是公司按照国家有关法律法规为职工投保社会保险而支付的由公司负担的费用。主要包括养老保险、工伤保险、失业保险和医疗保险等。

董事会费，是指公司最高权力机构，如董事会及其成员为履行职责而发生的各项费用，如差旅费、会议费等。

税金，是指企业按规定缴纳的房产税、车船税、土地使用税、印花税等。

（2）财务费用　财务费用是指企业为筹措资金而发生的各项费用。包括：利息净支出、汇兑净损失、支付的金融机构手续费以及企业为筹资而发生的其他财务费用。

二、物业企业收取物业管理服务费的方式

物业企业的经营活动主要靠收取的物业费抵偿发生的成本费用，所以物业费的及时足额收取对于物业公司的正常经营十分重要。物业公司收取物业管理服务费的方式如下。

1. 日常征收

对于正常的物业费，物业公司要事先制定好标准，让用户做到心中有数。同时还应设立滞纳金与违约处理条款，鼓励用户养成良好的缴费习惯。

对于每月应缴纳的物业费，物业公司要规定好固定的征收期限，然后把每月收费的标准和数额列出详细的表格，张贴在醒目的位置，让业主心里有数。然后请业主主动到物业公司缴纳，在时间的安排上要为业主着想，尽量挑选其休息时间。

2. 催收

对于欠缴物业费的业主，其欠费的原因是多方面的。物业公司应对所服务的业主或客户有比较深入的了解，对于不同类型不同问题的业主或客户要采取不同的追收办法，但总体来说，对于拖欠费用的业主或客户，超过物业公司规定的收费时间，就可向业主派发催缴费通知单，如一些业主在第一次催缴时间内还未缴款，可再派发第二次催缴通知单，如还不缴款，可按照住户公约中有关规定及有关法律程序进行处理。

物业公司在催收过程中，不应盲目派单或派完催缴单就完事，而应该与未缴费业主或客户取得联系，了解业主或客户的情况，具体情况具体分析：

对过去一直缴费较好,但突然某个月欠缴费用的业主或客户,财务管理人员首先要核实是否因疏忽有漏登台账现象,如没有漏登台账,要了解业主或客户是否因其他原因忘记缴费。对于这样的业主或客户最好不要发催缴单,先用电话与其联系,提醒他尽快缴费。如还拖欠,则发放催缴单。

对长期不缴费,又不讲道理的业主或客户,如多次派发催缴单都无效,可通过法律程序进行处理,或采取一些强硬措施。

对租户欠缴费,可通过派发催缴单及与业主一起对租户进行催缴,另外还可登门拜访了解租户情况,共同商定解决问题的办法。物业服务公司可在显眼的地方张贴费用收支进度表,以提醒欠款的租户,引起他们的注意。

三、物业管理成本预算

物业管理成本预算的内容有两部分:营业成本预算和期间费用预算。

(一)物业管理成本预算的编制方法

现实中,物业企业编制成本预算的方法有固定预算和零基预算两种。

1. 固定预算

固定预算,是指以过去的实际费用支出为基础,考虑预算期内相关因素可能发生的变动及其影响,在过去实际费用基础上增加或减少一定的百分比确定出的预算。这种预算编制方法也称为增量预算或减量预算编制法。

固定预算是传统的预算编制方法,在现实中得到了广泛的应用。其优点集中表现为:编制简单,编制成本较低。此外,由于固定预算以过去的费用支出为基础,费用支出水平的控制要求易于为各部门所接受。这种方法的缺点为:没有结合预算期的情况重新对费用支出的必要性及其支出水平进行论证,难以实现费用支出效益的最大化;同时,由于采用该方法编制的预算缺乏挑战性,难以调动各部门和全体员工控制费用支出的积极性。

2. 零基预算

零基预算是指一切从零开始,通过重新考虑费用预算的必要性和各项支出的经济效益而编制的预算。零基预算作为一种新型的预算编制方法,越来越多地应用于财政预算和以微利为主要特征的行业。

零基预算不受以往实际费用支出水平的限制,完全根据预算期业务活动的需要和各项业务活动的轻重缓急,对各支出项目进行逐个分析和计量,进而制定出费用预算。具体而言,零基预算的编制程序为:首先,由各部门提出预算期内可能发生的费用项目及费用额,而不考虑这些费用项目以往是否发生及发生额是多少;其次,将全部费用项目分为必须保证支出的费用项目、可以增减变动的费用项目两大类;再次,对各费用支出额可以增减变动的费用项目进行成本效益分析,并按照成本效益率的大小进行排序;最后,将预算期内可动用的经济资源在各费用支出项目之间进行分配。分配时,首先满足必须保证支出的费用项目,然后再按成本效益率的高低,将经济资源在费用额可以增减变动的费用项目之间进行优化分配。

如:某公司在编制下年度的管理费用预算时,拟采用零基预算编制方法。

首先,企业管理部门的全体职工,根据企业下年度的目标利润和本部门的具体任务,提出了经费预算。其具体费用及预计的开支水平按成本-效益分析并排列如下:

培训费	30000 元
业务招待费	15000 元
差旅费	10000 元
办公费	12000 元

如果该公司计划期的管理费用的可动用资金只有57500元,经过企业管理层研究,预算资金分配大致如下:教育经费必须保证,业务招待费满足90%,差旅费满足80%,办公费满足50%。根据上述比例,计算分配预算资金如下:

培训费　　　　30000元
业务招待费　　13500元
差旅费　　　　8000元
办公费　　　　6000元

对物业企业而言,零基预算有着重要价值。在既定的管理收费标准下,它有助于提高管理收费的使用效益,改善企业与业主之间的关系,从而增强物业企业的市场竞争能力。但零基预算也有一定的缺点,主要表现为:编制预算的工作量较大,各费用项目的成本收益率的确定缺乏客观依据。

(二) 成本预算编制举例

下面举例说明营业成本预算和期间费用预算的编制。

1. 营业成本预算的编制

编制营业成本预算,应以收入预算为基础,分别确定公共服务收入、公众代办性服务收入和特约服务收入的直接成本。其中,公众代办性服务和特约服务直接成本的确定较为容易,可参照其他企业费用的确定方法确定;公共服务的直接人工费,根据保安人员、工程维修人员和清洁人员等直接从事公共服务人员的人数和企业的工资(含职工福利费)水平确定;公共服务的直接材料费成本可以上年度实际发生的成本为基础,增减一定百分比(通常按物价指数)来确定。

某物业公司采用固定预算方法编制的2007年度营业成本预算见表7-1。

表7-1　营业成本预算(2007年度)　　(单位:万元)

项　目	费用类别	第一季度	第二季度	第三季度	第四季度	全年合计
公共服务的直接成本	直接人工费	120	100	130	108	458
	直接材料费	34	28	35	19	116
公众代办性服务的直接成本	直接人工费	40	30	60	32	162
	直接材料费	13	10	17	11	51
特约服务的直接成本	直接人工费	30	25	32	27	114
	直接材料费	8	7	10	6	31
营业成本	直接人工费	190	155	222	167	734
	直接材料费	55	45	62	36	198
	合计	245	200	284	203	932
付现营业成本	直接人工费	190	155	222	167	734
	直接材料费	52.5	50	53.5	49	205
	合计	242.5	205	275.5	216	939

其中,该公司采购材料的付款政策为,本季度采购额的50%当季支付,其余50%下季度支付。2006年第四季度直接材料费为50万元。所以2007年第一季度的付现营业成本=50×50%+55×50%=52.5万元。

2. 期间费用预算

下面以管理费用为例说明期间费用的编制方法。某物业企业采用固定预算方法编制的

2007年度管理费用预算如表7-2。

表 7-2　管理费用预算（2007年）　　　　　　　　　　（单位：万元）

项　　　目	第一季度	第二季度	第三季度	第四季度	全年合计
工资及福利费	25	21	20	23	89
办公费	24	22	21	18	85
差旅费	30	27	25	17	99
折旧费	25	25	25	25	100
电话费	5.3	4.5	4.4	5.2	19.4
保险费	18	18	18	18	72
劳动保护费	14	14	12	13	53
业务招待费	21	18	11	16	66
工会及教育经费	0.99	0.829	0.789	0.908	3.516
其他费用	16	18	21	20	75
费用合计	179.29	168.329	158.189	156.108	661.916
预计现金支出	154.29	143.329	133.189	131.108	561.916

其中，预计现金支出＝管理费用合计－折旧费

四、物业管理成本控制

物业管理成本控制有广义和狭义之分。狭义的成本费用控制是指按照事先编制的成本费用预算，对所有成本费用开支进行严格的计算、限制和监督，及时揭示实际成本费用与预算之间的差异，并积极采取措施予以纠正，使实际成本费用限定在预算范围之内。广义的成本费用控制，除了包括狭义的成本费用控制外，还包括对成本费用的分析与考核，从而使成本费用控制成为责权利紧密结合的有机整体。本书以广义的成本费用控制来进行说明。

（一）成本费用控制程序

在物业服务企业，成本费用控制一般由五个步骤组成。

1. 确定标准

成本费用控制标准或目标，是对各项费用支出和资源消耗规定的数量界限，是进行成本费用控制和考评的直接依据。现实中，成本费用控制标准有成本费用预算（包括责任预算）和消耗定额等。

2. 执行标准

控制标准的落实，涉及运用相应的控制手段，对成本费用的形成过程进行具体的监督，即由企业内部的被授权者审核各项费用的开支和各项资源的消耗，实施各种节约措施，保证控制目标的实现。

3. 分析差异

差异是指实际耗费与既定标准之间的差额，分为有利差异（节约）和不利差异（超支）两种。一般而言，差异的形成原因不外乎主观和客观两个方面，分析差异的目的是为了总结导致有利差异的经验，发现造成不利差异的根源。

4. 纠正偏差

针对造成差异的原因，企业由相关部门和人员提出降低成本费用的新措施，并予以贯彻落实。

5. 考核奖罚

每一预算期结束后，考核一定时期内成本费用目标的执行情况，并依据考核评价的结果，给予相应的奖励或处罚，以充分调动有关部门和人员的积极性。

（二）成本费用控制的原则

1. 全面控制原则

全面控制是指全员和全过程相统一的控制。具体而言，成本费用控制应充分调动全体职工控制成本费用的积极性，因为每一职工都与管理服务过程中发生的特定耗费有关。成本费用控制还应贯穿于成本费用形成的全过程，而不仅仅是对部分费用支出的控制。

2. 讲求效益原则

物业服务企业的成本控制应与提供优质的物业服务相结合，不能为了控制成本降低消耗而不提供或少提供服务。即成本控制应以相同服务水平下成本最小化，或相同成本费用水平下服务数量和质量最大化为目标。这一目标是经济效益原则在物业成本控制中的具体体现。

3. 责权利相结合原则

明确的职责、适宜的权限和相应的利益，是做好管理工作的基础。为此，在成本费用的控制中，应明确规定各部门和有关人员应承担的责任，赋予其相应的权限，并考核其责任履行情况，予以相应的奖罚，使成本费用的控制目标及相应的管理措施真正落实到实处。

4. 例外管理原则

例外管理原则是指在全面控制的基础上，对那些重要的、不正常的、不符合常规的关键性成本费用差异进行重点控制。实际管理中确定例外的标准，通常有以下几点。

（1）重要性　重要性主要是根据差异金额的大小和比例来确定。一般只有在金额上和比例上具有重要意义的差异，才需要引起重视。

（2）一贯性　如果某项差异从未超过重要性的限制，但这一差异却持续相当长时间以较小的数额或比例出现，则应视为例外，需要引起相应的重视。

（3）可控性　凡属于管理人员无法控制的成本费用项目，即使超过重要性标准，可以不视为例外，管理人员无需采取任何追查行为。如税率、利率的变动等而发生金额较大的差异。

（4）特殊性　凡是对于企业的长期获利能力有重要影响的成本费用项目，即使差异没有达到重要性的界限，也应受到管理人员的注意，甚至凡有差异均应视为例外，采取追查措施并迅速采取补救措施。

（三）成本控制的组织体系

为了有效地进行成本控制，物业企业需实行分级归口管理责任制，建立成本费用控制组织体系，即建立以责任中心为基本控制单元的组织体系。在这一组织体系中，物业企业通常将各部门确立为不同类型的责任中心，根据其各自的工作内容，将成本费用预算分解为各责任中心的成本费用预算（责任预算），并据以进行成本费用的分析考核。

1. 责任中心

责任中心是指具有一定的管理权限，并承担相应经济责任的企业内部单位。责任中心必须是责权利相结合的责任实体。一个责任中心的确立必须同时具备以下条件：有承担责任的主体——责任者；有确定经济责任的对象——资金运动；有考核经济责任的基本标准——经营业绩；有承担经济责任的基本条件——职责和权限。

根据物业企业的业务活动特点以及各责任实体的权限，责任中心一般分为成本中心和费用中心两类。

（1）成本中心　成本中心即只对所发生的成本负责的责任中心。在物业企业，凡直接参与提供物业服务的部门，都可以设置为成本中心，这些成本中心通常只发生成本费用，而不会直接产生收入，如维修部。或者说，成本中心就是以控制营业成本为主的责任中心。

（2）费用中心　费用中心是指仅对费用发生额负责的责任中心。在物业企业，凡不直接提供物业服务的部门，通常都设置为费用中心。如办公室。即费用中心是以控制经营费用为主的责任中心。

在物业服务企业，成本（费用）中心仅对可控成本（费用）负责，责任中心当期发生的可控成本（费用）之和就是责任成本（费用）。一般而言，可控成本（费用）应同时具备以下条件：责任中心能通过一定的方式了解将要发生的成本（费用）；责任中心能对发生的成本（费用）进行计量；责任中心自身的行为能对成本（费用）水平产生重要的影响。

在此需要注意的是，尽管责任成本和营业成本都是提供物业服务过程中发生的资金耗费，但两者之间存在着一定差别，差别在于归集原则不同：营业成本的归集原则为受益原则，即谁受益、谁承担；责任成本的归集原则为责任原则，即谁负责、谁承担。

2. 责任中心的业绩考评

在物业企业，由于各成本（费用）中心对责任成本（费用）负责，考核其成本费用控制业绩的指标为：

$$成本（费用）降低额＝预算成本（费用）－实际成本（费用）$$
$$成本（费用）降低率＝成本降低额/预算成本或费用\times 100\%$$

为实现企业物业保值增值的目的，各责任中心一方面需降低成本费用，另一方面应努力提高工作质量或服务质量。为此，对责任中心进行业绩考核时，同时还应考核其服务质量。实务中，主要的定量考核指标有物业完好率、维修及时率、安全事故率、环境绿化率、卫生保洁率、环境综合效益率、业主满意率、物业保值增值率等。其中，物业保值增值率时最具有综合性的服务质量评价指标，其具体计算方法为：

$$物业保值增值率＝期末物业总值/期初物业总值\times 100\%$$

第三节　物业管理投资

投资是指投放财力于一定对象，以期望在未来获取与其所承担风险成正比例的收益的一种经济行为。投资是为了取得更多的利润而发生的现金支出，当然也蕴含着可能的损失。

一、物业管理投资的原则

1. 目的性原则

投资是一种有目的的经济行为，有时是为了获利，有时是为了企业扩张，有时是为了分散风险，有时是为了控制其他企业。投资方现在支出一定的价值，必须在整个投资过程中为实现投资目的而努力。

2. 时间性原则

投资具有时间性，即投入的价值或牺牲的消费是现在的，而获得的价值或消费是将来的，也就是说，从现在支出到将来获得报酬，在时间上总要经过一定的间隔。所以进行投资决策时要考虑货币的时间价值，即多采用动态评价指标作为投资决策的依据。

3. 收益风险均衡原则

投资的目的在于获得报酬（即收益）。投资活动是以牺牲现在价值为手段，以赚取未来价值为目标。未来价值超过现在价值，投资者方能得到正报酬。投资的报酬可以是各种形式的收入，如利息、股息，可以是价格变动的资本利得，也可以是本金的增值，还可以是各种财富的保值或权利的获得。但投资具有风险性，现在投资的价值是确定的，而未来可能获得的收益是不确定的。所以在投资决策时要充分考虑收益和风险的均衡问题,即在风险相同时选择收益大的项目,收益相同时选择风险小的项目。

二、物业管理投资决策

由于投资方式多样,下面仅以物业企业常用的对外债券投资和股票投资决策为例来进行说明。

(一) 债券投资决策

债券是指某一社会经济主体为了筹集资金而向投资者出具的一种债权债务凭证,债券一般包括票面价值、票面利率、期限、发行时间及发行单位等内容。

债券投资具有以下特点:无论是短期债券投资,还是长期债券投资,都必须按时支付利息,到期还本,它表明的是一种债权债务关系;债券投资的收益水平事先确定,属于固定收益证券,且收益水平较低;债券投资的风险程度较低,因其收益固定,到期可还本付息;债券投资的权利较小,只有收回本息的权利,无参与企业经营管理的权利。

1. 债券的发行价格

债券的发行价格是指债券的发行主体在发行该债券时的售价。债券的发行价格受市场利率的影响,会与其票面价值不相一致。在债券票面利率固定的情况下,随着市场利率的不同,债券发行价格也会有所不同。当票面利率大于市场利率时,债券的发行价格会高于票面价值,称为溢价发行;当票面利率等于市场利率时,债券的发行价格等于其票面价值,称为平价发行;当票面利率小于市场利率时,债券的发行价格会低于其票面价值,称为折价发行。

在债券的票面利率、市场利率、票面价值等因素已经确定的情况下,债券的发行价格就可以计算出来了,假设债券每年支付一次利息,到期一次还本,则债券发行价格的计算公式为:

$$债券发行价格=票面金额×(P/F,i_1,n)+票面金额×i_2(P/A,i_1,n)$$

式中,i_1 为市场利率;i_2 为票面利率;n 为债券期限。

如果不计复利,到期一次还本付息的债券为:

$$债券发行价格=票面金额×(1+i_2×n)×(P/F,i_1,n)$$

从公式中可以看出,债券的发行价格由两部分组成,一是债券到期收回本金即票面价值的现值,二是每年利息的现值。下面举例予以说明。

【例 7-1】某公司准备发行 3 年期的债券,面值总额为 50 万元,票面利率为 10%。每年支付一次利息,假设债券发行时的市场利率为 8%,计算该债券的发行价格。

先计算该债券每年的利息:

$$年利息=500000×10\%=50000 元$$

再计算该债券的发行价格:

$$发行价格=500000×(P/F,8\%,3)+50000×(P/A,8\%,3)$$
$$=500000×0.794+50000×2.577$$
$$=525850 元$$

可见,当票面利率大于市场利率时,债券发行价格大于其票面价值,应溢价发行债券。

若债券发行时的市场利率为 10% 时,发行价格为:

$$发行价格=500000×(P/F,10\%,3)+50000×(P/A,10\%,3)$$
$$=500000×0.751+50000×2.487$$
$$=499850 元$$

当债券票面利率等于市场利率时,应平价发行债券,上述计算结果 499850 元发行价格与票面价值 500000 元之间的差额,为复利现值系数和年金现值系数上的误差。

当债券发行时的市场利率为12%时,债券发行价格为:

$$发行价格 = 500000 \times (P/F, 12\%, 3) + 50000 \times (P/A, 12\%, 3)$$
$$= 500000 \times 0.712 + 50000 \times 2.402$$
$$= 476100 \ 元$$

可见,当市场利率大于票面利率时,应折价发行债券。

2. 债券的评级

债券的评级是指由独立在债券发行和交易单位以外的专门机构,对债券发行单位的信誉以及所发行债券的质量所进行的一种分析和评价,来确定债券信用等级的一项工作。债券的信用等级,对于债券发行单位和投资者来说,都非常重要。因为它直接影响着投资者的投资选择。

债券信用评级的办法,通常是按债券的质量优劣等情况,划分为三等九级,三等即 A、B、C 三等,九级分别为 AAA、AA、A、BBB、BB、B、CCC、CC、C,按照从前到后的顺序,债券的质量情况依次下降。也就是说,AAA 表示最高级的债券,其还本付息能力很强,风险程度也最低。AA 表示高级债券,其还本付息的能力很强,风险程度略高于 AAA 级债券。依此类推,一般来说,在九个级别的债券中,前三个级别的债券是投资者愿意选择的。而后几个级别的债券的质量情况比较差,投资者往往不愿意去投资。

债券信用评级的主要内容为:债券发行单位的偿债能力和获利能力、债券发行单位的资信程度以及投资者承担风险的程度。我国在对债券进行信用评级时,主要考察企业素质、财务质量、项目状况、项目前景和偿债能力等五个方面的内容。

3. 债券投资的风险

企业进行债券投资,往往会有一定的风险,投资者所承担的风险主要包括:利率风险、违约风险、流动性风险及通货膨胀风险等。

利率风险是指企业购入债券的价格会随着市场利率的变动而发生变化,当市场利率上升时,债券价格会下降,从而会使投资者蒙受损失的风险。对于任何债券来说,利率风险都是存在的,因为市场利率往往是不固定的,当其出现变动时,就会影响到债券的发行价格,当然也就影响到了投资者的利益。

违约风险是指债券发行单位不能履行其承诺,不能按时还本付息的风险。债券种类不同,其违约风险程度也是不一样的。一般来说,政府发行的债券,比如国库券,是可以按时还本付息的,所以可看作是没有违约风险,这也是投资者愿意购买国库券的主要原因。而金融债券和公司债券,则都存在着违约风险,只不过违约风险程度有所不同。

流动性风险是指投资者是否能按照合理的价格将债券转让出去的风险。若投资者能在较短的时间内按市场价格将债券顺利售出,说明该种债券的流动性风险较小;反之则说明其流动性风险较大。一般来说,政府债券和信用等级比较高的债券,其流动性风险较小,而信用情况较差的债券,流动性风险要大一些。

通货膨胀风险是指由于出现通货膨胀现象,而使债券变现后的购买力降低所带来的风险,也称为购买力风险。在通货膨胀情况下,对于固定收益的债券来说,每期只能获得固定的利息收入,到期可收回本金,就会使投资者遭受购买力下降的损失。所以,在通货膨胀比较严重的情况下,投资者为了降低通货膨胀风险,可以投资在变动收益债券,而拒绝固定收益债券,这样可以减少损失。

4. 债券投资的收益

风险和收益是有一定联系的。进行债券投资,往往会有一定的风险,一般来说,风险程度越高,则收益水平也越高;反之,风险程度越低,则收益水平也较低。对于投资者来说,其最终目的都是为了获得投资收益。所以只有准确计算准确投资的收益情况,才能作出正确的投资决策。

投资收益计算时通常采用收益率指标，投资收益率的计算包括以下内容。

(1) 票面收益率 票面收益率是指按债券票面价值计算确定的收益率，也就是债券的票面利率。它是在投资前就能计算确定的，只是一种名义上的收益率。它与实际收益率往往会不一致，只是平价发行债券时，二者才是一致的。

(2) 实际收益率 实际收益率是指投资者购买债券后获得的真实收益率。下面分三种情况介绍其具体计算。

第一种情况是投资者在债券发行市场上购买债券，并且持有到到期日，计算公式为：

$$实际收益率=[每期利息＋(债券面值－发行价格)/债券期限]×100\%$$

【例7-2】某企业购入某公司发行的5年期债券，面值总额为100000万元，发行价格为80000元，票面利率为10%，每年付息一次，到期收回本金，则该债券的实际收益率为：

$$实际收益率=[100000×10\%＋(100000－80000)/5]×100\%=17.5\%$$

第二种情况是投资者在二级市场上购买债券并持有到到期日，计算公式为：

$$实际收益率=\frac{(债券到期收到的本利和－市场价格)/持有期限}{债券市场价格}×100\%$$

【例7-3】某企业2004年4月1日以11300元价格购入A公司2003年1月1日发行的、面值为10000元、2年期债券，利率为12%，到期一次还本付息，并持有到还本付息时为止，则该债券的实际收益率为：

$$实际收益率=\frac{(12400－11300)/0.75}{11300}×100\%=12.98\%$$

第三种情况是投资者购入债券后，持有一定时期，在债券到期日之前转让出去，计算公式为：

$$实际收益率=\frac{(债券转让价－购入价)/持有期限}{债券购入价}×100\%$$

【例7-4】某公司2004年1月1日以10000元购入A公司新发行的债券，面值10000元，票面利率为12%，两年后一次还本付息。现假设该公司于2005年4月1日将债券以11300元价格转让出去，则其实际收益率为：

$$实际收益率=\frac{(11300－10000)/1.25}{10000}×100\%=10.4\%$$

5. 债券投资决策

明确了债券投资的特点及收益水平的计算后，就应进行债券投资决策。债券投资决策具体包括是否需要进行债券投资，应投资于哪几种债券等方面的决策。

如果企业有一定数额的资金可以用来投资的话，就要考虑是否需要投资在债券中。那么，如何决定投资于债券呢？任何投资的最终目的，都是为了在承担既定风险的情况下获取较高的投资收益。前面已介绍了有关债券投资收益率的计算，如果企业不愿意承担太大风险，应首先考虑投资于债券，接下来应考虑债券的投资收益率问题，并与其他投资的收益率进行比较，若债券的投资收益率高于其他投资的收益率，则应选择进行债券投资。当然还应考虑投资于债券的期限与企业可利用资金的期限是否一致等因素。

选择了债券投资后，就应进行债券投资种类的决策。债券分很多种，有政府债券、金融债券和公司债券，有短期债券、长期债券等。在具体债券品种的选择上，应首先考虑债券的信用情况，前面已介绍过，债券信用等级越高，说明债券的质量越高，风险程度也越低。比如，国库券可以看成是无风险的，因为其有国家财政作保证，信用情况最好；而金融债券由银行等金融机构发行，信用等级一般也较高；至于公司债券，由于其经营状况、规模及效益等往往差别很大，所以信用等级高低不一。此外，应考虑的就是债券的风险程度。实际上，信用等级也反映出了风险程度的高低。企业在进行债券投资时，也应讲究一个投资组合问题，应将风险程度较低、中等和较高的债券组合在一起。这样做，一方面可以降低风险，另一方面又可以提高投资的收益水平。

（二）股票投资决策

股票是股份公司为筹集自有资金而发行的有价证券，是投资者拥有公司股份的凭证。投资者也就是股票持有者，称为股东，股东根据其投入资本份额享有所有者的资产受益、经营决策的权利，并以所持有股份为限对公司承担责任。

1. 股票投资的特点。

股票投资和债券投资相比，具有以下特点。

(1) 股票投资是一种权益性投资　股票投资和债券投资相比较，投资者和被投资者之间的关系有所不同，进行债券投资，二者之间形成的是债权债务关系，而进行股票投资，二者之间形成的是产权关系，也就是说，股票投资属于权益性投资。进行股票投资后，投资者就称为公司的股东，有权参与企业的经营管理和重大决策。而进行债券投资，投资者只成为公司的债权人，无权参与企业的经营管理及决策。

(2) 股票投资的风险大　进行债券投资，可以按时收回本金和利息，一般来说，风险程度较低。而股票投资则不同，进行股票投资，不需要还本付息，没有到期日，进行股票投资的收益要看股份公司经营状况和股票市场的行情。如果公司经营状况好，则投资收益就会增加；反之，如果公司经营状况较差，则投资者的收益就会减少，甚至会遭受损失。而且当股份公司破产时，债权人的财产求偿权会在股东之前，一般都能收回，而股东则没有保障，可能收回投资，也可能收不回投资，遭受损失。

(3) 股票投资的收益不稳定　债券投资的收益相对固定，也就是说，在债券票面利率固定的情况下，债券投资者每期可以获得固定的利息收入，投资收益可以事先确定，债券属于固定收益证券，且收益水平较低。而股票投资则不同，股票投资收益主要包括股份公司发放的股利和转让股票获得的价差收益，稳定性较差，事先也无法确定。股票投资收益的高低，主要取决于股份公司经营状况的好坏，如果公司经营状况很好，就可能发放股利；反之，如果公司经营状况较差，获利能力很低，就可能少发或不发放股利。当然股票转让的价差收益也取决于股市行情好坏。总之，股票投资的收益是不稳定的，时高时低，但通常会高于债券投资收益。

(4) 股票价格波动性大　和债券投资相比，股票的价格波动性很大，在前面已介绍了债券发行价格的确定，其发行价格的高低主要受市场利率影响，当市场利率发生变动时，债券发行价格也会产生波动，但其波动性很小，而且其价格也不会偏离其价值太多，而股票投资则不同，股票价格波动性很大，这也使得许多投资者出于投机的目的，进行股票投资，当股票价格变动对其有利时，会获取高额收益，当股票价格变动对其不利时，就会使其损失惨重。

2. 股票估价

股票估价是指对某种股票进行分析评价以确定股票的投资价值。股票估价和债券估价的方法基本相同，它是将股东未来各期获得的股利折为现值，再加上股票将来售价的现值，计算公式为：

股票价值＝未来各期股利的现值＋未来售价的现值

【例 7-5】某公司购入 A 股份公司发行的普通股股票 10000 股，第一年股利为 5000 元，以后每年递增 10%，该公司准备持有该股票 3 年，预计 3 年后股票价格为 60000 元，贴现率为 8%。则股票价值为：

$$\begin{aligned}
\text{股票价值} &= 5000\times(P/F,8\%,1)+5000\times(1+10\%)\times(P/F,8\%,2)+5000\times \\
&\quad (1+10\%)\times(1+10\%)\times(P/F,8\%,3)+60000\times(P/F,8\%,3) \\
&= 5000\times0.926+5500\times0.857+6050\times0.794+60000\times0.794 \\
&= 61787.2 \text{元}
\end{aligned}$$

以上计算结果为该公司购入10000股普通股的价值,再除以股数,则为股票每股价值。

$$\text{每股价值}=61787.2/1000=6.18\text{元}$$

3. 股票投资的收益

如前所述,任何投资的最终目的都是为了获取投资收益,股票投资也不例外。所以物业企业财务管理人员应全面分析,计算股票投资的收益。股票投资的收益主要包括股利和价差收益两部分内容。股票的收益和风险总是有一定联系的,风险程度较高,则其收益水平较高;反之,风险程度较低,则股票的收益水平也较低。股票投资收益水平的测量通常也采用收益率指标,计算公式为:

$$\text{投资收益率}=(\text{未来股利收益}+\text{价差收益})/\text{股票购入价格}\times100\%$$

【例 7-6】 某公司购入 A 股份公司发行的普通股股票,每股市价为 58 元,年股利率 10%,一年后以 100 元价格将该股票转让出去,则该股票的投资收益率为:

$$\text{投资收益率}=[58\times10\%+(100-58)]/58\times100\%=82.41\%$$

4. 股票投资决策

股票投资决策和债券投资一样,也要进行正确的投资决策。股票投资决策的内容与债券投资决策基本相同,主要包括是否进行股票投资、应如何选择投资对象、种类,以及何时投资等内容。

首先,投资者应分析是否进行股票投资。主要应分析比较股票的收益水平的高低、股票投资是否适合投资者等内容。

在选择了股票投资后,就要进一步分析投资在哪一种股票中,是投资于普通股,还是优先股。若投资在普通股中,应如何加以选择?选择几种股票?这就涉及到投资组合问题,应将不同投资期限、不同风险程度的股票组合在一起,以便分散风险,稳定收益,达到投资的目的。

此外,股票投资和债券投资决策不同的是,进行股票投资,应认真选择投资时机。因为股票价格经常处于变化之中,投资者应选择对其有利的股票价格,适时投入资金,以便增加其投资收益。当然,股票价格变动受许多因素影响,情况复杂,投资者应全面考虑,认真权衡,作出正确的投资决策。

5. 证券投资组合

证券投资组合是指投资者为了分散证券投资的风险,而将资金同时投放在几种证券上的行为。也就是说,投资者在进行投资时,不能将资金都投资于同一种证券,而是应该同时投资于多种证券。这就是平时所说的不要将所有的鸡蛋放在一个篮子里的道理。因此,进行证券投资组合就必须研究证券投资组合的风险问题。

证券投资组合的风险可以分为系统性风险和非系统性风险。

系统性风险是指由整个经济的变动给市场上所有证券都带来经济损失的可能性。例如,国民经济全面萧条、国家宏观经济政策的变化等,都会给市场上所有的证券带来影响,而且这种风险是投资者无论如何也不能分散的。所以,系统性风险也叫市场风险或不可分散风险。

非系统性风险是指由于某些因素对个别证券造成经济损失的可能性。例如,企业在市场竞争中失败,某个企业工人罢工等,都会给该企业证券的收益率带来影响,从而影响到投资者的投资收益。这种风险只是影响到某个企业,并不会影响市场上所有证券,所以,这种风险可以通过证券投资组合加以分散。非系统性风险也叫公司特别风险或可分散风险。可见,证券投资组合的风险由系统性风险和非系统性风险两部分构成。系统性风险是不能分散掉的风险，非系统性风险则可以通过证券投资组合加以分散。

计算出证券投资组合的风险后，投资者可以根据各种证券的具体情况和投资者对收益及风险的态度，合理地进行证券投资组合。敢于冒险的投资者，往往会较多选择风险程度大、收益水平高的证券，而较少选择风险程度低、收益水平也低的证券；而保守型的投资者则正好相反，它会投资于尽可能多的证券，以便分散掉全部可分散风险，但收益水平也往往较低。

三、物业管理投资形式

物业企业进行投资的形式从不同的角度划分有如下几种。

1. 按照投资性质，可以有生产型资产投资和金融性资产投资

生产型资产投资包括：与企业创建有关的创始性投资，如购置机器设备、车辆；与维持企业现有经营有关的重置性投资，如更新已经老化或损坏的设备的投资；与降低企业成本有关的重置性投资，如购置高效率设备代替虽能用但低效率的设备的投资；与现有市场和产品有关的追加性投资；与新产品和新市场有关的扩充性投资等。

金融性资产投资即证券投资，包括购买企业股票、政府债券、基金、金融性债券、公司债券等的投资。

2. 按照投资时间长短，可以有长期投资和短期投资

长期投资是指在一年以上才能收回的投资，主要是对厂房、机器、设备以及无形资产的投资，也包括一部分长期占用在流动资产上的投资和时间在一年以上的证券投资。长期投资一般指战略性投资，对企业的全局及未来都有重要影响。

短期投资是指可以在一年以内收回的投资，主要包括现金、有价证券、应收账款、存货等流动资产投资。短期投资一般指战术性投资，主要考虑怎样合理、充分使用现有经济资源，以取得最佳的经济效益。

3. 按照投资的风险程度，可以有确定性投资和风险性投资

确定性投资是指风险小、未来收益可以测算得比较准确的投资。企业在进行这种投资决策时，可以不考虑风险问题。

风险性投资是指风险较大、未来收益难以准确预测的投资。大多数战略性投资属于风险性投资，企业在进行风险投资时，应考虑投资的风险问题，采用一定的分析方法，以作出正确的投资决策。

4. 按照投资方向，可以分为对内投资和对外投资

对内投资，是指把资金投放在企业内部，购置各种生产经营用资产的投资。

对外投资，是指企业把资金投放到企业外部，其目的是为了获得投资收益或控制其他企业的生产经营。

思 考 题

1. 财务管理的内容有哪些？
2. 财务分析的方法有哪些？
3. 物业服务公司的成本有哪些？
4. 什么是责任中心？物业服务公司的责任中心有哪些？
5. 物业公司成本费用控制的程序是什么？
6. 和债券投资相比，股票投资有哪些特点？
7. 物业企业投资的形式有哪些？
8. 某物业公司欲利用闲置资金购买债券，面值总额为 10 万元，票面利率为 8%，每年支付一次利息，债

券发行时的市场利率为6%。债券的发行价格为108000元。分析该公司购买此债券是否有利可图。

9. 在前面的案例中，应先计算该股票的价值，如果股票价值大于现在价格，则企业可以进行投资，反之则不能进行投资。

$$股票价值 = 3000 \times (P/A, 10\%, 3) + 80000 \times (P/F, 10\%, 3)$$
$$= 3000 \times 2.487 + 80000 \times 0.751$$
$$= 67541 元$$

现在价格小于股票价值，所以该物业公司可以进行投资。

拓展知识　　　　　投资风险的一般防范措施

风险不以人们的意志为转移，它客观存在，在对其进行定量研究的基础上，还须考虑风险的防范措施，一般有以下几种方法。

① 回避风险。实际中有意地回避一些风险程度大而且很难把握的财务活动，是防止风险的最稳妥的措施之一。

② 转移风险。如果预测某项财务活动的风险较大，而企业又不愿失去这一机会，通常可以采用保险、担保、联合、融资租赁等形式将部分风险转嫁给他人。

③ 多角经营。企业多投资一些不相关的项目，多生产几个品种，或经营几种商品，可以使高利与低利、旺季与淡季、畅销与滞销在时间和数量上互相补充，从而可以分散风险、降低风险。依照统计学原理分析，几种商品的盈利率是独立的或不完全相关的，企业在一定期间内的总利润风险能够因较多的投资项目和众多的商品而减少。因此，多角经营、减少各项目之间的联系是控制风险的重要措施之一。

④ 多角筹资。企业从不同渠道筹集生产所需资金，实质上将企业的风险不同程度地分散给它的资金提供者，如股东、银行、政府、其他单位等。因此，多角筹资也是控制风险的重要措施之一。

⑤ 自我保险。实际中企业也可以积极主动地面对风险，预先设立财务风险基金，专门用以应付意外事故的发生。

第八章 写字楼和商业物业经营管理

【学习目标】
- 了解写字楼的内涵和分类
- 掌握写字楼物业管理的目标和特征
- 熟悉写字楼物业管理的内容
- 掌握选择写字楼租户时应考虑的因素和影响租金的因素
- 了解商业物业的内涵和分类
- 掌握商业物业经营管理的内容
- 掌握选择商业物业租户时应考虑的因素和影响租金的因素
- 熟悉商业物业的租赁方案的制定过程

引导案例

某高级商务办公楼内有一本地公司——A公司，其业务并未因入驻了一个好的办公楼而有进一步发展，反而较为昂贵的房租倒成了不小的负担，一年多以后，欠租的情形出现了。物业管理部门发出在指定的期限内，如果A公司仍不付清欠款的话，将不得不采取必要措施中止部分服务的通知，A公司对此未做出任何反应，也没有能力做出反应。期限到了，物业管理部门将其通讯线路从接线大盘上摘除。随后A公司通讯中断。这时A公司负责人认为写字楼物业管理部门侵犯了他们的权利，于是双方引起纠纷。

【请分析】 物业服务企业应如何有效避免类似纠纷？

第一节 写字楼物业经营管理

随着我国经济的发展，各种类型的投资商积极进军国内房地产业，投资兴建了大量的现代化商业大厦，其中包括不少专用于大型公司机构办公、经营的大厦，即人们通常所称的写字楼。"写字楼"一词具体是指以出租办公室为主的收益性物业，是各类公司、机构集中办公、开会、进行商务洽谈等业务活动的场所。写字楼是商品经济和社会专业化分工发展的产物，它的出现大大缩短了社会各行业、各系统部门、公司机构人员的空间距离，为他们集中办公，进行商务、公务往来等提供了极大的便利。我国内地党政机关、各大系统行业、企事业单位的办公楼宇属于广义的写字楼宇范畴，非本章所述重点。

一、写字楼的分类和写字楼物业管理的特征

（一）写字楼的分类

现代社会，写字楼数量众多，风格特色各异。不同类型的写字楼对物业管理的要求会有所不同。因此，熟悉写字楼的一般分类，对做好相应类型写字楼的物业管理十分必要。目前我国写字楼分类尚无统一的标准，主要依据写字楼所处的位置、规模、功能等标志从不同角度进行

分类，通常我们可以把写字楼分成以下类型。

1. 按建筑面积的大小分类

可分为小型、中型和大型写字楼。

① 建筑面积在1万平方米以下的，称为小型写字楼；

② 建筑面积在1万～3万平方米之间的，称为中型写字楼；

③ 建筑面积在3万平方米以上的，称为大型写字楼。

大型写字楼有的建筑面积可达十万平方米以上，如美国纽约的世界贸易中心大厦、香港的中环中心大厦等。

2. 按功能分类

分为单纯型、商住型和综合型写字楼。

① 单纯型写字楼，就是写字楼基本上只有办公一种功能，没有其他功能，如公寓、展示厅、餐饮等。

② 商住型写字楼，就是既提供办公又提供住宿的写字楼。这类楼宇又分为两种：一种是办公室内有套间可以住宿，如上海的启华大厦；另一种是楼的一部分作办公用途，另一部分作住宿用途，如北京的国际大厦。

③ 综合型写字楼，就是以办公用途为主，同时兼具多种功能，如兼作公寓、餐厅、商场、展示厅、舞厅、保龄球馆用途等的写字楼，但各功能部分所占楼宇总面积的比例都不会太大，用于办公的部分依然是主要的，否则便不称其为写字楼。广州的中信广场、世贸大厦便属这种类型。

3. 按现代化程度分类

分为智能型写字楼与非智能型写字楼。智能型写字楼是具有高度自动化功能的办公大楼；反之，传统的不具备现代功能的写字楼即为非智能型写字楼。智能化是写字楼发展的方向，20世纪90年代后期建造的大型高层写字楼多为智能型写字楼。

4. 按写字楼综合条件分类

分为顶级、甲级、乙级和丙级写字楼。北京写字楼信息网在2000年第一次全面提出顶级、甲级、乙级、丙级的四级分类原则，是最早倡导和应用甲级、乙级、丙级分类原则的机构之一，并身体力行在网上对北京现有近千家写字楼进行了评级分类。所谓甲级、乙级、丙级写字楼主要是参照了星级酒店的评级标准，是房地产业内的一种习惯称谓。北京写字楼信息网具体评定标准是：硬件及软件为主，价格为辅。

硬件方面包括楼宇外观设计、内外公共装修标准是否具有超前性，是否达到5A级写字楼水平，包括楼宇自动化系统（BA）,通讯自动化系统（CA）,保安自动化系统（SA）,消防自动化系统（FA）,办公自动化系统（OA）；设备设施如电梯等候时间、中央空调管式数量、停车位数量、配套服务设施（电力负荷、绿化、夜间照明）等方面是否与世界甲级写字楼水平同步；软件方面主要指物业管理服务是否达到星级酒店标准。

（1）顶级写字楼 除上述软硬件标准完全达标外，与甲级写字楼最大的区别在于其商圈的代表性和标志性及对商圈的辐射力、影响力。如嘉里中心、国贸中心、南银大厦、东方广场、数码大厦、远洋大厦、华润大厦等。

（2）甲级写字楼 硬件方面外观设计、内外公共装修标准相当于四星级酒店，达到5A级写字楼水平，设备设施基本与世界同步，中央空调为四管式；软件方面物业管理服务水准达到三星级酒店以上标准。如国际企业大厦、中关村大厦、恒基中心、招商局大厦等。

（3）乙级写字楼 硬件方面外观设计、内外公共装修标准与甲级写字楼相比较差，部分达到5A级写字楼水平，设备设施以合资品牌为主，中央空调为两管式；软件方面物业管理服务未达到星级酒店的标准。如海龙大厦、京广商务楼。

（4）丙级写字楼　硬件方面外观设计、内外公共装修标准为普通材料，基本的通讯设施及办公服务，设备设施基本为国产电梯、分体空调等；软件方面为传统的物业管理服务。以旧楼改造和酒店改造的项目居多，市场上最为多见。

（二）写字楼物业管理的特征

1. 关注客户需求，建立有利于客户商业运行的服务模式

与住宅物业相比，写字楼业主数量相对较少，但需求较高，对物业外在形象、商业环境、设施设备正常运行等方面关注较多。因此我们应特别关注客户需求，建立有利于客户商业运行的服务模式。

写字楼物业管理的运行和服务模式应适应高端客户的实际需要，通过研究客户需求和细分客户类别，成立相关职能部门，按照企业的不同特点和与其签订的不同合同内容，分别向客户提供不同侧重点的服务。写字楼内企业对信息的需求较多，客服中心就应专门收集相关的城市配套、交通、相关产业政策等方面信息并予以归类，以备客户随时咨询。对于有资料整理、数据录入等方面的需求的机构，客服中心可安排合适人员提供此项服务。针对喜欢球类、健身的客户群体，可以专门抽调在体育方面有专长的客服人员，及时组织并引导客户开展形式多样的文化体育活动，通过这些活动与客户沟通。对于一些会议较多的客户，物业服务企业也可以专门成立会议服务部，向客户提供会议、剪彩、签约等服务。只有紧紧围绕客户的商务需求来提供相应的服务，营造有利的商务休闲环境，才会赢得客户的满意，这对于收费率的提高也会有很大的帮助。

2. 走科技化、人性化、绿色化的写字楼物业管理道路

与住宅物业相比，新材料、新技术在写字楼建设中得到了广泛应用，高智能化已成为写字楼发展的方向。我们应做出相应的对策，走科技化、人性化、绿色化的写字楼物业管理道路。

写字楼的高智能化，就是通过一系列国际领先技术的通讯自动化系统、楼宇自动化系统、办公自动化系统、保安自动化管理系统等设备的安装，使每栋楼都变成一个蕴涵有巨大能量的信息化坐标，而入驻企业可以随心所欲地应用相关信息，通过语音与数据的高速通讯接入，使企业的办公效率得到全面提升，并在一栋楼里就可以完成全球化沟通。新一轮高档写字楼的技术升级还更多地引入"生态"、"节能"等概念，采用变风量中央空调系统、整栋化真空玻璃、建筑外遮阳、辐射式制冷采暖、置换送风等先进技术，同时诸如餐饮、沙龙、艺术画廊、健身场所、运动球馆等配套设施也越来越多地出现在写字楼内。先进技术的应用及其配套设施的延伸，使得写字楼物业更加强调专业化经营管理和先进技术的运用。在实施写字楼物业管理的过程中，物业服务企业要在不降低客户对环境品质要求的前提下，大力推行节能、健康、环保管理技术，实施人性化、绿色化管理。绿色写字楼、节能写字楼在不久后将会是一些企业对于办公场所选择的一个新理念与首要考虑目标。

3. 关注业主的不同需求，提供规范化基础上的差异化服务

与住宅物业相比，写字楼物业服务的对象不同，因而日常服务的内容、重点也不同，因此应关注写字楼业主的不同需求，提供规范化基础上的差异化服务。

从物业的整体要求上讲，写字楼的业主对物业整体形象、停车位、电梯、空调等设施设备的使用要求较高，而小区业主对治安、水电气暖的供应及收费标准等方面非常关注；写字楼的业主办公时间为白天，在公共区域活动较为频繁，而住宅的业主多在下班后才回到小区，多数业主在小区内的活动比较少；写字楼业主对物业人员的形象、办公效率、设施设备维护有着较高的要求，而住宅小区的业主对物业人员的亲和力、态度方面比较注重。写字楼的物业管理应根据这些特点提供针对性的服务。具体来说：公共秩序管理应做到安全、规范，尤以治安防

范、消防保障、物品出入、外来人员准入、夜间巡更、应急处理等方面为重点；车辆的管理应做到有序、通畅，车辆的停放和进出应规划在前，总体统筹，并认真做好车辆出入的检查登记；保洁工作的重点是及时、标准，要严格执行《保洁作业标准操作规程》，工作重心应放在业主经常到达和经常使用的区域内，如公共卫生间、公共走廊、电梯间等部位；维修管理要做到及时、高效。维护在前，修理在后，按照标准，定期保养，杜绝设备隐患，保障写字楼设施设备的正常、高效运转。同时要关注细节，以人为本，根据业主和用户的需求不断调整服务内容。

4. 研究写字楼的运行规律，加强写字楼成本管理

与住宅物业相比，写字楼有其独特的运行规律，我们应该掌握和运用这一规律，做好控制写字楼物业管理成本的文章。

根据国家相关规定，物业服务成本的构成一般包括以下内容：人员工资福利费；公共部位、公用设备设施的日常运行和维护、保养费；绿化养护费；清洁卫生费；公共秩序维护费；办公费；固定资产折旧费；共用部位、共用设施设备及公共责任保险费；经业主同意的其他费用。在上述规定的框架下，写字楼的成本大致可划分为四大部分：人力成本，约占总成本的30%～40%；公共能源，约占总成本的20%～30%；营运成本，约占总成本的20%左右；管理费用，约占总成本的10%左右。其中，人力成本和公共能源成本占写字楼企业成本的50%～70%，成为写字楼物业服务企业成本控制的重点。第一，控制公共能源成本。能源成本控制是一项长期的涉及物业服务企业全体员工的工作。为了达到既控制公共能源成本又保证写字楼品牌形象的目的，一方面要积极引进节能降耗的新技术、新工艺，另一方面可将写字楼划分成不同的责任区域，要求员工根据实际情况调整操作规程，使之既能满足业主的需求，又能最大限度地节约用电。第二，控制人力成本。人力成本是写字楼物业服务企业赢利的敏感因素。但人力成本的过度控制会引起服务能力不足，影响服务质量。写字楼的服务能力不仅指员工的数量，也包括员工的技能（专业技能和综合素质），它直接关系到物业服务企业提供服务的及时性和服务的质量。为了有效控制人力成本，可以从时间上分析写字楼服务的需求高峰期和低谷期，重点安排而不是平均分配服务能力。也可从空间上落实服务责任，在不同时段采取定岗定员和值班结合的排班方式。

二、写字楼物业管理的目标

写字楼是客户从事商业活动的场所，关注并满足写字楼客户群的需求，根据其需求建立适应客户商业运行的服务模式，是写字楼物业管理的着眼点。物业管理服务的重要性也在于辅助、优化和延伸写字楼的商业运行环境和高品质的物业价值，只有将服务与客户的商业利益紧密结合起来，才能实现企业与客户利益双赢的目的。

写字楼管理可围绕"安全、舒适、快捷"六个字展开。安全是指让用户在写字楼里工作安全放心；舒适是指要创造优美整洁的环境，让用户感到舒适、方便；快捷是指让用户在大楼内可随时与世界各地进行联系，交换信息，抓住商机。为此，写字楼管理与服务要按照以下要求展开。

（一）科学化、制度化、规范化、高起点

现代写字楼技术含量高，管理范围广，不能只凭经验办事。要积极探索制定并不断完善一套覆盖各个方面的管理制度，使整个管理工作有章可循，有据可依，管理与服务走上科学化、制度化、规范化的轨道；要有高素质的员工队伍，高技术的管理手段，高标准的管理要求。只有这样，才能达到好的管理效果。

（二）加强治安防范，严格执行管理制度，建立客户档案

写字楼的安全保卫工作很重要，它不仅涉及国家、企业和个人财产与生命安全，还涉及大

量的行业、商业、部门机密。由于写字楼一般在办公时间都是开放的，所以治安管理难度大。必须加强治安防范，建立和健全各种值班制度，坚持非办公时间出入大厦的检查登记制度，坚持定期检查楼宇防盗与安全设施制度，坚持下班交接检查制度。加强前门、后门的警卫及中央监控，坚持24小时值班巡逻，力求做到万无一失。同时，应全面建立客户档案，熟悉业主、租户情况，增加沟通了解，做到时时心中有数，确保业主、租户人身和财产的安全。

（三）加强消防管理，做好防火工作

由于写字楼规模大、功能多、设备复杂、人流频繁、装修量大，加之高层建筑承受风力大和易受雷击，所以火灾隐患因素多。因此，写字楼防火要求高，应特别加强对消防工作的管理。一定要教育员工、业主、租户遵守用火、用电制度，明确防火责任人，熟悉消防基本知识，掌握防火、救火基本技能；加强防范措施，定期检查、完善消防设施，落实消防措施，发现问题及时处理，消除事故隐患。

（四）重视清洁管理

清洁好坏是写字楼管理服务水平的重要体现，关乎大厦的形象。由于写字楼一般都采用大量质地讲究的高级装饰材料进行装饰，所以清洁难度大，专业要求高。为此要制定完善的清洁细则，明确需要清洁的地方、材料、清洁次数、检查方法等。同时要加强经常性巡视保洁，保证大堂、电梯、过道随脏随清，办公室内无杂物、灰尘，门窗干净明亮，会议室整洁，茶具清洁消毒。

（五）强化设备管理设施的维修保养

设备、设施的正常运行是写字楼运作的核心。应重视对写字楼水电设施（包括高低压变电房，备用发电房，高低压电缆、电线，上下水管道等各项设施）的全面管理和维修，供水供电要有应急措施。应特别注重对电梯的保养与维修，注重对消防系统的检查、测试和对空调系统的保养、维修。要有健全的检查维修制度，要对公用设备、公共场所，如大厅、走廊、电梯间等定期检查、维修维护。对业主、租户的设备报修要及时处理，并定期检查。要做到电梯运转率不低于98％，应急发电率达到100％，消防设备完好率达到100％。

（六）设立服务中心，完善配套服务

管理就是服务。为方便客人，满足客人需要，写字楼应有配套的服务，设立服务中心，帮助业主、租户办理入伙和退房手续，解决相关问题；提供问讯、商务等各类服务，包括提供一些日常性服务，如协助接待来访客人，回复电话问讯，提供打字、传真、复印及订票服务等；提供其他可能的委托服务，如代客购物、代送快件等。

（七）加强沟通协调，不断改进工作

要加强与业主、租户的沟通，主动征询、听取他们对管理服务工作的意见与要求，认真接受、处理业主、租户的投诉，及时反映、解决他们提出的问题。要谨慎对待，协调好各方关系，协调配合好政府各部门的工作，还要不断改进各项管理，使各项工作指标达到同行业先进水平。

三、写字楼物业管理的工作内容

写字楼物业的特性和使用要求，决定了写字楼日常管理的工作内容与工作重点主要在以下几个方面。

（一）营销推广

由于写字楼具备收益性物业的特性，决定了营销推广是其一项常规性的管理工作内容。当今的写字楼除了少部分自用外，大部分都用于出售和出租（主要是出租）。写字楼的整体形象设计塑造、宣传推介，办公空间的分割布局与提升改造，市场分析调研，与承租（购买）客户

的联络、谈判、签约，客户投诉与要求的受理与处理，客户与经营管理者、客户与客户间关系的协调，以及组织客户参加目的在于联络感情的各种联谊活动等均属于写字楼的营销推广工作范畴。

由于转变投资地点、方向，兼并、破产等各种原因的影响，写字楼客户变动的情况时有发生，固有的客户对办公空间重新布置、面积增减、改变设备配置与服务等的要求也经常存在。因此，为吸引招进和留住客户，写字楼的营销服务工作是一项十分重要的经常性工作，否则，便不能保证较高的租售率，影响写字楼物业的收益。这方面应有专门的营销人员在写字楼前台工作或设立专门的办公室办公，进行市场行情调研，主动寻找目标客户，征求已有客户对物业的使用意见，尽力满足各方面客户的要求，保证物业保持较高的租售率。

（二）商务中心的服务与管理

大型写字楼办公机构集中，商务活动繁忙，因此，写字楼业主或使用者一般会对物业服务企业提出会议服务、商务服务方面的要求，根据这样的需求，应设立商务中心，主要提供各种商务服务，以满足写字楼业主或使用者的需要，同时为企业创造一定的经济效益。

1. 商务中心的设备配置

商务中心须配备的主要设备及用品有中英文处理机、打印机、传真机、电传机、打字机、计算机、装订机、塑封机、口述录音机、电视、电话、影视设备、投影仪及屏幕、摄像机以及其他的办公用品等。商务中心设备的配备可根据服务项目的增设而添置。

商务中心设备的正常使用和保养，是提供良好服务的保证。商务中心人员在使用过程中应严格按照正常操作程序进行操作，定期对设备进行必要的保养，设备一旦发生故障，应由专业人员进行维修。

2. 商务中心的工作要求

商务中心的服务是小区域、多项目的直接服务。客人对商务中心服务质量的评价是以服务的周到与快捷为出发点的。要做到服务周到、快捷，必须依靠经验丰富的工作人员和一套健全的工作程序。

对商务中心工作人员要求主要包括：

① 热爱本职工作，忠于职守，有较强的组织纪律和保密观念；
② 身体健康，相貌端正；
③ 有较好的礼仪知识和服务意识，能为客人提供热情、礼貌、周到的服务；
④ 流利的外语听说读写能力；
⑤ 专业技能较好，具备熟练的中英文打字能力；能熟练操作各种设备的能力；
⑥ 熟悉商务信息知识，熟悉秘书工作知识；
⑦ 具备基本的设备清洁保养知识。

3. 商务中心的服务项目

写字楼客户业务类型不同，自身办公条件不同，对商务中心的服务范围要求不同。一般来说较齐全的商务中心提供的服务项目包括：

① 翻译服务，包括文件、合同等；
② 秘书服务，包括各类文件处理；
③ 办公系统自动化服务；
④ 整套办公设备和人员配备服务；
⑤ 长话、传真、电信服务；
⑥ 商务会谈、会议安排服务；
⑦ 商务咨询、商务信息查询服务；

⑧ 客户外出期间保管、代转传真、信件等；
⑨ 邮件、邮包、快递等邮政服务；
⑩ 电脑、电视、录像、摄像、幻灯、BP机、手机租赁服务等；
⑪ 报刊、杂志订阅服务；
⑫ 客户电信设备代办、代装服务；
⑬ 文件、名片等印制服务；
⑭ 成批发放商业信函服务；
⑮ 报刊剪报服务；
⑯ 秘书培训服务等。

（三）写字楼前台服务

写字楼前台服务的目的主要在于解决写字楼客户及其他联系业务的人员的接待和问询，并提供相应的服务。

1. 前台服务的基本任务

（1）接待服务　具体包括回答来客问询、回答客人来电问询、接待客人留言（物）等。

（2）客人疏导服务　主要为客人指引路径或乘梯方向，便于客人迅速离开大堂，到达自己的目的地。

（3）信件收发服务　包括平信、挂号信、报纸、杂志与刊物的收发。

2. 前台服务工作要求

前台服务工作是直接面对客户的服务工作，担负着写字楼与客人的直接联系，是写字楼的神经中枢。因此，前台往往成为写字楼形象的重要标志。前台服务人员必须达到以下要求：

① 热爱本职工作，忠于职守；
② 具有良好的仪容、仪表、姿态、表情；
③ 掌握一门以上外语，能熟练使用计算机；
④ 具有较好的服务意识，能为客人提供热情、礼貌、周到的服务；
⑤ 熟悉写字楼客户的基本情况，熟练掌握当地交通、旅游、购物、娱乐、卫生等服务设施情况。

3. 前台服务的主要内容

小型写字楼的前台仅提供基本的问讯解答、引导服务，大型写字楼的前台服务项目较多，主要包括：

① 问讯服务、留言服务、钥匙分发服务；
② 信件报刊收发、分拣、递送服务；
③ 个人行李搬运、寄存服务；
④ 出租汽车预约服务；
⑤ 旅游活动安排服务；
⑥ 航空机票订购、确认；
⑦ 全国及世界各地酒店预定服务；
⑧ 餐饮、文化体育节目票务安排服务；
⑨ 外币兑换、代售磁卡、代售餐券服务；
⑩ 花卉代购、递送服务；
⑪ 洗衣、送衣服务；
⑫ 代购清洁物品服务；
⑬ 提供公司"阿姨"服务；

⑭ 其他各种委托代办服务。
（四）设施设备管理
1. 设备管理
① 建立设备档案。做好写字楼各项设备验收文件资料的存档，建立设备登记卡。
② 完善工程部架构，建立各部门、各工种的岗位责任制。
③ 抓好物料采购、供应和消耗的环节的计划与控制，开源节流。
④ 制定设备的保养和维修制度。
⑤ 建立监管制度，监督检查专项维修保养责任公司和个人的工作。
2. 设备维修、保养与运行
（1）建立设备报修与维修程序　设备报修可分为自检报修和客户报修两种类型，自检报修是设备巡检人员在巡检过程中或设备使用人员在使用过程中发现设备的损坏或异常进行的报修；客户报修是客户在使用设备的过程中发现设备的损坏或异常进行的报修。
（2）建立设备的保养制度　一般可建立三级保养制度即日常保养（又称为例行保养）、一级保养和二级保养。
（3）建立设备的维修制度　对于设备的维修控制，关键是抓好维修计划的制定和维修制度的完善。
编制维修计划时应注意：①是否按设备分类编制计划；②维修周期是否科学；③维修方法是否恰当。
一般的维修方法有：
① 强制维修法：即不管设备技术状况如何，均按计划定期维修。
② 定期检修法：即根据设备技术性能和要求，制订维修周期，定期检修。
③ 诊断维修法：即根据使用部门的报告和提供的技术资料，对设备进行检查诊断，确定要维修的项目或部件，然后进行维修。
④ 全面维修：即当设备出现严重磨损、损坏或故障时，对主体和部件全面修理。
建立设备维修制度主要包括设备检修制度和报修制度。
（4）建立设备的更新改造制度　这里的关键是要把握好更新改造的时机，制订切实可行的更新改造方案。
（5）建立设备的运行巡检制度　为了保证设备正常运行，由设备运行责任人按时按部位和程序对设备的运行状况进行巡查，及时发现问题，及时进行处理，避免造成重大的设备事故，并建立巡检记录制度，将巡检的情况记录在案。
（五）安全管理
写字楼安全管理工作是写字楼正常运行的保证，写字楼的安全是写字楼物业管理及其他一切工作的前提。写字楼物业的正常使用，一方面需要管理人员的科学管理，另一方面还要有得力的安全保卫工作。只有保证写字楼客人的人身安全、财务安全及商务安全，才能使客人能正常开展办公与商务活动。
1. 写字楼安全管理的要求
（1）树立"预防为主"的思想　无论是治安管理还是消防管理，都应贯彻这个指导思想。努力做到不出事故，不出案子，这是安全管理工作的目的，也是衡量安全管理工作成绩大小的主要标准。
（2）注意与公安、消防机关保持密切的联系　写字楼的治安、消防是社会治安、消防的一部分，根据《物业管理条例》的规定，物业管理中的安保服务，应当在当地政府和机关的指导下，协助做好物业管理区域公共秩序的维护工作，因此物业服务企业的安保部门，应当加强与公安、消防部门的联系,提高安保和消防管理工作的水平,做好公共秩序的维护工作。

(3) 既要抓软件建设,又要抓硬件建设　一个楼宇安全情况的好坏,既取决于安全防范设施,也决定于管理的水平。因此,既需要抓好安全管理队伍的建设,又需要搞好安全防范设施的建设,只有二者都建设好了,才能真正做好安全管理工作。

2. 写字楼安全管理的任务

写字楼安全管理的主要工作包括三个环节:治安管理、消防管理和停车场管理,具体可以包括以下内容。

(1) 门卫工作　负责维持大门口秩序,疏导交通车辆,为客人开门,指引楼内方位和提送行李等服务,同时对可疑人员加强防范。

(2) 安全巡视　定时和不定时地对楼宇内各个部位进行巡视检查,及时发现不安全的因素,并及时加以解决。

(3) 监控室值班　安排人员对消防控制室和监控室进行 24 小时值班,密切注意火灾和安全隐患,发生事件立即通知有关人员采取措施。

(4) 停车场管理　疏导车辆进出,检查停车证件,收取临时停车费,进行停车场消防管理和安全管理。

(5) 案件处理　对写字楼内发生的治安、刑事案件及时报告公安机关处理。

(6) 消防管理　消防监控室值班和消防设施的检查、维护与管理,及时发现消防安全隐患并及时处理,做好消防宣传工作。

3. 安全管理的主要内容

① 建立安保部门的组织机构,配备高素质的安保人员。

② 制定严密的安保规章制度,明确本部门各类人员的岗位职责。

③ 加强治安防范。主要是加强保安措施,配备专门保安人员和保安设备,加强写字楼内部及外围保安巡逻,加强对停车场的安保及交通指挥。防止人为破坏治安秩序,减少各类可能发生的事故和治安事件。

④ 对写字楼消防系统的维护管理。写字楼消防系统主要有:干式消防系统、湿式消防系统、消防联动机构和火灾报警系统。

⑤ 消防工作的展开主要包括:

a. 进行消防宣传;

b. 建立三级防火组织,并确立相应的防火责任人;

c. 把防火责任分解到各业主、租户单元,由各业主、租户担负所属物业范围的防火责任;

d. 明确防火责任人的职责,根据《中华人民共和国消防条例》的规定,制定防火制度;

e. 定期组织及安排消防检查,根据查出的火险隐患发出消防整改通知书,限期整改;

f. 制定防火工作措施,从制度上预防火灾事故的发生;

g. 配备必需、完好的消防设备设施;

h. 发动大家,及时消除火灾苗头和隐患;

i. 建立自防、自救组织;

j. 明确火灾紧急疏散程序。

⑥ 停车场管理:

a. 停车场消防管理;

b. 停车场设备设施管理;

c. 车辆进出管理;

d. 车辆停放管理;

e. 车辆档案管理和收费管理。

（六）清洁卫生管理

清洁是写字楼管理水平的重要标志，也是对建筑和设备维护保养的需要。日常清洁工作的重点包括：

① 制定完善的清洁细则，明确需要清洁的地方、材料、所需次数、检查方法等，并严格执行；
② 制定部门各岗位的责任制；
③ 建立卫生清洁的检查制度；
④ 保持楼内公共场所的清洁，如大堂、洗手间、公用走道等；
⑤ 提供全面的清洁卫生美化服务。

（七）绿化美化管理

绿化美化管理是环境管理的重要组成部分，是提升写字楼形象的一个重要的因素。优美的绿化能给人以舒适、恬静的感觉。绿化美化的内容主要包括：

① 制定完善的绿化美化管理细则，指导绿化美化活动；
② 配备必要的绿化养护人员；
③ 绿化美化设计及绿植的选择；
④ 大堂绿植摆放及节日绿植的布置；
⑤ 日常绿化植物的养护和管理；
⑥ 建筑物外立面亮化美化设计与布置。

四、写字楼租户选择过程中考虑的主要因素

写字楼承租人在选择写字楼时会非常慎重，同样物业服务企业或业主在选择承租人时也要从不同的角度对承租人进行选择，以期与之建立长久的合作关系，并提升写字楼的形象。

（一）承租户经营业务的类型

承租户经营业务的类型应与写字楼的功能相匹配，物业服务企业必须认真分析每个承租户的经营范围和类型，对其租住的用途及经营内容是否与已有承租户经营的内容相协调。因为一个租户的满意程度不仅在于物业管理者所提供的优质服务，而且在某种程度上取决于租户整体之间的相容性和相宜性，就是说承租户人员情况或营业性质要与物业的其他承租户相容相宜，从而提高大厦的整体形象。相容指的是互相能接受和平安相处；相宜则要能互补互利、相得益彰。

（二）承租户的商业信誉和财务状况

一宗写字楼物业的价值在某种程度上取决于写字楼使用者的商业信誉，因此，物业服务企业必须认真分析每一个承租户的商业信誉对写字楼物业经营的影响，使承租人的经营内容和范围与其他承租户相适应，这样才能提升承租户和写字楼的声誉。

物业服务企业还应分析承租户的财务状况。检查承租户财务状况的目的主要是为选择租户时进行正确的决策提供依据。那些被证明财务状况好、极有声誉的大公司是重点选择的对象；而那些财务状况不佳或信誉不好的公司要加以小心，一般应以拒绝。

物业服务企业对承租户的资信调查可以通过以下几个方面进行：通过承租户填写的申请表，了解其经营内容、办公地点、从事业务经营活动的地域范围，了解其开户银行的名称、信誉担保人或推荐人的情况；还可以从税务机构、工商管理机构、往来银行、经纪人和承租户提交的财务报表来判断其信誉和财务状况；另外还可以通过专业的资信调查公司提供承租户的资信调查报告，了解承租户的财务状况、租金支付方式、支付习惯、是否经常拖欠租金等。

（三）承租户所需物业面积的大小

选择承租户过程中最复杂的工作之一就是确定建筑物内是否有足够的空间来满足某一特定承租户的需求。写字楼内是否有足够的有效使用空间来满足客人的对面积空间的特定需要，决定了潜在的承租户是否能成为现实的承租户。因此应考虑以下因素。

1. 可能面积的组合

同样大小的面积，在不同的建筑物内其使用的有效性不同。外墙、柱子、电梯间等不可能为适合某一承租户的需要而改变，所以建筑结构因素往往决定了能否组合出一个独立的出租单元，以满足承租户的需要。

2. 承租户经营业务的性质

一些租户需要许多的分隔的办公室，而且经常希望这些办公室沿建筑物的外墙布置，以便获得充裕的自然光和开阔的视野；但有些租户可能不希望有太多的房间靠近外墙。因此，应根据承租户的要求进行综合考虑。

3. 承租户未来拓展办公室面积的计划

如果一个公司在将来期望有较大规模的拓展，必须要考虑建筑物内是否有满足其发展所需要的空间，避免进行大规模的公司搬迁，影响公司正常业务的开展，因此在选择承租户时应重点考虑这方面的需要。

（四）承租户需要提供的物业管理服务

在挑选承租户的过程中，有些租户为了顺利地开展其业务，会需要物业服务企业为其提供某些特殊服务，例如，可能要求提供其更高标准的安保服务、对电力系统或空调通风系统会有特殊的要求、对写字楼的办公时间也可能会有特殊的要求。如果物业服务企业没有及时考虑到这些问题，在未来的物业管理活动中必将会出现许多矛盾。因此在接受或拒绝客户的要求前应进行充分的考虑，以保证未来的服务利润和管理服务活动的正常进行。

五、影响写字楼的租金水平的因素

租金一般是指租户租用每平方米可出租面积需按月或年支付的费用。写字楼的租金水平，主要取决于当地房地产市场状况和宏观经济状况。在确定租金时，一般首先根据业主希望达到的投资收益率目标和可接受的最低租金水平，确定一个基础租金，当通过测算算出的基础租金高于市场租金时，物业服务企业应考虑降低经营费用，使基础租金向下调整到市场租金水平。在写字楼市场比较理想的条件下，市场租金一般高于基础租金。在确定租金时，一般考虑一般因素、区域因素、个别因素这三大类因素，但具体内涵有所不同。

1. 一般因素

一般因素是指影响写字楼需求的宏观政治、经济因素。例如，近年来，我国GDP持续保持较高的增长速度，宏观经济形势良好，对写字楼租金水平的影响是正面的。另外，在北京，跨国公司是写字楼租赁市场的主要需求者，因此，我国的对外经济政策、全球经济形势也是在进行写字楼租金确定时需考虑的一般因素。

2. 区域因素

区域因素是指除了通常谈及的区域位置、交通、经济等因素，区域产业政策、支柱产业经济发展状况是影响租金变化的重要因素。北京的中关村地区和上地信息产业基地写字楼市场的租金水平变化就是一个典型的例子。政府对区域内IT高科技企业的政策支持、区域高科技行业景气情况的变化均会对区域写字楼租金水平造成影响。

3. 个别因素

个别因素包括写字楼的位置、交通、建筑外观、内部设计、楼宇硬件设施配置（空调系统、电梯系统、消防报警系统等)、写字楼租户组成、物业管理、免租期等均是影响写字楼租金的个别因素。合理、良好的写字楼租户组成，不仅是招徕新租户的有利条件，同时租户在行业组合方面的搭配也可以使业主的租金收入免受行业变动带来的负面影响。

六、写字楼物业管理工作评价的内容

写字楼物业管理工作的好坏，一方面表现为是否为业主实现了预定的收益目标，另一方面表现为是否为写字楼的使用人提供了良好的物业服务。

写字楼物业管理工作的评价应着重从以下几个方面考虑：与租户是否有良好的沟通；是否能及时收取租金；是否及时处理承租户的投诉；是否达到了出租率目标；物业维修状况是否良好；经营费用是否突破预算；对业主的批评和建议的反应是否及时等。具体来讲可以分为以下两方面。

（一）对企业服务活动的评价

对企业服务活动的评价的目的主要是来评价物业服务活动的质量及使用人的满意度。具体可以参照建设部《全国物业管理示范大厦标准及评分细则》。

（二）对企业经营活动的评价

1. 经济指标评价

写字楼租赁经营方面评价的主要指标包括：租金水平、出租经营成本、净租金收入占毛租金收入的比率、写字楼物业投资收益率等指标。

写字楼租赁管理方面评价的主要指标包括：出租率、租金拖欠和坏账情况、租约续签率、扩签率、新签率、退签率等指标。

2. 物业品牌建设

品牌是写字楼良好形象的反映，是优质物业经营管理的证明，是值得市场信任的标志，是提高租金价格和物业管理费的理由，是写字楼项目的无形资产。

第二节 商业物业经营管理

一、商业物业的含义及分类

（一）商业物业的基本含义

商业物业是指建设规划中必须用于商业性质的房地产，它是城市整体规划建筑中的一种重要功能组成部分，其直接的功用就是为消费者提供购物场所。

商业物业包括各类商场、购物中心、购物广场及各种专业性市场等，其中，融购物、餐饮、娱乐、金融等多种服务功能于一体的大型商业物业也称公共性商业楼宇。随着房地产商品化进程的发展，这些商业物业的产权性质也出现了各种形式，其经营方式多种多样。对这类物业的管理尚属新课题，值得在管理实践中进一步探索。

公共性商业楼宇是因商业发展而兴起的一种新的房地产类型，与一般零售商店不同，零售商店即使规模再大，仍然只有一个经营实体。而公共性商业楼宇一般会有很多独立的商家从事经营，各行各业的经营服务都有，范围远远超过零售商店，它不仅包括零售商店，而且包括银行、餐饮等各种服务性行业和各种娱乐场所。本节内容以公共性商业楼宇的物业管理为主要研究内容。

（二）商业物业的分类

商业物业的类型繁多，可以从多个角度对其进行分类。对商业物业的类型的把握有助于物

业管理人员在物业管理活动中更好地把握管理要点，提供更优秀的服务。一般来讲，对商业物业可以以下角度进行分类。

1. 从建筑结构上可分为敞开型和封闭型两种类型

（1）敞开型　一些城市的商业场所多由露天广场、走廊通道并配以低层建筑群构成，包括大型停车场、小件批发市场、电子工业品供应市场等。

（2）封闭型　主要指结构封闭、规模宏大、装饰豪华辉煌的公共商业楼宇，如我国的一些大城市新建和改建的现代化的商业场所、商厦、商城、购物大厦、购物中心、贸易中心等。

2. 从建筑功能上可分为综合性商业购物中心和商住混合型购物中心

（1）综合性商业购物中心　这类购物中心一般具有较大的规模，可包括购物区、娱乐区、健身房、保龄球场、餐饮店、影剧院、银行分支机构等。

（2）商住混合型购物中心　即低楼层部位是商业场所、批发部等，高楼层为办公室、会议室、住宅等。特别是随着大型居住小区的发展，商住两用型的商业物业在不断增多。

3. 从建筑规模上可分为市级购物中心、地区级购物商场和居住区商场

（1）市级购物中心　建筑规模一般在 3 万平方米以上，其商业辐射区域可覆盖整个城市，服务人口在 30 万人以上，年营业额 5 亿元以上。

（2）地区级购物商场　建筑规模一般在 1 万～3 万平方米以上，其商业服务区域为城市中的某一部分，服务人口在 10 万～30 万人以上，年营业额 1 亿～5 亿元以上。

（3）居住区商城　建筑规模一般在 3000～10000 以上，其商业服务区域以城市中的某一居住小区为主，服务人口在 1 万～5 万人以上，年营业额 3000 万至 1 亿元以上。

（三）商业物业的产权性质

与住宅小区不同，商业物业的产权性质多样，不同的产权性质会导致商业物业管理的要求、目标、重点的不同，因此要求物业管理人员对商业物业的产权性质有一个清楚的了解。

商业物业的产权大致可分三种性质。

（1）临时转移产权型　在经营上，这种形式被称为投资保本型。是指大型商业物业的开发商向多个个体投资者出售部分物业一定年限的产权，到期后，开发公司退还投资款，收回物业。它与分散出租物业的区别是一次性收取价款。

（2）分散产权型　即将整体商业物业分隔成不同大小的若干块，出售给各个业主，物业的产权由多人拥有。

（3）统一产权型　即物业产权只属于开发公司或某个大业主一家。

总的说来，现在统一产权型的商业物业仍然居多。但由于其一次性投资大，经营或招商所面临的风险也大，在整个商业物业中的比例正逐步变小。分散产权型和临时转移产权型这类新型商业物业正在逐渐增加，这种形式开发商可以尽快收回投资，又能满足众多个体经商者的需要，比较符合现在的市场需要，因此颇为流行。

二、商业物业经营管理的主要工作内容

公共商业楼宇是由多家共同经营的商业房地产，它的经营范围已远远超出原来商业的概念，是一种集商业、娱乐、餐饮等各种功能为一体的经营场所，其物业管理内容既包括单体商业物业（百货大楼、零售店）物业管理的内容，又包括以商业整体形象为对象的经营管理活动。

（一）一般性管理（常规性物业管理）

1. 对小业主或承租商的管理

统一产权型的公共商用楼宇，其经营者都是承租商，可以在承租合同中写进相应的管理条

款，对承租户的经营行为进行规范管理，也可以以商业经营管理公约的形式对他们进行管理引导；对于分散产权型的公共商用楼宇，一般宜采用管理公约的形式，明确业主、经营者与管理者的责任、权利和义务，以此规范双方的行为，保证良好的经营秩序。也可由工商部门、管理公司和业主、经营者代表共同组成管理委员会，由管理委员会制定管理条例，对每位经营者的经营行为进行约束，以保证良好的公共经营秩序。

2. 安全保卫管理

商业物业安全保卫管理主要是为顾客和经营者提供安全、放心的购物和经营环境，并确保商业场所的物品不被偷盗。商场管理与其他类型的物业管理相比，有其特殊性：

① 商场客户多，人流量大；
② 货物多而且贵重，并需要在商场内24小时存放；
③ 商场出入口多，安全防范责任重大。

因此，商业场所安保管理的主要工作有：

① 商业场所安保管理实行24小时值班巡逻制度，在商业场所营业时间内，物业服务企业应安排便衣保安员在商业场所内巡逻。
② 在商业场所重要部位，如财务室、电梯内、收款台、商业场所各入主要出入口等处安装闭路电视监控器、红外线报警器等报警监控装置，保安工作人员对商业场所进行全方位监控。
③ 商业营业结束时，保安员应进行严格的清场，确保商业场所内无闲杂人员。
④ 结合商业场所的实际情况，制定安全管理预案，在紧急情况下，能够启动、实施安全预案。
⑤ 同当地公安部门建立工作联系，发现案情时，积极主动协助、配合公安部内的工作。

3. 消防管理

由于公共商业楼宇属于大型商业场所，客流量非常大，各种商品摆放较密集，而且物品种类多，这些都给商业场所的消防管理工作带来较大困难。所以，商业场所的消防管理工作主要应从以下几个方面展开。

① 组建一支素质高、责任心强、专业技术过硬、经验丰富的消防队伍，在物业服务企业内部成立一支专业消防队，在商业场所租户群体中成立一支义务消防队。通过宣传。培训，使商业场所租户提高消防意识，增加消防知识，熟悉灭火器等消防器材的使用方法。
② 针对商业场所特点，完善各种消防标识配置，如避难指示图、各出入口指示、灭火器材的存放位置、标识等。同时，一定要保持标识的完整、清晰。
③ 结合商业场所经营特点，制定商业场所消防预案，对物业服务企业全体人员及部分税户进行培训，在紧急情况下能有效组织灭火、疏散人员，保证客户人身财产安全。
④ 定期或不定期地组织商业场所的消防实践演习，以提高服务管理者和客户在紧急情况下的应变能力。
⑤ 定时、定期对消防设备设施进行检查维护，确保消防设备设施能随时启用。

4. 公共秩序管理

商业物业管理与一般楼宇的物业管理有所不同。由于商场客流量大，出入口多，货物运输及仓储量大，人员复杂，因此如何保证业主、使用人和顾客在辖区内的生命、财产安全和购物、娱乐等活动的正常开展，是体现一个管理公司服务水平的一个重要标志。

商场公共秩序管理的主要工作内容包括：

① 人流的疏导，保证购物环境的秩序；
② 对突发事件的快速反应，避免出现严重的拥挤、踩踏现象的发生；

③ 对各种突发性治安事件和安全事件的处置;
④ 对各种意外事件的处置。

5. 建筑物及设备设施管理

大型商业场所的建筑物及设备设施是商业场所经营活动所必需的,物业服务企业对商业场所建筑物及设备设施的维修养护工作是否到位,直接关系到商业场所是否能够正常营业。

商业场所建筑物的管理及维修养护工作与写字楼等类型物业基本相同,在此不再赘言。

商业场所的设备设施管理工作主要有以下几个方面:

① 结合商业场所的营业时间,制定设备设施日常性、阶段性维修养护计划,使设备设施维修养护工作按部就班地逐步实施,不影响商业场所的正常经营活动。

② 建立设备巡视检查制度,对供电设备系统、给排水系统、消防系统、照明系统、霓虹灯广告等设备定时、定期查巡,及时发现和解决问题,确保设备设施正常运行。

③ 对电梯、中央空调等重点设备做好对外委托性维修养护工作,以保证为客户提供顺畅的交通和适宜的温度。

④ 对设备设施的报修工作应于第一时间及时处理,保持高效率,以使商业场所不至于因设备故障而中断经营活动。

⑤ 及时整改容易造成客户损伤的设备设施,如柜台锋利的玻璃边、锐角应进行修整,避免消费者受到伤害。

6. 清洁卫生及绿化美化管理

随着生活水平的提高,人们对商业场所环境的要求也越来越高。所以,搞好商业场所内外的绿化和美化也是物业管理的重要工作内容。大型商业场所客流量大,产生垃圾、杂物自然会多。商业场所保洁工作任务繁重,困难较大。

商业场所保洁工作的主要内容包括:

① 对商业场所进行流动性保洁,即保洁操作频繁进行,在雨天、雪天应及时采取防护措施。

② 专人负责随时、定时收集垃圾、杂物,并清运到垃圾存放点。

③ 依据商业场所营业时间,定期、定时对商业场所地面进行打蜡、抛光等养护工作,并随时擦拭各种指示标识、招牌等。

④ 定期清洁商业场所外墙面、广告牌等,确保商业场所的外观形象。

⑤ 制定适合商业场所的保洁服务质量标准,设立清洁检查机制,并有效落实和实施,确保质量标准有效完成。

商业场所绿化美化工作的主要内容包括:

① 商场外公共绿地的养护与管理;
② 商场绿化设计与施工;
③ 商场内绿植的设计、摆放与日常养护;
④ 商场内外整体形象设计与管理;
⑤ 景观灯、美化灯的设计与日常养护管理。

7. 停车场管理

车辆管理既是安保管理的一个重要的组成部分,也是商场物业管理的一项重要工作,停车场管理的重点是防止车辆乱停乱放和车辆的被盗被损,因此在管理中应注意以下问题:

① 停车场布局设计要合理,方便用户车辆停放;
② 停车场(库)内有足够的照明亮度,并有明显的指示标志;
③ 配备必要的安全防范设备,如电视监控系统、防盗系统、防火设施等;

④ 建立健全车辆停放管理制度，明确停车场管理人员的岗位责任制；
⑤ 加强车辆疏导，避免车辆的拥堵和刮蹭现象；
⑥ 按政府有关部门的规定规范收费行为。

（二）特殊管理

1. 商业形象的宣传推广

公共商业楼宇物业管理的一项重要工作，就是要做好楼宇商业形象的宣传推广，扩大公共商业楼宇的知名度，树立良好的商业形象，以吸引更多的消费者。这是整个商业楼宇统一管理的一项必不可少的工作。

（1）公共商业楼宇良好形象的作用 公共商业楼宇良好的形象是商业特色的体现，也是潜在的销售额和一种无形资产。公共商业楼宇必须具有自己鲜明的特色，才会具有对顾客的吸引力。在各类商业不断涌现，各种产品层出不穷、花样繁多的今天，顾客去何处购物，选购哪家商业的商品，会有一个比较、选择、决策的过程，也有一种从众心理和惯性。为此，商家应树立与众不同、具有鲜明特色的形象，以特色丰满形象，以形象昭示特色，以特色的商业标识、商品、服务和特殊的营销策略征服、吸引顾客，在实际管理中不断突出这些特色，使顾客熟悉、认识这些特色，印入脑海，潜移默化，传递、追逐这些特色（一段时间后，顾客便会将楼宇的形象与特色联系起来）。这样才能留住老顾客，吸引新顾客，可以稳定、壮大的顾客流，所以公共商业楼宇的良好形象就是销售的先行指标。同时，公共商业楼宇的良好形象一旦形成，便是一种信誉、品牌和无声的广告，说到底也就是一种无形资产。当商业市场进入"印象时期"后，消费者过去买"品牌"，现在买"店牌"。可以说，在不同商店里，同样品牌的商品具有不同的价值与形象，商业楼宇的良好形象便具有提升商品价值和形象的作用。

（2）公共商业楼宇识别系统的建立 企业识别系统（Corporate Identity System，简称CIS）是强化公共商业楼宇形象的一种重要方式。从理论上分析，完整的CIS系统由三个子系统构成，即MIS（理念识别系统）、VIS（视觉识别系统）、BIS（行为识别系统）。三者只有互相推进，共同作用，才能产生最好的效果。CIS是一种藉以改变企业形象，注入新鲜感，使企业更能引起广大消费者注意，进而提高经营业绩的一种经营手法。它的特点是通过对企业的一切可视事物，即形象中的有形部分进行统筹设计、控制和传播，使公共商业楼宇的识别特征一贯化、统一化、标准化、个性化和专有化。其具体的做法是：综合围绕在企业四周的消费群体及其他的关系群体（如股东群体、竞争同业群体、制造商群体、金融群体等），以公共商业楼宇特有和专用的文字、图案、颜色、字体组合成一定的基本标志——作为顾客和社会公众识别自己的特征，并深入贯穿到涉及公共商业楼宇有形形象的全部内容。诸如：企业名称、自有商标、商徽、招牌和证章；信笺、信封、账单和报表；包装纸、盒、袋；企业报刊、手册、简介、广告单、商品目录、海报、招贴、纪念品；橱窗、指示牌、办公室、接待室、展厅、店堂；员工服装、服饰、工作包等，使顾客通过对具体认识对象的特征部分的认定，强化和识别楼宇形象。这样便可以帮助顾客克服记忆困难，并使这个一贯、独特的形象在他们决定购物时发生反射作用。它是公共商业楼宇促销的一项战略性工程，必须系统地展开，长期坚持。

2. 承租客商的选配

公共商业楼宇是一个商业机构群，其所有人主要是通过依靠经营商业店铺的出租而赢利，因而公共商业楼宇的管理者必须十分重视对客商的选择及其搭配。

三、商业物业租户的选择

（一）商业物业租户的分类

商业物业的承租户可以按照不同的标志分成以下类型。

1. 按照经营品种分类

可分为家电商店、交电商店、家具商店、食品店、文化用品商店、书店、服装商店、床上用品商店、皮鞋店、五金店、灯具店、日用小百货商店、杂货店等。

2. 按照经营形式分类

除了传统上分为综合商店和专业商店外，现在还分为百货公司、连锁店、超级市场、自选商业、折扣商店、样品展销商店等。这些零售商店在经营上各有特色，它们能够适应各种收入水平和社会阶层的不同需求。

3. 按照其信誉和实力分类

可以划分为不同的层次，如全国性的、省市级的以及其他一般商店。公共商业楼宇的管理者在招租时应充分考虑不同层次商店的选配。

4. 按照承租客商在公共商业楼宇的不同作用分类

可以将他们分为三种类型，即基本承租户、主要承租户和一般承租户，他们对公共商业楼宇的作用是不同的。基本承租户又称关键承租户，他们的租期通常要在20年以上，这对于稳定公共商业楼宇的经营管理及其收入具有主要作用，是公共商业楼宇发展的基础。主要承租户的租期一般在10年以上，他们对公共商业楼宇的经营稳定性起到重要作用。租赁期在10年以下的为一般承租户。安排这三类承租客商在公共商业楼宇中的结构比例是公共商业楼宇管理的一项十分重要的工作。根据国外经验，一座公共商业楼宇的基本承租户承租的营业面积应达50%以上，即公共商业楼宇营业面积的一半以上要有长期的客户；主要承租户承租的营业面积应达30%以上；其余的20%由一般承租户承租，尽管他们的变动性比较大，但能体现公共商业楼宇对市场变化的适应性。

把握承租户的类型，对于管理者制定租赁方案和租赁策略有着十分重要的作用。公共商业楼宇的管理者，应主要依据所管理的公共商业楼宇的规模大小和不同层次去选配承租客商。大型公共商业楼宇，如省级、国家级的，甚至是国际级的，其经营的商品范围、零售商店的类型以及商业机构门类应该是越齐越好，应尽量争取一些省市级、全国性乃至世界级的分店为基本承租户，给人以购物天堂、度假去处的感觉。中型公共商业楼宇，如大城市区一级的，其经营的商品和零售商店类型应该尽量齐全，也应有其他各种商业机构，同时应尽量争取省市级和区级大商店的分店作为基本承租户。小型公共商业楼宇，如一些住宅小区的购物中心则各方面都不必太全，其主要功能是为附近居民提供生活方便。

（二）商业物业租户选择应考虑的因素

物业公司在选择和搭配商场的租户时，主要应依据商场规模的大小、经营目标和经营层次来决定。一般应考虑以下因素。

1. 租户的声誉

声誉是选择商业物业承租户时要首先考虑的因素。由于声誉是对商场公众形象的评估，所以物业服务企业要注意了解各承租户对消费者的态度如何。对于原有的一些大型的商业企业而言很容易对其声誉进行评估。例如，商家能否将消费者视为"上帝"，实行无理由退货或更换服务，就反映了该商家对顾客的服务质量；观察售货员对待消费者的态度和服务水平，了解消费者对商家的评价，也能帮助物业服务企业认识商家。

经营新业务的商家所面临的风险较大，但其收益可能会超过其所承担的风险。一个新建立的企业可能缺乏有关声誉的记录，但物业服务企业可以评估其经营思想和策略，一个企业如果有一套清晰的业务发展计划，确定了合理的商品种类和适应当地经济状况的价格水平，会优于那些没有进行市场策划的企业。物业服务企业在选择新租户时应尽可能选择这样的企业。

2. 租户的财务状况和能力

低于预期的资本回报水平是商业项目经营失败的最大原因,这就要求物业服务企业对租户所开展的每一项新的经营项目进行认真的分析研究,对租户的财务状况和财务活动能力进行准确的把握。

检查承租户财务状况的目的主要是为选择租户时进行正确的决策提供依据。那些被证明财务状况好、极有声誉的大公司是重点选择的对象;而那些财务状况不佳或信誉不好的公司要加以小心,一般应以拒绝。

物业服务企业对承租户的资信调查可以通过以下几个方面进行:通过承租户填写的申请表,了解其经营内容、办公地点、从事业务经营活动的地域范围,了解其开户银行的名称、信誉担保人或推荐人的情况;还可以从税务机构、工商管理机构、往来银行、经纪人和承租户提交的财务报表来判断其信誉和财务状况;另外还可以通过专业的资信调查公司提供承租户的资信调查报告,了解承租户的财务状况、租金支付方式、支付习惯、是否经常拖欠租金等。

3. 租户组合与位置分配

公共商业场所、楼宇的承租户组合与位置分配,主要应依据其建筑规模、经营商品的特点及商业辐射区域的范围而定。例如以一个大型百货公司为主要承租户的购物中心将以其商品品种齐全、货真价实吸引购物者,以超级市场为主要承租户的商业场所将吸引那些想买便宜货的消费者。主要承租户的类型决定了商业场所的承租户组合形式。而次要承租户所经营的商品和服务种类不能与主要承租户所提供的商品和服务的种类相冲突,两者应该是互补的关系。

当购物中心内有两个或两个以上的主要承租户时,应注意他们各自提供的商品和服务种类是否搭配合理,且与次要承租户所提供的商品和服务种类是否互为补充。将每一个独立的零售商都作为整个购物中心内的一个部分来对待,是使承租户组合最优化的有效方法。一个新的购物中心落成时,合理地为每个承租户确定位置,对于提高该承租户乃至整个物业吸引消费者的潜力大有益处,因而也异常重要。

4. 租户所需要的物业服务

商业场所内从事经营活动的承租户,非常关心是否有足够的使用面积来开展其经营活动、其所承租部分在整个物业内的位置是否容易识别、整个经营地点的客流量有多大等。除此之外,某些承租户为了顺利地开展其业务,还有一些对物业管理的特殊要求,例如餐饮企业需要解决营业中的垃圾处理和污水、油烟的排放问题;家具经营企业需要特殊的装卸、搬运、送货等服务;超市需要大面积的停车场;银行需要提供特殊的保安服务;餐饮店和娱乐中心需要晚间营业时的保安服务等。是否提供以及在多大程度上提供这些特殊服务,是租赁双方进行租约谈判时要解决的重要问题,以便在签订租约时确定由谁来承担特殊服务的费用。

5. 主要承租户与一般承租户的配合

根据国外经验,一座公共商业楼宇的基本承租户承租的营业面积应达50%以上,即公共商业楼宇营业面积的一半以上要有长期的客户;主要承租户承租的营业面积应达30%以上;其余的20%由一般承租户承租,尽管他们的变动性比较大,但能体现公共商业楼宇对市场变化的适应性。安排好三类租户在商场中的比例关系,既能稳定项目正常经营活动的正常开展,同时又能不断地更新项目,使项目具有一定的活力。

6. 商场规模的大小

除以上几个方面外,还应该根据商场规模的大小来选配承租户。

① 大型商场如省、国家级甚至是国际级的,其经营的商品、零售企业的形式应该越齐越好,其他商业机构门类(如快餐店、游乐场所、银行等)也应该齐全,给人以购物天堂、度假去处的感觉,此外还要争取一些省、国家甚至国际级商店的分店作为基本租户。

② 中型商场,如大城市区一级的商场,其经营的商品和零售企业形式应该尽量齐全,各

种其他商业机构也应该具备，但不求齐全，同时应尽量争取省市级和区级大商店的分店作为基本租户。

③ 小型商场，如一些住宅小区的购物中心则不必求全，其主要功能是为附近居民提供生活的日常用品。

四、商业物业租金的确定

商业场所租金是商业物业的租赁的价格，是物业商品的一种特殊的价格形式。

（一）商业场所物业租金的形式

商业场所物业的租金以一个独立的出租单元的总出租面积为基础计算，租约中的租金通常指基础租金，此外，承租人还需支付一些代收代缴费用，以支付整体物业的经营成本和公用面积的维修费用；承租人还要按营业额的一定比例支付百分比租金。

1. 基础租金

基础租金又称最低租金，通常以每月每平方米为基础计算。基础租金是业主获得的与承租人的经营状况（业绩）不相关的一个最低收入。

2. 百分比租金

百分比租金又称为超额租金。当收取百分比租金时，业主分享了商业经营者的部分经营成果。

收取百分比租金没有固定的模式，这取决于物业的地点、性质、承租人的生意类型和整体的经济状况。百分比租金的计算还可以采取固定百分比和变动百分比两种形式，以适应经营需要，达到鼓励承租人提高营业水平，扩大销售的目的，使双方都获得经济利益。

收取百分比租金通常仅对超出某一营业额的部分才收取此租金。例如，某承租人的基础租金为2万元/月，如果以营业额的5%作为百分比租金，则只有当月营业额超过40万元（2万元/5%＝40万元）时，才对超额部分收取百分比租金；如果月营业额低于40万元，仍按2万元/月收取租金。

3. 代收代缴费用

一般租约可以分为毛租约和纯租约（净租约）两种形式，当采取毛租约时，承租人只需支付一定数额的租金，租金中包括了应缴纳的所有费用，其数额水平表面较高。当采取纯租约时，承租人除了需缴纳租金外还需要缴纳代收代缴费用，这部分费用的内容和收费水平，需要在租约中加以明确，一般应包括与物业有关的税费、保险费、物业维护维修费用、公用面积维护费、物业管理费等内容，业主只负责建筑物结构部分的维修费用。

综上所述，当采取纯租约时，承租人应缴纳的费用为：基础租金＋百分比租金＋代收代缴费用

（二）影响商业物业租金的因素

商场租金方案的确定非常重要，方案的好坏直接关系到商场的出租率和收入。物业服务企业在确定租金水平时，首先要了解影响租金的因素有哪些，进行市场调查，并预测市场发展趋势。一般来说，影响租金的因素有决定因素和影响因素两类。

1. 决定租金高低的因素

（1）投资成本是决定商场租金高低的重要因素　一般来讲，商场的租金收入必须能抵偿所有投资成本，并能为投资者带来投资回报。因此，物业管理人员在确定租金水平时一定要考虑投资成本。在制订方案时，可以将商场的总投资成本折算为年投资成本，然后再确定租金水平。

（2）已有商场租金高低也是决定新项目租金的主要因素　在城市条件下，新商场的租金水平往往受到附近原有商场的限制，高于或低于市场一般租金水平的租金都可能导致业主利益受

损,投资成本无法得到回报。如果确定的租金高于市场一般租金水平,就意味着商场有空置的风险;如果低于市场一般租金水平,虽然能提高出租率,甚至有可能达到100%,但可获得的租金收入是不理想的,投资回报率不高,甚至不能补偿所有的投资成本。

(3) 市场同类型的市场的供求状况也决定租金的高低 按市场规律,供求关系也决定市场租金的高低,如果市场上同类型的商场供大于求,那么租金就不能定得过高;如果是供不应求,就可以定的高一些。

2. 影响租金高低的因素

(1) 商场的地理位置 商场的地理位置决定了其使用者与外界交往的便利程度以及商场的客流量和购买力,因此,它直接影响商场的租金水平。

(2) 商场的经营内容 商场的经营内容对租金水平也有很大的影响。因为经营内容不同,获利能力和承受租金的能力也有很大的区别,如经营杂货的商场和经营珠宝的商场的营业利润就相差很大,当然租金水平就会不一样。据测算,经营内容不同而使租金从低到高的顺序是:杂货店、百货店、家具店、餐馆、电器商行、书店和体育用品店、时装店、化妆品商场、珠宝首饰商场。

(3) 租户类型 租户类型不同对租金也有很大影响,一般情况租给大公司的租金要低一些,但收取租金比较有保障;反之,租给小公司的租金要高一些,但收取租金往往难以保障。

(4) 出租策略 出租策略也是影响租金的一个重要因素。如租期的长短对租金的影响就很大,一般租期短的租金要高于租期长的租金。再如商场的装修是由租户负责还是由业主负责,租金自然不同。

(三) 商场租金方案的制订

商场租金方案的制定是一项很复杂的专业性工作,要根据商场的特点和影响租金收入的诸多因素来确定。

1. 分析市场上同类商场的有关情况,进行市场定位

首先要尽可能了解市场上尤其是所在区域内的主要竞争对手的出租情况,如租金水平和出租率的高低。其次要根据商场的特点和优势进行市场定位,确定本商场的租金水平和主要租户量,然后再分析可能出现的租户类型及其要求,分析租户对现有商场的满意和不满意的地方等,并根据这些因素来确定市场推广宣传策略,尽可能扬长避短。

2. 确定不同情况下的商场出租率和租金水平

物业服务企业可根据业主对投资回报率的要求和商场的价值情况,确定在乐观、一般和悲观等不同情况下完成投资回报率所要求达到的出租率和租金水平。

3. 确定基本租金水平

根据上述的分析、调查和计算结果,就可确定商场的基本租金,然后再根据楼层、朝向、面积以及租期等因素,确定商场内各部分面积的租金。当然,这个租金并不是一成不变的,在与租户谈判时,可根据租户的情况有一定的调整。

一般来说,作为市场推广的一种策略,许多业主为了有效地吸引租户,迅速扩大商场的知名度和影响力,初始的租金多定位在一个较低的水平上,以后再视市场供求关系变化情况、通货膨胀率、本商场出租率及在整个市场中的地位变化等因素,来决定是否调整租金以及调整的幅度,以使商场租金始终保持在一个较为理想的水平。

五、商业物业租赁方案和租赁策略的制定

(一) 确定租赁管理的模式

商业物业的租赁,根据业主对物业服务企业委托管理内容与要求的不同,有不同的租赁管

理模式，每种模式中业主与物业服务企业所承担的责任不同，常见的模式有以下几种。

1. 包租转租模式

这种管理模式指物业服务企业将商业物业从业主手中全部或部分包租下来，然后转租给经营者。

这种模式下业主只获取固定的租金收入，而物业服务企业不仅要承担物业管理责任，同时要承担市场风险，承担空置率的风险。当物业服务企业商业物业经营成熟时，可考虑采取这种模式。

2. 出租代理模式

这种管理模式指业主全权委托物业服务企业负责租赁活动以及租赁管理和物业管理服务。

这种模式下，业主不直接参与商业物业的租赁管理活动，但要承担一定的市场风险，而物业服务企业一方面要承担物业管理责任，另一方面要承担一定的租赁市场风险和空置率风险。当物业服务企业较为成熟，具有一定的经营能力，同时为了开拓商业物业经营市场时，可考虑采用该种模式。

3. 委托管理模式

这种管理模式指业主负责商业物业的租赁管理，而物业服务企业只负责物业管理的一种模式。

（二）确定可出租面积和租赁方式

在制定租赁方案时，首先要确定物业中能够对外出租的面积和租赁方式。商业物业的使用面积可以分为业主或物业服务企业自用面积、公共面积和可出租面积。自用面积由业主或物业服务企业自行进行经营，不对外出租；公共面积是指公共区域、通道、大厅等部位占用的面积；可出租面积则是可以直接出租给各个经营者的使用面积。

租赁方式是管理者在对经营者进行租赁时，对可出租面积的一种分割的方式，一般包括零星租赁和整体租赁两种方式。零星租赁指将可出租面积划分为许多小的单元，以单元为单位进行出租，这种方式适合于对零售经营者的租赁；整体出租则指将一个楼层或几个楼层为单位租赁给经营者，这种方式适合于对较大的经营者或企业的租赁。不同的租赁方式会导致租金、租赁期限的不同。

（三）确定项目市场定位

准确的商业环境调研和科学分析、掌握影响购物中心发展的静态和动态变量，是做好成功商业规划的前提，现代商业地产开发实际表明，商业项目的市场定位从某种意义上讲比选择地段更重要。详细的调研，清晰的判断，宏观的统筹，果断的决策，是准确定位的要件，这样才能准确把握市场脉搏，确定不同类别的经营模式，避免同质性，创造最大差异化，从而引领市场。

1. 进行整体商业定位细分、确定目标客户群、把握主体服务对象

（1）定位内容　明确主体服务对象，确定目标客户群。

（2）定位原则　以目标消费者的真实、持久需求定位。

2. 进行商业项目功能、规模定位

（1）定位内容　明确商业项目功能规划和经营规模。商场的基本功能无疑是提供商品的零售服务，但随着人们消费水平的提高，单纯的购物服务已难以满足顾客的需要，利用双休日和节假日进行休闲、娱乐型购物消费已成为一种趋势，因此，不少商场在主营零售业的基础上，往往有必要引入餐饮、娱乐及其他服务行业以方便顾客，带旺商场。

（2）定位原则　以打造城市商业名片、引领商业主流为目标。一般来讲，商场的规模越大，它所能覆盖的商圈范围就越大，但商场单店的规模越大，而受到一些因素的制约也越大，

顾客购物疲劳度也受商场单店规模的制约。一般情况下，顾客在商场购物的时间不会超过3小时，超过这个时间就容易处于疲劳状态。如果在建筑风格、规模和环境氛围都很有特色的话，可以考虑引入购物以外的其他商业用途，如餐饮、娱乐、休闲等服务型消费场所。可以很好地结合雕塑景观步行道融为一体共同营造城市景观文化的亮点。

3. 进行商业项目的经营档次与形象定位

商场的形象定位，实际上是商场经营企业的形象定位，因此，它随着商场的经营运作而持续存在并发挥作用。如何来确定商业中心的经营档次和综合形象，打造商业中心高档品牌和现代商业商圈，形成明显的差异化定位经营为目标。通过对商业项目品牌的定位界定商业文化内涵，建立超前的品牌形象（引领购物时尚、反映地域特色、精选服务对象、创新组合业态、综合形象鲜明且易推广传播等）。

建立独特而鲜明的商业组团形象不仅是竞争市场的制胜关键，而且是快速提升企业知名度和美誉度的重要手段，之所以从战略高度上系统设计和推出专业化商业组团形象是完全必要的选择，也是成就卖场无形的品牌资产根本。

（四）确定租金方案

租金方案是租赁管理的核心。从理论上来说，租金的确定要以物业出租经营成本和业主希望的投资回报率来确定，但在市场经济条件下，物业租金的高低主要取决于同类型物业的市场供求关系，因此管理者要对该市场进行深层次的市场调查，以把握市场的整体租金水平，制定合理的租金水平。

租金通常有毛租金和净租金两种形式。当使用毛租金的形式租赁物业时，所有的经营费用由业主从其所收取的租金中全额支付。但是，承租人往往喜欢净租金的形式，承租人在支付了租金的同时，还需支付一定的物业经营的费用。这时，业主需要明确哪些费用属于代收代缴费用，哪些属于业主支付的费用，哪些属于承租人支付的费用，费用的支付如何计算等内容。对于商业物业的租赁，往往还会涉及百分比租金的问题，这部分内容前面已经进行了介绍，在此不再赘述。

为了使物业的租金收入始终保持在一个较为理想的水平，业主和其委托的物业服务企业，就要视市场供求变化和通货膨胀的情况，以及本物业在当地整个市场中的地位等因素适时适度地调整租金。这是一项既重要又困难的工作。说它困难，是因为在出租期限内调整租金水平非常复杂，没有现成的数学公式可循；说租金调整重要，是因为许多业主为了有效地吸引租客，迅速扩大物业的知名度和影响力，初始的租金一般多定在一个较低的水平上，即使正常营运很长时间的物业，其租金水平也不一定总与市场的发展趋势相一致。所以，租金调整在何时、调整时间间隔多长、调整幅度多大，都是业主和物业服务企业需要认真分析和决策的重要内容。

按一般原则，租金每1至2年调整一次，对短期租客，这个调整可以更加频繁，但需要提前1至3个月告知租户，以使其有一个选择决策的时间。

（五）租户的选择

物业公司在选择和搭配商场的租户时，主要应依据商场规模的大小、经营目标和经营层次来决定。一般应考虑租户的声誉、租户的财务状况和能力、租户组合与位置分配、租户所需要的物业服务、承租户的配合和商场规模的大小等因素选择合适的经营者和单位。

案例分析

案例一：

原告××大酒店有限公司。

被告××有限公司。

原告诉称，原告与被告于1997年8月6日签订了一份《××大酒店副楼商业场地租赁合同书》，约定由被告向原告承租××大酒店副楼商业场地，租期为12年。同时对租金、水电费、空调费的计算与支付均作了具体约定。并约定如被告不按期交付各项费用和租金，则原告将按日千分之一向其收取滞纳金，逾期超过一个月，则原告有权收回该地和终止相关的服务。合同签订后，原告依约履行，但被告却不遵守约定，从2000年第一季度起开始拖欠场地租金，从1998年5月起开始拖欠原告代垫的水、电、空调费。原告经多次发函催讨，被告拒不履行。被告的行为已对我公司造成严重经济损失，为维护我公司的合法权益，请求判令：①被告立即付还其拖欠的水、电、空调费3662055.80元（暂计至2001年5月21日），租金5840640元（暂计至2001年6月30日），及违约金3487891.55元，共计12990587.35元及此后应继续付还的水、电、空调费、租金和违约金。②解除租赁合同。

原告大酒店对其陈述的事实在举证期限内提供的证据有：①双方于1997年8月6日签订的××大酒店副楼商业场地租赁合同书；②大酒店分别于1998年8月21日、2000年4月15日、2000年4月19日、2000年5月15日、2000年6月8日、2000年10月10日、2000年12月8日、2001年1月12日发给被告催讨欠款及承诺同意被告自1998年8月起每月的水、电、空调费先付还10万元，余款暂予挂账的函件；③被告自1998年9月21日至2001年5月21日期间结欠原告的水、电、空调费明细表，被告共结欠原告的水、电、空调费3662055.80元；④被告自1998年至2000年6月30日结欠原告的水电费、租金、滞纳金计算明细表；⑤被告分别于1999年11月30日、2000年5月10日、2000年5月17日、2000年5月2日、2000年12月7日、2000年12月18日、2000年12月24日、2001年1月12日、2001年1月30日（二份）发函与原告，就计划还款事宜答复原告及要求原告协助外围保安工作、向原告借外围保安亭、要求原告给予减免租金、要求原告建设配套的音乐喷泉等设施以吸引招商等问题的函复；⑥原告于2001年1月22日发与被告的催款通知及被告的答复；⑦原告保安值班记录。原告上述的证据均是要说明原告起诉的主张。

被告辩称，其与原告签订合同后，即按合同约定，分三次付清前两年的租金。但在其公司进场经营后，原告发生了多项违约行为，经常不按合同的约定提供足时、足量的空调，影响该公司的正常营业；没按合同的约定提供外围保安的义务，其外围保安一直是自行解决；强行封堵我公司与大酒店的通道门，并私自将通道改为"啤酒廊"、"可园餐厅"，使其客源被堵，致其地下层的炖品村、茶座、咖啡厅等项目无法正常经营，造成其巨大的经济损失；原告没有依其招商资料的承诺建造音乐喷泉，外围环境没有改善，造成其没有经营竞争优势，无法吸引客户，严重影响其经营收入，最终使其陷入经营困境，五千多万元的投资血本无归。因此，原告要求仍按合同约定计收租金及空调费，不合约定也不合情理，原告负有与其公司协商并赔偿损失的义务。原告无视商业信誉及道德而起诉，要求按合同约定要其公司支付租金及空调费而回避自己的责任，请求法院依法驳回原告的诉讼请求。

被告为其辩解在举证期限内提供的证据有：①双方于1997年8月6日签订的××大酒店副楼商业场地租赁合同书；②1997年8月1日被告在日报刊登的招聘启事；③2000年5月15日、2000年6月8日原告发函给被告，就催讨欠款及限定被告应还款的时限、条件、给予被告优惠水、电、空调费、滞纳金等问题的信函；2000年5月10日、2000年12月7日、2000年12月24日、2001年1月30日名店发函给大酒店，要求原告将外围的保安亭借其使用及异议原告没有依约提供外围保安及配套音乐喷泉等问题的函件；④被告营业执照；⑤被告与大酒店相邻通道的照片；⑥证人付美华的证实材料，证实原告从1999年起撤销名店外围的保安及巡逻；⑦被告与各户商户的联营、承包、合作合同书。被告向本院提交了上述证据材料证实其辩称的事实。

【请分析】 法院应对此诉讼如何进行判决。

案例二：

2000年10月，刘某在繁华市区建一栋集餐饮、住宿于一体的八层酒店，后因经营不善，连连亏本，他就把该酒店的一楼店面（二楼以上的住宿部仍由自己经营）租给了周某。合同约定：期限为5年（从2002年10月31日至2007年10月31日止），月租金为2万元，付款方式为每月的10日前交清。合同签订后，周某经过装修，经营大众超市，生意十分红火。可经营效益一直较好的住宿部，今年以来又不断亏损，于是，刘某索性把整栋酒店以一千二百万元的价格卖给了徐某（未通知店面承租人周某）。当徐某找周某主张产权或修订租赁合同时，周某方知酒店已出卖易主，这样一来，周某不但拒绝与徐某修订租赁合同，而且还向刘某主张优先购买权，且三方争执激烈，纠纷无法解决，只有上诉之法律。

【请分析】 周某的请求是否会得到法庭的支持。

思 考 题

1. 写字楼如何进行分类？
2. 写字楼物业管理有何特征？
3. 写字楼的管理目标与住宅小区物业管理的目标有何区别？
4. 在选择写字楼租户时应考虑哪些因素？
5. 简述写字楼物业管理的内容。
6. 商业物业经营管理的主要内容有哪些？
7. 对比分析商业物业与写字楼物业物业管理内容的区别。
8. 影响商业物业租金水平的因素有哪些？

拓展知识　　　　　　　物业服务企业的 CIS 系统

随着物业管理市场的逐步走向成熟，众多物业服务企业的相继涌现，不少物业服务企业纷纷在物业管理服务内容、服务方式、服务品质、服务技巧等方面做文章，引进 ISO 质量认证体系和一系列先进的硬件设施，搞好企业内部自身的建设，以提高自身实力和竞争力。物业服务企业要想在激烈的市场竞争中取得胜利，除了搞好自身内部建设外，还必须有出敌制胜的"杀手锏"，以便从众多的竞争对手中脱颖而出。而物业服务企业通过导入企业识别系统（Corporate Identity System，CIS），建立起独特鲜明的企业形象与风格，给企业自身打上个性化的烙印，在业主及社会公众中建立企业良好的外部形象，就能较好地提高自身的核心竞争力，在众多的物业服务企业达到区别你我、"不战而屈人之兵"的目的。

物业服务企业形象的建立，主要是在物业服务企业中导入企业识别系统 CIS 是强化公共商业楼宇形象的一种重要方式。完整的 CIS 系统由三个子系统构成，即 MIS（理念识别系统）；VIS（视觉识别系统）；BIS（行为识别系统）。

一、企业理念识别系统（MIS）

企业理念是物业服务企业的灵魂和精神支柱，物业服务企业的企业理念识别包括企业使命、经营思想和行为准则和活动领域四个要素。

（一）企业使命

企业使命实际上也就是企业依据什么样的使命在开展自己的经营活动。它是企业理念识别中最基本的出发点，也是企业行动的原动力。只有树立明确的使命感，才能满足企业成员自我实现的需要，持续地激发他们的创造热情，才能赢得公众更普遍更持久的支持、理解和信赖，企业即使在营运，也将是没有生气的或是将走向破产的边缘。

对物业服务企业而言，其使命至少包含以下两个方面的内容：其一是物业服务企业为了自身的生存与发展，必然要以实现一定的经济效益为目的；其二是它又必须担负着业主（公众）赋予它的责任，为所管理的物业项目的繁荣、稳定、发展及进步尽义务。因此，物业服务企业为了明确企业使命，它必须对诸如"企业的长期目标与短期目标是什么"、"企业的工作究竟是什么"、"企业的经营范围是什么"等问题达成共识，只有树立明确的使命，才能满足物业服务企业内部成员实现自我的需要，持续激发他们的创造热情，才能赢得业主及其他社会公众更普遍、更持久的理解和信赖。

（二）经营思想

经营思想是指导企业活动的观念、态度和思想。"怎样做"是企业的经营哲学，是企业内部的人际交往和企业对外的经营活动中所奉行的价值标准和指导原则。经营哲学是企业人格化的基础、企业文化的灵魂和神经中枢，是企业进行总体设计、总体信息选择的综合方法，是企业一切行为的逻辑起点。它是在生产经营中逐渐形成，并具有经营性、实用性的特征。

经营思想直接影响着物业服务企业对外的经营姿态和服务态度。不同物业服务企业的经营思想会产生不同的经营姿态，给人以不同的企业形象的印象。

现在许多物业服务企业强调企业活动的目的是为了满足业主和客户的需要，以业主为本位，在满足业主需要上做文章，把"业主至上"作为其经营的最高宗旨。然而，在"业主至上"这个总的经营思想下，每个不同的物业服务企业又可以根据其自身实际的不同保持独特的经营姿态。

（三）行为准则

行为准则是物业服务企业内部员工在其日常经营活动中所必须遵守和奉行的一系列行为标准和规范。它是一种对员工的要求和约束。例如：企业的服务公约、劳动纪律、工作守则、行为规范、操作规程、考勤制度等等。目前，不少物业服务企业在自身的经营实际中形成了一系列整套的行为准则，使物业管理服务活动成为一种可以预测、可以控制的行为。随着物业管理内容的逐渐深入，服务范围的不断扩展，新的行为准则也在不断的制订实施之中。但是，任何物业服务企业行为准则、规范的设计制订者应该意识到这一点，准则不能以抑制员工积极性和创造性为代价，使员工反感、难以执行的准则、规范和制度应该说其自身是有缺陷的。

（四）活动领域

活动领域是指企业应在何种技术范围内或者在何种商品领域中开展活动。企业使命、经营思想、行为准则属于企业理念的理论范畴。具体地实施、体现需要在一定的活动领域里完成。也就是说，为了达到理念识别的目的，企业必须以活动领域为基础，在企业的活动领域里打上企业使命、经营思想、行为准则的"烙印"，才能真正起到理念识别的作用。

企业理念的树立，必须结合不同物业服务企业自身不同的特点和实际情况来确定。如有的物业服务企业擅长管理高档写字楼、商务楼，有的则擅长管理高档住宅小区，有的则趋向于大众化的住宅小区。各物业服务企业可根据自身的情况来确定自己独特的企业理念。目前，许多物业服务企业都在提倡"追求卓越"，把经营理念定位在"团结、奉献、创造、求实、开拓、进取"等方面，显得空洞无物，更无法进行明确的展示。造成这种情况的原因之一就是对企业经营理念的形成过程缺乏认识，对企业自身的实际情况缺乏深入的研究。企业理念不是凭空产生的，它既要考虑企业的历史、员工现实状况，又要考虑企业本身在市场中的定位、决策人风格、人际关系特点等种种因素，并最终提炼而成。

二、企业视觉识别系统（VIS）

企业视觉识别是企业识别系统CIS的具体化、视觉化，它所包含的项目最多、层面最广，效果最直接。视觉识别是静态的识别形式，它通过统一而标准的视觉符码系统，将企业的理念和服务特性等要素传递给业主及其他社会公众。在企业识别系统中，企业理念识别是抽象思考的精神理念，难以具体显现其中的内涵，表达其中的精神；企业行为识别是行为活动的动态形式，偏重其中的过程，少有视觉形象化的具体，而企业视觉识别的传播力量和感染力量最为具体最为直接，能将企业识别的基本精神、差异性充分地表达出来。所以企业视觉识别是企业识别系统的重要组成部分，通过视觉传达系统，特别是结合物业服务企业自身特点组成的具有强烈冲击力的各种视觉符号，就能将企业具体可见的外观形象与其蕴含的抽象理念融成一体，从而树立与众不同的独特企业形象。

企业视觉识别包括以下三个方面的要素。

（一）基本要素

① 企业名称、标志；
② 标准文字；
③ 标准色；
④ 指定字体；
⑤ 企业标语、口号；
⑥ 企业的形象代言人等。

（二）视觉要素

① 广告宣传、电视、报纸、杂志、广告牌、印有企业名称的年历等；
② 企业简介、说明书、企业展示陈列、服务指南等；
③ 企业内部识别系统、员工制服、招牌标识、车辆店铺工具等；
④ 办公用品（办公信函、信封等）、办公环境、设备等。

（三）非视觉要素

① 服务质量、服务体系等；
② 人的行为要素：管理人员的言行、工作人员的言行、服务态度、服务效率等。

三、企业行为识别系统（BIS）

物业服务企业的企业行为识别包括物业服务企业对内的员工教育与培训、生产福利、工作环境、机器和生产设备、对内业主需求的调查、服务的行为规范、对外公共关系的开展等。它是企业识别系统的关键所在。企业理念，正是通过物业服务企业对业主（公众）的各种点点滴滴的服务与交往上体现出来。所以企业行为识别是企业识别系统的必要环节，是对企业理念的贯彻。它区别于物业服务企业的一般性行为，具有独特性、一贯性、策略性的特点。物业服务企业的日常管理活动虽然多种多样，但无时无刻不在传播企业的信息，传播着企业的理念，不管这种行为是对内的还是对外的。

企业识别行为的独特性体现在物业服务企业的行为始终围绕着企业经营理念而开展的。充分制定物业服务企业所能运用的各种媒体和传播手段，采用多种多样，不拘一格的方式方法，以最大限度地赢得内部员工和社会大众的认同为目标。

企业识别行为的一贯性，是指具有典型识别意义的企业行为，必须长期坚持。如企业定期、定时的集体行为、典礼、仪式；具有企业识别意义的由员工亲自参加的社会行为、经营行为等。

企业识别行为的策略性，是指企业识别行为的内容、形式、方法、场合、时间，应根据企业识别行为目的的不同作策略性的应用。根据不同特点的CIS总目标，不同的CIS阶段性的目标，不同企业的实际情况，所采用灵活多变的，但又有计划的、按步骤的、逐步实施的行动。

四、导入CIS企业须坚持的原则

（一）以诚信为本的原则

物业服务企业要想树立良好的形象，在激烈的市场竞争得以生存和发展，最根本的就是讲究信誉。物业服务企业的工作事无大细，涉及业主生活的方方面面，稍有不慎，将直接影响到业主的起居生活，给业主带来极大的不便。因此，物业服务企业应在工作中坚持以诚信为本的原则。对业主（公众）的需求和承诺，一定要及时保质保量兑现，切忌对业主（公众）采取相互推诿、互相踢皮球等不负责任的做法，或者做一些夸大其词、不合实际的承诺。否则，万一不能及时兑现，受损的不仅仅是与业主（公众）的关系，更有物业服务企业的自身形象。

（二）以务实为荣的原则

物业服务企业要想树立良好的形象，需要脚踏实地地工作，真诚地与外界往来，坚持实事求是、以实为荣的原则。物业管理的各种日常活动，从举办大型的联谊活动到日常的家庭维修，都要求办实事，讲实效，扎扎实实做好每一件事，让业主切实感受生活上带来的实惠，从而在业主中树立良好的口碑。

（三）以道义为准则的原则

人与人之间的交往，讲究以感情为基础，以道义为准则。对于物业服务企业来说，也同样如此。物业服务企业因为其经营性质的独特性，经常与相同的业主（公众）进行大量的面对面的交往。这种面对面的交往，实际上也为物业服务企业与业主（公众）进行沟通提供了良好的机会。在这种交往中，物业服务企业如果能急业主（公众）所急，想业主（公众）所想，就能同业主（公众）建立起情同手足的关系。

五、物业服务企业CIS导入时机的选择

选择一个合适的时机导入CIS对物业服务企业来说是非常重要的。一般来说，物业服务企业导入CIS系统的时机有两种情况：一是企业发生重大变化，如新的物业服务企业成立、重组、企业经营方向改变等；另一种是企业发生重大事件，如企业股票上市、企业大周年纪念、市场开拓取得重要进展等情况。

参 考 文 献

[1] 胡云金主编. 物业管理概论. 武汉：华中科技大学出版社，2006.
[2] 赵涛主编. 物业经营管理. 北京：北京工业大学出版社，2006.
[3] 胡杰，王创兵，袁芳，刘伟编著. 物业管理与业主实务全书. 北京：中华工商联合出版社，2002.
[4] 黄永安主编. 现代房地产物业管理管理. 南京：东南大学出版社，2002.
[5] 贺学良，王子润主编. 中国物业管理. 上海：文汇出版社，2004.
[6] 孙惠萍主编. 物业客户服务. 北京：高等教育出版社，2006.
[7] 景象，胥盈主编. 物业管理案例解析. 北京：机械工业出版社，2006.
[8] 黄永安主编. 物业管理. 北京：中国建筑工业出版社，2008.
[9] 中国物业管理协会主编. 物业经营管理. 北京：中国建筑工业出版社，2006.
[10] 韩朝，陈凯主编. 物业管理学. 北京：高等教育出版社，2007.
[11] 李斌主编. 物业管理理论与实务. 上海：复旦大学出版社，2006.
[12] 侯殿明主编. 人力资源管理. 北京：中国农业出版社，2007.
[13] 蒋贵国，张果主编. 物业管理实务. 武汉：华中科技大学出版社，2006.
[14] 张明媚主编. 物业管理服务与经营. 北京：电子工业出版社，2006.